JN233846

やさしい
法　　学
第三版

著　者
鈴木敬夫　千葉　卓
城下裕二　山口康夫
渡辺利治　吉川日出男
落合福司　久々湊晴夫
宇田一明　小川賢一

成文堂

第三版　はしがき

　新しい社会は，新しい法律によってつくられる。その法律をつくるのは，国会であり，国民が選んだ議員たちである。しかし，いったいどれだけの議員がそのことを自覚しているだろうか。元来，法律をつくるのは国民の権利なのだから，そろそろ国民が直接法律の制定に関与してよい時期なのかもしれない。ただしそのためには，国民はもっと法律を勉強する必要がある。法律に強い一般の国民によって組織された国家，それこそが，真の「民主国家」だといえよう。

　ところで，21世紀の社会は，これまで以上に世界に開かれた社会とならざるをえない。その意味でも，法律を学ぶことは重要な意味をもつ。なぜなら，法律は，宗教や道徳などと同様，人間の社会に古くから普遍的に存在し，発展してきた「文化」だからである。

　さて，本書は，初版から毎年増刷を続けてきた。その間，少しずつ内容を改めてきたが，今回，新しい世紀を迎えて全面的に改訂した。

　本書が，平和で，安全で，公正な社会の構築に少しでも役に立つことができるとすれば，筆者らにとって，この上もない喜びである。

2001年3月

執筆者一同

初版　はしがき

　本書は，大学や専門学校などの「法学」のテキストですが，一般書としても読まれるように，つぎのような工夫をしました。
　①読みやすい言葉で，わかりやすく説明する。
　②読んで面白いように，身近な事例をあげて説明する。
　③日常生活に役立つように，紛争の解決方法などについても説明する。
　④法学的思考ができるように，法の全体を通して体系的に説明する。
　⑤理念や価値の対立とその調整の基準としての法の役割についても考える。
　ところで，わたしたちの生活は，おびただしい数の法律によって支えられています。「法律を知らないと損をする」というのも事実でしょう。現代人にとって，法律の知識は生活のための常識といってもよいほどです。加えて，未曾有の超高齢化社会・人口の爆発的増大・地球環境の汚染など，21世紀を目前にして人類は大きな転換期を迎えています。わたしたちは，今後どのような社会で，どのように生きていけばよいのか。これからの人間の社会と生活について考えることは「法学」の大きな目的です。
　本書は，入門書ないしはガイド・ブックにすぎませんが，各執筆者は，それぞれの分野の専門家として大胆に，意欲的にチャレンジしています。その姿勢が本書の魅力となっていれば幸いです。
　最後に，本書の出版を快くお引受けいただいた成文堂の阿部耕一社長ならびに直接お世話いただいた編集部の本郷三好氏に厚く御礼を申し上げます。

1992年3月

執筆者一同

目　次

はしがき

第1章　法とは何か

第1節　法と道徳 …………………………………………………… 1
安楽死・脳死・謝罪広告（1）　　「為すべきこと」と「為すべきでないこと」（4）　　規範としての法（5）

第2節　法と政治 …………………………………………………… 8
中国の「労働改造」と特攻隊員の「遺書」（8）　　「人治主義」から「法治主義」へ（10）　　自由なる人格の完成（11）　　国民の，国民による，国民のための政治（12）　　多数決をもっても奪うことのできない権利（13）

第3節　法の目的 ……………………………………………………15
桃太郎と日韓併合条約（15）　　法による安定（17）　　等しいものは等しく，等しくないものは等しくなく取り扱うこと（18）　　悪法は法か（19）　　実定法を超える法（21）

第2章　国家と国民

第1節　国家と法 ……………………………………………………23
憲法とは何か（23）　　行政法（26）

第2節　民主主義 ……………………………………………………29
民主主義と政治（29）　　議会制民主主義と政治参加（30）　　民主主義と選挙制度（31）

第3節　基本的人権 …………………………………………………34
人権保障の歩み（34）　　人権の一般原則（35）

人権に対する制約原理（36）　　人権享有の主体（37）
人権の体系（38）
第4節　社会権 …………………………………………………43
生存権（43）　　教育を受ける権利（44）
勤労の権利（45）　　労働基本権（46）
第5節　行政訴訟 …………………………………………………47
行政訴訟と司法審査制度（48）　　行政事件訴訟の類型（48）
取消訴訟（50）

第3章　犯罪と刑罰

第1節　刑法―「犯罪」と「刑罰」の法 ……………………53
刑法とはどのような法律か？（53）　　刑法はどのような機能を果たしているか？（55）　　罪刑法定主義とは何か？（56）　　犯罪が成立するためにはどのような要件が必要か？（58）　　犯罪に対する基本的な考え方とは？（60）　　犯罪が成立する場合，どのようにして刑罰の重さを決めるか？（61）

第2節　刑事訴訟法―「刑事手続」についての法 ……………64
刑事訴訟の基本的な考え方とは？（64）　　刑事手続の流れはどのようになっているか？（66）

第3節　犯罪者処遇法―「刑罰の執行」のための法…………70
刑罰を科すことはなぜ許されるか？（70）　　刑罰の種類にはどのようなものがあるか？（73）　　行刑はどのように実施されているか？（75）

第4章　財産と契約

第1節　権利の主体 ………………………………………………79
権利の主体とは（79）　　権利能力とは（80）

行為能力・制限能力とは（80）　　　法人とは（82）

第2節　権利の客体・財産権 …………………………………………82
　　　権利の客体としての「物」（82）　　　財産権とは（84）

第3節　財産権の変動 ……………………………………………………86
　　　法律行為とは（86）　　　意思表示とは（87）

　　　法律行為の目的とは（89）

　　　本人に代わってする意思表示（代理制度とは）（91）

第4節　契約と法 …………………………………………………………92
　　　契約の自由とは（92）　　　契約の成立と種類（94）

　　　契約によらない財産権の変動とは（時効制度）（95）

　　　契約の変化（96）

第5節　権利の保護と救済 ……………………………………………98
　　　財産権の侵害にたいする保護（98）

　　　契約が守られない場合とその強制方法（99）

　　　債権者の保全的な権利（101）　　　損害発生の予防（担保制度）（102）

第6節　消費者の保護 ……………………………………………104
　　　消費者問題とは（104）　　　消費者問題の歴史とは（105）

　　　消費者の権利とは（107）　　　消費者行政とは（108）

　　　消費者法の現状とは（109）

第5章　土地と建物

第1節　物　権 ……………………………………………………………114
　　　物権とは何か（114）　　　物権の種類（115）　　　各物権の内容（115）

第2節　不動産の所有と法 ……………………………………………116
　　　土地と建物（116）　　　土地所有権の制限（117）

第3節　不動産の利用と法 ……………………………………………118
　　　不動産利用権としての地上権と賃借権（118）

4　目次

　　特別法による不動産利用権の保護 (119)

　　現行借地借家法と借地権・借家権 (121)

第4節　不動産取引と法 …………………………………123
　　不動産の売買と登記 (123)

第5節　不動産の担保制度 ………………………………125
　　抵当権と不動産質権 (126)　　不動産の譲渡担保 (126)

　　買戻と再売買の予約 (126)　　仮登記担保 (127)

　　不動産の所有権留保 (127)

第6節　その他の不動産関係法 …………………………127
　　土地基本法 (127)　　国土利用計画法 (128)

　　公有地拡大法 (128)　　建築基準法 (128)

　　都市計画法 (128)　　都市再開発法 (129)

　　土地収用法 (129)

第7節　土地税制 …………………………………………129
　　土地を売った場合の税金 (129)　　土地を買った場合の税金 (130)

　　土地の相続や贈与と税金 (130)　　土地の保有に対する税金 (130)

第6章　損害と賠償

第1節　事故と責任 ………………………………………131
　　民事責任・刑事責任・行政責任 (131)　　刑事責任と民事責任 (132)

第2節　不法行為法の構造と被害者の救済 ……………133
　　不法行為法の構造 (133)　　過失責任主義から無過失責任主義へ
　　(133)　　被害者の救済 (134)　　行政上の救済 (135)　　不
　　法行為責任と契約責任 (136)

第3節　不法行為法の基礎理論 …………………………137
　　一般的不法行為（民709条）の成立要件 (137)

第4節　一般的不法行為・特別不法行為 ………………143

死傷事故（143）　　未成年者の監督義務者の責任（145）　　使用
　　者責任（146）　　土地工作物責任（147）　　動物責任（149）
　　共同不法行為（150）
第5節　各種の不法行為 …………………………………………151
　　交通事故（151）　　公害・環境（154）　　学校事故（156）
　　製造物責任（159）　　プライバシーの権利（161）

第7章　家族と福祉

第1節　家族と法 …………………………………………………163
　　家族法（163）　　渉外家族法（166）　　家庭裁判所（167）
第2節　婚姻と法 …………………………………………………169
　　婚姻制度（169）　　婚姻の成立（170）　　婚姻の効果（172）
　　婚約・内縁（175）
第3節　離婚と法 …………………………………………………177
　　婚姻解消制度（177）　　協議離婚・調停離婚・審判離婚（179）
　　裁判離婚（180）　　離婚の効果（183）
第4節　親子と法 …………………………………………………185
　　親子制度（185）　　実子（186）　　養子（190）　　親権（192）
第5節　福祉と法 …………………………………………………194
　　社会福祉制度（194）　　私的扶養（195）　　生活保護（197）
　　高齢者福祉（199）

第8章　相続と遺言

第1節　相続法の仕組み …………………………………………203
　　相続とは（203）　　相続法の原則（204）　　相続の開始（205）
　　相続の承認と放棄（206）　　相続の時効（208）
第2節　誰が相続するのか ………………………………………208

6　目　次

相続人（208）　　相続人の欠格・廃除（211）　　相続人の不存在と「特別縁故者」（212）　　特別受益（213）　　寄与分（214）

第3節　何を相続するのか …………………………………216

相続財産（216）　　遺産の種類（216）　　遺産の管理（219）

第4節　遺産の分け方 ………………………………………220

遺産分割（220）　　遺産分割の方法（220）　　遺産分割の効力（221）　　遺産の評価（222）

第5節　遺言の仕方 …………………………………………223

遺言（223）　　遺言の方式（普通方式）（224）　　遺言の方式（特別方式）（226）　　遺言の効力（227）　　遺言の執行（228）　　遺留分（229）

第9章　企業と経営

第1節　暮らしと企業のかかわり ……………………………231
第2節　さまざまな企業 ………………………………………232

企業形態（232）　　会社の種類・会社数（235）

第3節　株式会社はなぜ多いか ………………………………241

株式会社形態選択の理由（241）　　株式会社と節税（243）

第4節　企業集団の成立と実力 ………………………………246

第二次世界戦争での敗戦と民主化（246）　　「朝鮮動乱」と資本蓄積（247）　　高度経済成長政策等・産業再編成政策と六大企業集団の誕生（247）　　六大企業集団の規模と実力（251）　　独立系企業グループ（254）

第5節　経済不況と企業集団・企業グループの再編と現状 …255

六大企業集団の再編（255）　　独立系企業グループの再編（257）

第6節　国際関係と日本の企業 ………………………………258

現代企業と商法（258）

国際間競争と独占禁止法・日本の企業（265）

第10章　労働と職場

第1節　労働者の生活と権利……………………………267
　労働問題の解決と労働者の権利（267）　　労働組合は何のために
　あるか（271）　　団体交渉と争議行為（273）

第2節　労働契約と労働基準法 ……………………………275
　労働憲章と労基法（275）　　労働条件と就業規則（277）
　労働者の採用と解雇（279）　　労働者の雇用の安定（282）

第3節　男女差別と雇用機会均等法 ………………………284
　均等法と男女平等の実現（284）　　女子労働とセクシュアル・ハ
　ラスメント（286）

第4節　職場と労働災害 ……………………………………288
　職場の事故と労働災害（288）　　災害補償給付の内容（290）
　労働災害と損害賠償（291）

第5節　労働と福祉 …………………………………………292
　「社会福祉」とは何か（293）　　老人のための福祉と介護保険
　（294）　　障害者のための福祉（296）

第 1 章

法とは何か

第1節 法と道徳

1．安楽死・脳死・謝罪広告

(1) **安楽死** 森鷗外の短編『高瀬舟』(1965年)は，安楽死問題を描いた日本の代表的な作品である。重病の弟が自殺をはかり，頸部を刃物で切ったが死にきれず，苦しんでいるのを見た兄喜助が，弟の頼みを容れて弟の頸からその刃物を抜いてやる。近所の老婆が，この最後の場面だけ見て駆け出す。兄のほうでも，自らの行為で弟が早く死んだと思っている。……朧夜に護送する同心が，弟殺しの罪人として高瀬舟で送られる姿に特異なものを感じて，その一部始終を聞き出すという筋書きである。森鷗外はさらに『高瀬舟縁起』でいう。「人を死なせてやれば，すなわち，殺すということになる。どんな場合にも人を殺してはならない。ここに病人があって死に瀕して苦しんでいる。それを救う手段は全くない。そばからその苦しむのを見ている人はどう思うであろうか。……どうせ死ななくてはならないものなら，あの苦しみを長くさせておかずに，早く死なせてやりたいという情は必ず起こる。ここに，麻酔薬を与えてよいか悪いかという疑いが生ずるのである。その薬は致死量でないにしても薬を与えれば，多少死期を早くするかもしれない。

それゆえ，やらずにおいて苦しませていなくてはならない。従来の道徳は，苦しませておけと命じている。しかし，医学社会には，これを非とする論がある。即ち，死に瀕して苦しむものがあったら，楽に死なせて，その苦を救ってやるがよいというのである。これをユウタナジイという。楽に死なせるという意味である。高瀬舟の罪人は，丁度それと同じ場合にいたように思われる。私には，それがひどく面白い。こう思って私は，高瀬舟という話を書いた。」

　早く楽にしてくれ，早く殺してくれ，という願いを聞き入れてその依頼者を殺せば，「嘱託殺人罪」（刑法第202条）で処罰される。しかし，罪に問われない場合がある。この《安楽死》が許される要件を，名古屋高等裁判所は6つあげている。①病者が現代医学の知識と技術から見て不治の病におかされ，しかも死が目前に迫っていること，②病者の苦痛がはなはだしく，何人も真にこれを見るに忍びない程度のものであること，③もっぱら病者の死苦の緩和の目的で為されたこと，④病者の意識が明瞭であって意思を表示できる場合には，本人の真摯な嘱託または承諾のあること，⑤医師の手によることを本則とし，これによりえない場合には，医師によりえない首肯するにたる特別な事情があること，⑥その方法が倫理的にも妥当なものとして認容しうるものなること（名古屋高等裁判所昭和37年12月22日判決）。

　「人を殺してはならない」ということは典型的な《法規範》である（刑法第199条）。このように社会で許されない《為すべきではない》ことをした場合，その行為は違法な行為として制裁を受ける。名古屋高等裁判所が示した要件は，この「違法性」に関するものである。つまり，6つの要件が具備されておれば，法にそむいておらず「違法性」がないので罰せられないというものである（「犯罪が成立するためにはどのような要件が必要か？」本書58頁参照）。

　(2)　**脳死**　法律で罰せられない行為であっても，宗教的ないし道徳的には問題とされる場合がある。さきに掲げた《安楽死》が許される要件の⑥は，このことに関するものである。今日，《脳死》の患者から心臓を摘出し移植する医療行為が許されるか否か問題となっているが，この「臓器移植と脳死

の判定」は，《新しい死の概念》をめぐる法規範と《道徳規範》の接点に関する問題である。中華民国（台湾）では，死刑囚に対して刑の執行をするさい，囚人を《脳死》にさせ，臓器の摘出する行為が許されているが（「人体器官移植条例」1987年6月，「脳死判定程序」同年9月），これは脳死者《本人の自己決定権》に関する人権問題でもあろう。《死刑》執行は，《強制規範》である法の効力をもっともよく現わしているが，果たして，その効力に囚われの身にある者を脳死にさせることまで含まれるであろうか。脳死問題は，医学の進歩が生んだ倫理と法のあり方をめぐる人類的課題であろう。

(3) **謝罪広告** 《強制規範》としての法と，行為者の「良心」の問題がよく現われているのが「謝罪広告」である。つぎに，「名誉毀損」に関する「謝罪広告」事件をあげてみよう。

大学受験で猛勉強をしていた親子3人暮らしの高校生の父親が交通事故死した。しかし，その悲しみを乗り越えてみごとに合格したが，多額の入学金を支払う準備がなかった。母親は近所の工場へ働きに出ることになり，本人も朝夕新聞配達をする一方，日中はアルバイトに励んだ。入学金納入期限を明日にひかえても，なんとか工面できる金銭は，納入すべき額の3分の1しかなかった。そこで母と息子は相談して，働いて返済する覚悟で，いわゆる《サラ金》から借りて，なんとか入学できた。当然のことながら，その翌月から借りたお金に利息をつけて返済することになった。母親は工場で残業もするようになり，大学生は必死でアルバイトに励んだが，おのずから限界があった。こうした状態のなかで，母親は過労のため寝込んでしまい，息子はその看病のためアルバイトも継続できなくなってしまい，サラ金への返済もすっかり滞ってしまった。ついにサラ金から「債務不履行」（民法第415条）のかどで，強制執行されることになった。借用証書と同時に作成した「公正証書」には，「期限までに返済しなければ，強制執行してもよい」という一ケ条が入っていたのである。こんな事情を伝え聞いた地方の若い新聞記者が，ハワイに豪華なマンションを持って，ほとんどハワイ暮らしのサラ金の社長を「人の世に情けはないものか。このような強制執行は人の面をかぶっ

た鬼のする行為だ」と厳しく非難した記事を新聞に掲載した。ところがこの記者は，サラ金の社長から名誉が損われたとして訴えられることになった。この事件で裁判所は，サラ金の社長と親子の債権関係は合法的であることを認め，民法第723条にもとづき，記事を掲載した新聞社に「謝罪広告」を命ずる判決を下している。記者は《良心的に恥じる行為》はしていないと主張したが，「真実に相違しており，貴下の名誉を傷つけご迷惑をおかけいたしました。ここに陳謝の意を表します」という内容の広告を掲載することを義務づけられたのである。裁判所は，自らの意思を改める気持ちのない被告人を「他人ノ名誉ヲ毀損シタ者」であるとして，その被害者であるサラ金社長のため「名誉ヲ回復スルニ適当ナ処分」を命じたもので，法によって謝罪を強制した一例である。《法規範》である判決が正当であっても，必ずしも個人の《良心》を納得させることはできないといえよう（ホセ・ヨンパルト著『自然法の研究』有斐閣，1972年）。良心の掟は《道徳規範》なのである。

2．「為すべきこと」と「為すべきではないこと」

ドイツのすぐれた法学者であるオットー・フォン・ギールケ（Otto von Gierke, 1841-1921）が，「人の人たるゆえんは，人と人との結合にあり」（Was der Mensch ist, verdanket er der Vereinigung von Mensch und Mensch）と述べたように，人は他の人と孤立無縁で生活することはできない。すなわち，人間は社会的動物であるといえよう。事実，われわれは，家族，市町村，国家，国際団体，その他種々の団体を構成して集団生活を営んでいる。これらの集団生活が秩序正しく維持されるためには，これらの集団生活を構成する人びとの関係を規律する規範が必要である。人びとの社会生活の秩序を維持するために，社会の構成員の各々に対して，《為すべきこと》と《為すべきではないこと》とを示す行為の規律がなければならないのである。なぜならば，各人がそれぞれ自分勝手な行動をしては，とうてい社会生活の秩序の維持を期することはできないからである。そこで，人びとの社会生活が共同の規律にしたがって行われるために，社会生活のどのような部門においても，何らか

の規律が人の行動について存在するのが普通である。この規律は、一般に《規範》と呼ばれ、それは集団生活における《為すべきこと》に合致するものとして挙示され、かつ、それの遵守が要請される人びとの生活基準である。しかし、《為すべきこと》、すなわち《当為》の内容は、一定の事がらを実現すべきことである場合もあれば、一定の事がらを実現させてはならない場合もある。要するに、規範は、社会的な人間の行為を規律する当為 (Sollen) の法則であるということができる。

　社会生活における規範、すなわち社会規範は、人びとが社会生活を営むために、その実現が要請されている基準のことであり、人に対して、このように為すべきである、またそのようなことは為すべきではないという《法規範》である。ここで注意すべきは、こうした社会生活の規範には、法のみではなく、法以外にさまざまな規範があるということである。たとえば、慣習規範、道徳規範、宗教規範、礼儀などがこれである。これらの《社会規範》は、それぞれ社会生活を規律するけれども、法とはその性質を異にし、法にくらべて社会生活を規律する強制力にとぼしい。それは、法が国家のように組織化された力で社会を治める規範であるのに対して、他のものは内面的な人びとの心に関する規範であるからである。

3．規範としての法

　法 (Law, Recht, Droit) とは、人に対して一定の行為を《為すべきである》、または《為すべきではない》というように、社会生活における人の行為の準則を定めたもの、すなわち規範であって、広い意味での法則の一種である。広い意味での法則のなかには、《自然法則》も含まれるが、同じ法則といっても《規範》と自然法則とは本質的に異なる。自然法則とは、たとえば「水は高い所から低い所へ流れる」というように、事実の世界に属することであり、その本質的とするところは、その法則の内容がつねに実現されるという点にある。したがって、もし、かりに水が低い所から高い所へ流れることがあったとしたら、上の自然法則は誤りであって、そのようなものは法則とし

てまったく通用しないことになる。ところが規範は，これとは異なり，必ずしも事実と一致する必要はない。たとえば，「人を殺してはならない」「盗んではならない」という規範についていえば，これは，人を殺すべきではない，物を盗むべきではないということであって，現実の社会では，時には殺人行為が行なわれ，窃盗事件があり，しばしば規範が破られている。しかし，そういう事実の発生が，規範の生命を断つものではない。「人を殺してはならない」，「盗んではならない」という規範は，それにそむく行為の有無にかかわらず，つねに規範として通用するのであって，規範とはこうした性質のものなのである。

(1) **生活上の規範** 法は，人の社会生活上における規範である。人は社会的動物であって，相互に結合して，家族，国家等を形成し，その精神生活においても，またその物質生活においても，他の人びととの間に限りない交渉をもち，人としての生活を営んでいる。人間の性質は，ほんらい，極めて協同的であり，社会性をもっているのであるが，他面において，限りない利己的欲望をもっているのであるから，共同生活の秩序を維持するためには，その社会の構成員である各人に対して，《為すべきこと》と《為すべきではないこと》とを示して，その利己的欲望に一定の限界を設ける規律がなければならない。すなわち，社会性をもって集団生活を営む人びとが，すべて善い性格を有し，絶対に違法行為を行なわないというならば，社会の力をもって当為の法則を敢えて強制する必要はないのであるが，しかし，社会生活において，一人でも不正な者が現われた場合には，たんなる自律的・内面的な強制力の弱い道徳，宗教，慣習などの社会規範では，とうてい社会の秩序を維持することはできず，社会生活の安定と平和は期しがたい。ここにおいて，強制力の強い他律的・外面的な規範である法が必要とされるわけである。法は，このように，社会生活の安寧秩序を維持するために必要なものであり，「社会あるところに法あり」(ubi societas ibi ius) という格言は，およそ社会生活が営まれているところには，その社会の成立条件として法規範があるという意味において，万人が認めるものであろう。つまり人間は，一面において

社会的・理性的な性質を有するが，他面において，反社会的・反理性的な性格を有することを否定しえない。法は，こうした人間の反社会的・反理性的な面を予想して，これに対処する方法として，その存在理由があるのである。

(2) **行為の規範**　法が行為の規範であるというのは，法は人の意思それ自体を規律の対象とするものではなく，人の意思が外面的な行為となって現われる場合にのみこれを規律するということである。したがって，内面的な意思は原則として法の対象外のことであって，たとえば，まだ行為として現われず，たんに内面的に盗もうという意思を持っているだけでは，法は干渉することはできない。宗教は「姦淫するなかれ。……されど我は汝等に告ぐ。すべて色情を懐きて女を見る者は，すでに心のうち姦淫したるなり」と教えるが，「心のうち」だけでは宗教上や道徳上の問題であって，法上の問題にはならないのである。法は，故意とか過失とか，善意とか悪意とかいう心的要素を問題にすることもあるが，それは行為との関連において問題となるのであって，純粋にそれだけが問題となるのではないのである。

(3) **強制規範**　道徳上の規律は，いかにそれが立派な内容のものであっても，それを尊重するか否かは，まったく各人の《良心の自由》に委ねられるもので，《良心的義務》が礎になっている。これに対して，法は，各人に対して必ずこれに従うべきことを命ずるものであって，それを各人が承認するか否かの自由を許さない性質のものである。すなわち，法は，宗教，道徳，習俗などと共に社会規範でありながら，これらの社会規範と異なり，強制的な規範としての性質をもっている。社会における対立や抗争を調整して一定の秩序を維持しようとする法は，組織化された権力的な社会力（国家権力）を背景として，その実効性を担保されるのである。つまり，法は国家権力によって維持され強制される規範であって，その違反者は一定の不利益または制裁を受ける。法とは，このように不利益や制裁によってその遵守が強制される国家的な規範なのである。

第2節　法と政治

1．中国の「労働改造」と特攻隊員の「遺書」

(1) **中国の「労働改造」**　日本と中華人民共和国の友好関係は年々深まっている。中国は日本の26倍の広大な領土を持ち，人口もまた日本の10倍を超えている。第二次世界大戦以後，それまでの植民地支配から解放された中国は，独自の政治理念，すなわち，マルクス主義，レーニン主義，毛東沢主義に基づく社会主義建国に励んでいる。こうした政治思想の下で，1954年以来，「すべての反革命犯およびその他の刑事犯を懲罰するとともに，これらの者を強制して労働を通じて自己を改造させ，新しい人間とする」という目的で，「中華人民共和国労働改造条例」が施行されている。ここにいう《反革命犯》とは，「プロレタリアート独裁の権力および社会主義制度の転覆を目的とし，中華人民共和国に危害を加える行為」（中国刑法第90条）を行った者である。条例によれば，労働改造所では，マルクス主義，レーニン主義，毛東沢主義による社会主義革命に反対する「反革命犯」に対して，「懲罰的拘束と思想改造を結合し，生産労働と政治教育とを結合する」方法によって《改造》が施される。これは「政治思想教育」と「強制労働」を通じて，「犯罪の本質を暴露し，犯罪思想を消滅し，新しい道徳観念を樹立させる」（条例第25条，26条）ものである。一つの政治思想を絶対的なものとして国民に徹底するこの《労働改造法》は，中国憲法第一条の「社会主義制度は，中華人民共和国の根本的制度である。いかなる組織あるいは個人による社会主義制度の破壊をも，禁止する」に支えられている。中国では，《共産党の指導》の下で《人民民主主義独裁》の政治が行われている。このように唯一のイデオロギーが政治権力となっている社会では，真に個人を尊重する民主主義は存在し得ないといえよう。本当の民主主義は，人間の精神的自由が保障されている社会にのみ育まれるものであるからである（鈴木敬夫編訳『現代中国の死刑制度と労働改造』成文堂，1994年）。

(2) **特攻隊員の「遺書」** 戦前の日本では,「大日本帝国憲法」と「教育勅語」の下で,さまざまな法律が立法され,施行された。なかでも太平洋戦争中の戦時立法は,軍国主義的,全体主義的な皇国思想がきわめて濃厚なものであった。軍国主義天皇制「国体」の護持を目的とする「治安維持法」はその典型であったといえよう。政府は「学徒戦時動員体制確立要綱」(1943年6月)を閣議決定して,学生生徒を戦争に駆り立てた。とくに大戦末期に,敵を攻撃する武器や弾薬が欠乏していくなかで日本軍は,《特別攻撃隊》を編成して,動員した多くの学生に「殉死」を強いたのである。特別攻撃隊とは,飛行機などで敵の艦船に体当たりの自殺的な攻撃を行った部隊をいう。つぎの「遺書」は,当時,慶応大学経済学部学生であった上原良司氏が書き遺したものである。彼は,昭和18年(1943年)2月に兵隊に入り,20年5月11日陸軍特別攻撃隊員として沖縄嘉手納湾のアメリカ軍の機動部隊に突入して戦死した。22歳であった。

遺　書

　　生を享けてより20数年何一つ不自由なく育てられた私は幸福でした。温かき御両親の愛の下,良き兄妹の勉励により,私は楽しい日を送る事ができました。そしてややもすれば,我儘になりつつあった事もありました。この間御両親様に心配をお掛けした事は兄妹中で私が一番でした。それが何の御恩返しもせぬ中に先立つ事は心苦しくてなりません。

　　空中勤務者としての私は毎日毎日が死を前提としての生活を送りました。一字一言が毎日の遺書であり遺言であったのです。高空においては,死は決して恐怖の的ではないのです。このまま突っ込んで果たして死ぬだろうか,否,どうしても死ぬとは思えませんでした。そして,何かこう突っ込んで見たい衝動に駆られた事もありました。私は決して死を恐れてはいません。むしろ嬉しく感じます。何故なれば,懐かしい竜兄さんに会えると信ずるからです。

　　天国における再会こそ私の最も希ましき事です。

　　私は明確にいえば自由主義に憧れていました。日本が真に永久に続く

ためには自由主義が必要であると思ったからです。これは馬鹿な事に見えるかも知れません。それは現在日本が全体主義的な気分に包まれているからです。しかし，真に大きな眼を開き，人間の本性を考えた時，自由主義こそ合理的になる主義だと思います。

戦争において勝敗をえんとすればその国の主義を見れば事前において判明すると思います。人間の本性に合った自然な主義を持った国の勝戦は火を見るより明らかであると思います。

私の理想は空しく敗れました。人間にとって一国の興亡は実に重大な事でありますが，宇宙全体から考えた時は実に些細な事です。

離れにある私の本箱の右の引出しに遺本があります。開かなかったら左の引出しを開けて釘を抜いて出して下さい。

ではくれぐれも御自愛のほどを祈ります。

大きい兄さん清子始め皆さんに宜しく，

ではさようなら，御機嫌良く，さらば永遠に。

御両親様　　　　　　　　　　　　　　　　　　良　司

これは，戦争で命を奪われた若者の貴い《遺書》である。日本戦没学生の手記『きけわだつみのこえ』(岩波文庫)は，軍国主義，全体主義下の戦前日本において，いかに基本的人権を無視した政治と法が蔓延していたかをよく示している。このことを顧みると，今日はまさに，わが憲法の原理の一つである「平和主義」のもとで，世界の諸国民と手を携え，「平和のうちに生きる権利」を尊ぶ政治や平和外交，そして《国際貢献》が期待される時代であろう。

2．「人治主義」から「法治主義」へ

法のもっとも根本的な目的は，社会秩序の維持である。ところで，このような社会秩序の維持を目的とする法を作るものは何か。それは力である。しかし，もし，この法を作る力が具体的な実力関係によって決定されるとすれば，そこには，もはや法の理念としての正義や平等は存在しえない。法を作

る力は、現代においては、社会的正義ないし事物における合理性に合致するものでなくてはならない。なぜならば、個々人の平等を実現するという正義を目途とする主張でなければ多数の人びとの共感を得ることはできないからである。だが、また、力が法を作る以上、その法は力ある者の利害を反映するものであることを免れえないのであって、それが高い立場からみていかに正義に合わないと考えられても、それ自身としては正義の主張を含んでいるのである。つまり、社会にはいろいろな利害関係が入り組んでいて、その利益を主張する者には、それ相応の合理性が認められるからである。こうした力による法の定立を通して、一定の政策を実現しようとする社会的な目的活動を《政治》という。現代の民主国家の建前からすると、こうした政治は一定の法に従ってなされなければならない。すなわち、社会的正義を担保するものとして法秩序がある以上、政治は法に準拠して行われなくてはならないのである（法治主義）。そこで、あることがらについて何が正義であるか、その現実的な社会的な価値判断は必ずしも明らかではなく、各種のイデオロギーが相対しており、その力関係が錯綜する場合には、民主国家では、一定の規則にのっとって、大衆の声に応ずる方法として、多数決のルールで決定しようとする。これに反して、全体主義的な独裁政治の下では、支配者が握った政治権力は、民主的手続きを踏むことによって大衆の声に従うようなことをしない（人治主義）。そして《上意下達》的に、被統治者に対し上からの従属的支配を及ぼそうとする。そこでは何が具体的な社会正義であるかの判断は、多数決ルールに従わず、すべて指導者の恣意ないし独裁政党によって決定される。「人治主義」は民主政治を否定するものである。

3．自由なる人格の完成

　個人主義は、個人に最高の価値を認め、個人の人格の最大限の尊重、自由なる人格の完成をその目的とする。したがって、この個人主義に基づく政治は、個人の福祉の増進を目標に掲げる。何が個人の福祉に適合するかについては、各人によって異なるわけであるが、経済生活の向上は大多数の者にと

って，福祉を増進するための必要条件である。しかし，個人主義は，自分だけよければ他人はどうなってもよいという利己主義と異なることに注意しなければならない。一人のみが福祉を味わい，他の者は福祉にあずかりえないという状態は，個人主義の立場からは認められない。そこで，個人が社会生活を営む限り，個人主義の下においても公共の福祉を考慮することが必要である。憲法が「すべて国民は，個人として尊重される。生命，自由及び幸福追求に対する国民の権利については，公共の福祉に反しない限り，立法その他の国政の上で，最大の尊重を必要とする」（13条）と規定しているが，これは憲法が個人主義的思想を基盤としていることを示している。個人主義は個人に最高の価値を認め，したがって国家は個人の福祉を実現する手段にすぎないと考える点で，全体主義とまったく異なる立場である。

4．国民の，国民による，国民のための政治

民主主義は，個人主義の立場に立ち，個人の尊厳と福祉の増進を目的とする政治上の主義であるといえよう。そして民主主義の出発点は，個人の自由と平等を認めることにあり，これがなければ個人の福祉の増進はありえないと民主主義は考える。しかし，個人は社会生活を単独に営むことができるものではなく，社会の一員としてのみ生存しうるのであるから，その限りで個人の自由は必然的に社会の共同の利益のために制約される。なぜならば，ある個人の自由を無制約にみとめるとすれば，他の個人の自由はみとめられなくなり，個人の福祉の実現は他人の犠牲の上に成り立つことになるからである。しかし民主主義は，社会の共同の利益に反しないかぎり，つまり他人の自由を侵害しないかぎり，できるだけ個人の自由をみとめようとするものである。また，個人の自由を保障するためには，平等をみとめなければならない。なぜならば，かつての封建時代にみられたような身分的に他人に従属する関係，すなわち不平等な関係に立つならば，真の自由はえられないからである。したがって民主主義は，個人間の平等も確保しようとする。このような個人の自由と平等を保障する政治上の組織としては，国民が自らの意思を

もって自由と平等な立場で政府を作り，自らを治めるのが一番具合がよい。これが，政治上における民主主義の考え方である。リンカーン（A. Lincoln, 1809-1865）が民主主義の説明のために述べた言葉「国民の，国民による，国民のための政治」(Government of the people, by the peaple, for the people.) は，この意味にあたる。また，憲法の前文に「そもそも国政は，国民の厳粛な信託によるものであって，その権威は国民に由来し，その権力は国民の代表者がこれを行使し，その福利は国民がこれを享受する」とした一句があるが，これもまた同じ意味である。

5．多数決をもっても奪うことのできない権利

国民に対して自由な平等な立場で政治活動をすることを認める民主主義の下では，どのようにしてその社会のまとまりをつけるべきか。おのおのの国民が自分の意見を主張し，各自勝手に行動したのでは，社会秩序は維持されない。しかも，民主主義の下では各人は平等であるから，一つの意見のみに特別の価値をみとめるわけにはいかない。そこで，多数決で事を決するしか方法はない。したがって，民主主義は多数決主義に密接に結びつく制度であり，個人の国政への参与ないし多数者への参与の自由を意味する。もちろん，多数決によって決定されたことは，つねに正しい結論であるとは言えないのであるが，現在のところ，これより優れた方法がないのであるから，一応多数決で決定されたことに対して最高の価値を認めて，これに従うという建前をとっているのである。しかし，ここで大切なことは，多数決で決定されたことに対しては，たとえそれが自己の主張と異なるものであったとしても，それに従わなければならないということである。

正義とは，一般に人間の平等を実現することであるが，具体的に何が実現されるべき平等であるかは，人により，時代により異なるものである。自分が正義であると信じていることは，時には誤っているかもしれない。まさに，人びとの思想や価値観は相対的なものであり，自らの思想を絶対なものと主張することはできないのである。各人は自己の主張がより正義にかなっ

ていることを確信しているとしても，正義は多数人の協力により，しだいに実現されるものであることを認め，一応は多数決に従うというのが民主主義である。だが，多数決がつねに正しいとは限らないのであって，往々にして不正を決議することがある。多数は力ではあるが，力がつねに善い法律を作るとは限らない。これが民主主義の悲劇であろう。多数決によっていかに多くの《悪法》が生まれ，それによって人権が侵害されたであろうか。それは人類の歴史を見れば明白なところである。多数派には少数派の主張に耳を傾ける《寛容な精神》が必要である。

確かに，民主主義は多数決主義と結びつくが，それだからといって多数決によっていかなることがらも決定しうるものではないことに注意しなければならない。すなわち，民主主義の理念からすれば，多数決をもって国民の自由と平等を奪うような事案を決定することは許されない。なぜならば，民主主義はもともと個人の自由と平等を保障するためにつくられた主義であるのに，個人の自由と平等をまったく奪うことになっては，民主主義の出発点と根本的に矛盾することになるからである。これは個人の価値観や法目的観を尊重する立場，すなわち《価値相対主義》の否定にほかならない。この多数決をもってしても奪うことのできないものを『基本的人権』(fundamental right) という。この奪うことのできない天賦自然の基本的人権に基づいて，多数の意見に反対する《言論の自由》，《表現の自由》などが保障され，その少数意見によって多数派の矛盾が指摘され，その少数意見がしだいに支持されて，多数を占めるようになれば，それまでの多数決は覆えされることになる。

第3節　法の目的

1．桃太郎と日韓併合条約

(1)　**桃太郎**　おとぎばなし「モモタラウ」の話しは，大正時代の小学校『こくご』の教科書に登場する。桃太郎は大きくなり強くなって，犬・猿・雉子（きじ）を引き連れて鬼征伐に行くが，鬼が島に着いてからの叙述はつぎのようなものである。

モンヲヤブリセメコミマシタ。キジハツツキマハリ，サルハヒッカキマハリ，イヌハカミツキマハリマス。モモタラウハカタナヲヌイテ，一バンオオキナオニニムカヒマシタ。オニドモハカウサンシテ，ダイジナタカラモノヲダシマシタ。クルマニツンダタカラモノヲ，イヌガヒキダスエンヤラヤ。サルガアトオスエンヤラヤ。キジガツナヒクエンヤラヤ。

これは全くの強盗行為である。大正国語版「モモタラウ」の特色は，鬼が何か悪いことをしたという記述が全然ないところにある（長尾龍一著『法哲学入門』日本評論社，1982年）。

「桃太郎」は日本の英雄説話の典型であり，「善人」による「悪人」に対する復讐，侵略，略奪，殺戮の物語である。「かたき討ち」ともいわれるこの説話の結論は，「鬼を退治して，宝物を全部もらい，車に積んで帰ると，爺婆は喜び，分限者となる」，「宝物を車に積んでもどり，ほうびをもらって爺婆を養う」，「宝物を爺婆に渡して桃太郎は出世する」などさまざまである。もとより，狭い島国に住む日本人が，どこか海のかなたの所在の知れぬ《宝島》があり，その宝物を手にして豊かに暮らしたいという庶民の夢を抱いていたとしても不思議なことではない。しかし，やがてその夢は，戦国時代から安土・桃山時代にかけて中国・朝鮮の沿岸に出没して財物を略奪する海賊行為となって現実化されるようになったらしい。それが史実にのこる《和寇》ではなかろうか。

明治27年（1894年）に出版された『日本昔噺』になると，桃太郎は，育て

の親である爺に対して,「元来此日本の東北の方,海原遙かに隔てた処に,鬼の住む島が御座ります。其鬼心邪（よこしま）にして,我皇神（おおかみ）の皇化（おおしへ）に従わず,……世にも憎き奴に御座りますれば,私只今より出陣致し,彼奴を一挫（ひじき）に取て抑へ,貯え置ける宝の数々,残らず奪取て立ち帰る所存,……」と鬼征伐を願い出れば,爺は積極的に「鬼めを退治て禍いを除き,皇國（みくに）の安泰（やすき）を計るがよい」とこれを勧めている。この行間には,特殊日本民族の皇国主義下の大陸侵略思想がすでに盛り込まれているといえよう（滑川道夫著『桃太郎の変容』東京書籍,1981年）。

(2) **日韓併合条約** 事実,この『日本昔噺』が出た年の7月には,朝鮮に出兵した日本軍が王宮を占領して武装を解除せしめ,8月には中国との「日清戦争」(1894年) を起こして,台湾,澎湖島を獲得した。さらに「日露戦争」(1904年) では,樺太の一部と沿海州の漁業権を獲得している。その後1909年,日本は「対韓政策確定ノ件」を閣議決定して「韓国ヲ併合シテ之ヲ帝国版図ノ一部トナスハ半島ニ於ケル我実力ヲ確立スル為最モ確実ナ方法タリ……断然併合ヲ実行シ半島ヲ名実共ニ我ガ統治下ニ置キ,且韓国ト諸外国トノ条約関係ヲ消滅セシムルハ帝国百年ノ長計ナリトス」としてはっきり大陸侵略を掲げている。その翌年の1910年,日本は強大な軍事力を背景に『日韓併合ニ関スル条約』を強要して「韓国皇帝陛下ハ韓国全部ニ関スル一切ノ統治権ヲ完全且永遠ニ日本国皇帝陛下ニ譲与ス」(第1条) を締結するに至っている。「おとぎばなし」にすぎなかった桃太郎の「鬼」退治は,ついに「皇国の安泰をはかる」「国盗り」にまで変容したのである。加藤清正の朝鮮での「虎」退治,西郷隆盛の「征韓論」などは,桃太郎の「おとぎばなし」と無関係ではないであろう。

このようにして,朝鮮では36年間におよぶ日本による植民地支配の受難が開始されることになる。この間に朝鮮総督府の下で立法され,施行された数多くの植民地統治法は,桃太郎がいうように,まさに神格化された天皇に従わない「鬼」を「皇化」（天皇の臣民化）することを目的としたものであった。

朝鮮民族の主権を否認し，日本民族主義の下で「朝鮮語」を禁止して民族差別を行い，「創氏改名」を強制し，人権を蹂躙した植民地統治法は，立法のはじめから「正義の実現」を意識的に否認した《悪法》であったったといえよう（鈴木敬夫著『朝鮮植民地統治法の研究』北海道大学図書出版会，1989年）。

2．法による安定

　法の目的は，社会における正義と秩序を維持することにあるといえよう。たとえば，刑法は，犯罪から社会を防衛し，個人を不法な侵害から保護することを目的とし，また民法は，社会生活における個人の私的な生活の安定をはかろうとする目的をもつ。労働法は，勤労者の生活を守り，労働条件をより良いものにすることを目的とする。このように法はそれぞれ目的をもち，そして法律はその目的に奉仕する手段としてその意義をもつものである。こうした私法，公法，社会法などによって，社会全体の法秩序が形成されているのである。これらの法律全体の目的ないし理想は，いったい何であるか。端的にいうと，法が目的とするところは二つある。その一つは，社会の利益と個人の利益の保護であり，これらの利益がきのう保護されたように今日も，そして明日も保護されるという，社会生活の安定の維持をはかることを目的とするものである。他の一つは，正義の実現であり，人間の日常生活において，差別などをなくし具体的平等を実現することである。この《社会生活の安定》（法的安定性，Rechtssicherheit）という問題と，《平等としての正義》の実現という問題との間は，きわめて複雑な緊張関係におかれている（巻末資料，G. ラートブルッフ：法の目的　を参照）。

　法は，規範であり秩序である限りにおいて，法の安定性の要求に即応することが必要である。秩序の混乱と破壊とには人間は堪えられるものではない。ゲーテ（J.W.V. Goethe, 1749-1832）は「無秩序よりは不平等の方がましだ」といっている。文化の向上も生産の拡大も，安定した社会秩序のもとにおいてのみ可能であることはいうまでもない。つまり，法の安定性とは，われわれが社会生活を営むにあたって，法に従って安心して生活できることを

いうのである。ところが，同じく社会のうちの秩序が維持されているような装いをしていても，じつは植民地支配あるいは独裁国家などという統治形態を考えてみると，そこではおよそ法的安定性は保たれていないといえよう。がんらい，法的安定性というものは，その社会秩序の維持がその社会の構成員にとって尊重されるべき価値として認められるとき，はじめて期待しうるものである。なぜなら国民の支援を受けていない国家では，社会的利益と個人的利益との調整がなされておらず，そうした場合には，法はつねに国民の強い抵抗にあい破られる傾向にあるからである。このような社会では，いちじるしく法的安定性を欠いており，法は社会の秩序を維持するという価値を有していないといわなければならない。

それでは，法的安定性が社会において維持される条件とは何か。その第一は，法そのものの安定をはかる必要がある。朝令暮改があってはならない。第二は，法の変更を通して国民の生活秩序を不安定にしては法の安定性は期しがたい。社会の発展にともなって法が変化することは当然なことであるが，みだりな法の変更は，法の安定性を害するものである。《既得権不可侵の原則》や《事後立法禁止の原則》などは，この要請に応ずるものである。第三は，法が国民の常識ないし法感覚に合致していなければ法の安定性は期しえない。たとえば，あまりに峻厳にすぎる法や国民の人権感覚，平等感に反するような法は，法的安定性を欠く。国民が自由や人権を求めて抵抗し，法を破ろうとすれば，社会秩序は乱れ，法に従って生活をしようとする者も，いつ法が変わるかとおそれて，日々不安感がつきまとうからである。

3．等しいものは等しく，等しくないものは等しくなく取り扱うこと

法の目的は単に社会生活の秩序を維持するために法の安定性を期するだけにあるのではなく，正義の実現もまた法の根本目的の一つである。それでは，正義とはいったい何か。正義の内容については，むかしから，学者によっていろいろな考え方があり，定説はない。

アリストテレス（Aristoteles, B.C. 384-322）は，正義の内容は社会公共の福

祉であって、具体的には各人のものを各人に配分することにあるとし、そして、これを《平均的正義》と《配分的正義》との二つに分け得るとした。まず《平均的正義》とは、社会における個人相互間の利益の得喪についてバランスを取らせることを目的として、社会のために個人の能力のいかんに関係なく平均的に社会的利益が配分されることをもって正義とするものである。たとえば、物の売買をする場合に、給付に応じて対価を受けとるとか、交通事故の場合に、その損害にみあった賠償を支払うというようなことは平均的正義の要求するところである。これに対して《配分的正義》とは、社会における個人をそれぞれの価値に応じて遇することを内容とし、たとえば、能力ある者に給料を多く与えるとか、また所得に応じて累進税率を課すること、犯罪者の責任能力に従った科刑など、各人の能力とその社会に対する貢献、功績、有責性などに応じてそれぞれ公平に社会的利益と社会への義務との配分がなされることをもって、正義の実現とするものである。いわば、平均的正義は形式的な平等であって、個人間の関係について認められる民法や商法などの《私法の平等》である。これに対して配分的正義は団体と個人との間に認められる関係で、等しくないものを、等しくなく取扱うことであり、実質的平等をはかろうとする行政法や刑法などの《公法の平等》である。アリストテレスの正義の観念からすれば、現代の国家は、すべて平均的正義と配分的正義とを巧みに按分調整して、それを法の目的としている国家であるといえよう。価値相対主義を説いたドイツの法哲学者ラートブルッフ (Gustav Radbruch, 1878-1949) は、こうした正義の意味について、人間とその生活を「等しいものは等しく、等しくないものは等しくなく」取り扱うことと解している（ラートブルフ著『法哲学』東京大学出版会、1961年）。

4．悪法は法か……ナチスの法律

　法の目的とするところは、法的安定性を保持することと共に、正義を実現することにある。ところでラートブルッフは、この法における法的安定性の要請と正義の実現は根本的な矛盾であるという。なぜならば、具体的な平等

を実現することと正義を規定しうるとしても,具体的に何をもって正しい平等とするかは各人によって異なりうることであり,各人がおのおの自らの正義と信ずるところに従って行動したのでは,社会の秩序は保てず法的安定性はなくなる。ほんらい,法的安定性をなるべく害しない範囲内で正義の理想を実現するところに,法の課題があるのであろうが,両者がどうしても一致しない場合には,そのいずれかを犠牲にしなければならない。法が正義に反するところがあっても,それがはなはだしいものでなく,これを改正することが非常に法的安定性を害するような場合には,法的安定性を重んずべきであろう。たとえば,取引関係などで若干理屈に合わないことが行なわれていても,社会ではその取引に親しんでいる場合に,これを変更することはいちじるしく社会を混乱させ法的安定性を害する。これに対して,法が正義に著しく反する場合には,法的安定性を犠牲にしても正義を実現しなければならないであろう。ゲルマン人とユダヤ人を差別した《ナチスの法律》は,平等の実現を意図したものではないので,正義に反した法律である。正義と法的安定性のいずれを取るかは,結局のところ個人の良心に従って決せられることになる。すなわち,「悪法もまた法である」(dura lex, sed lex) というべきか否かという選択を,この場合には迫られるということである。「悪法もまた法である」という意味は,たとえ悪法と認定されるような法であっても,法である以上は,それに従わなければならない,ということであって,法的安定性を強調した格言である。しかし,また反面からいえば,法が法としての効力をもつためには,正義にかなっているものでなければならないのであって,その意味では,正義に反する法すなわち「悪法は法ではない」といわざるをえない。だが,ひるがえって,各人が各様に悪法の認定を行ない,その認定に基づいて悪法には従わないというような態度をとったとすると,正義の内容の認定は各人によって異なるものであるから,およそ人間の社会生活というものは成り立たないことになるであろう。よく知られている《ソクラテス (Sokrates, B.C. 467-399) の死》は,まさに「悪法もまた法である」ということを身をもって示し,法的安定性のために殉じたものといえよう。

5．実定法を超える法

　しかし，われわれはいかなる悪法にも従わなければならないのであろうか。たとえば，先に掲げた第二次世界大戦中にナチス・ドイツが行なったようなユダヤ人に対する大量虐殺の命令，いわゆる《ナチスの法律》も，法律であるとの理由によって服さなければならないのであろうか。法的安定性の大切さを説いたラートブルッフは「ナチスの法律は，正義の核心をなす平等が立法のはじめから，意識的に否認されているもので，おそらく悪法であるにとどまらず，むしろ法としての本質を欠いている《実定法の不法》(gesetzliches Unrecht)である」と批判している。彼は，正義にまったく反するような《実定法の不法》に対しては，「悪法は法ではない」として，それに従うことを拒否し，悪法を排除するために抵抗しなければならないとする。それでは，このような場合に，ある実定法を悪法であると認定する基準は何であろうか。われわれは悪法を認定するもっとも有力な基準を，まさに《実定法を超えた法》(übergesetsliches Recht)ないし「自然法」に求めなければならないであろう。それは，人間が制定した実定法を超えて，人間が生まれながら有している人間として尊重される権利，すなわち天賦の人権が守られているか否かを基準とするということである。したがって，人間の尊厳と価値を否認する法は，悪法として排除されるべきものであるといえよう（鈴木敬夫著『法哲学序説』成文堂，1989年）。

第2章

国家と国民

第1節 国家と法

1. 憲法とは何か

(1) 憲法の観念

　古今東西，およそこの世に存在してきた，あるいは存在する国家には，必ず，その国家の根本秩序が存在する。したがって，国の根本秩序を定める法規範というもっとも普通の意味で使われる憲法は，国家である以上必ず備えている。この意味の憲法は，憲法の実質を示しているものであることから，実質的意味の憲法あるいは固有の意味の憲法とも呼ばれている。

　実質的意味の憲法はあらゆる国家の有する憲法をあらわすものであることから，近代に入って誕生した，立憲主義（国家権力が憲法の制約を受け，国政が憲法の定めるところにしたがって行われること）に基づく根本秩序を持つ国家，すなわち近代国家の憲法を，実質的意味の憲法とは分けて，近代的意味の憲法あるいは立憲的意味の憲法といい，一般には，これが近代憲法と呼ばれる。

　立憲的意味の憲法は，イギリスのような例外を除いて，実質的な意味の憲法の全部又はその主要な部分が，成文化され，法典の形式がとられている。このような憲法のことを形式的意味の憲法，または成文憲法という。これに

対して，イギリスのように，判例法や習律によって実質的意味の憲法が形造られる憲法のことを不文憲法という。

形式的意味の憲法は，普通，通常の立法手続よりも厳重な手続による改正を求めている。このような憲法のことを硬性憲法という。これに対して，通常の立法手続により改正される憲法を軟性憲法という。

このほか，憲法は，制定主体を基準にして，君主の制定する欽定憲法，国民が直接又は代表を通じて制定する民定憲法，君主と国民の合意に基づく協定憲法，連邦国家の結成にあたり多数国家間の合意で作られる条約憲法に分類できる。

(2) 近代憲法

立憲主義に基づく憲法という点で現代憲法は近代憲法の流れをくんでいるとみることができる。その近代憲法とは次のようなものである。

近代憲法の内容上の特徴は，国家の権力が法とりわけ憲法により制約されることにある。これをあらわしている概念が「法の支配」あるいは「法治国家」であり，この特徴は近代憲法の三原則となってあらわれる。①国民の政治参加，②権力の分立，③基本的人権の保障がそれである。

国民の政治参加という原則は，国民が直接又は間接に政治に参加することにより，権力を担う者が専断的に権力を行使することを制約できるという効果を持つ。また，権力の分立の原則は，権力を分散させることによって，権力相互の抑制と均衡が可能になり，権力の濫用や恣意的行使を防止できるという効果を持つ。さらに，基本的人権の保障の原則は，国民に各種の人権を保障するとすることにより，国家権力の行使に限界を定め，個人の人権に対する権力の介入を禁止するという効果を持つ。こうして，三つの原則はいずれも権力を抑制するという機能を持っている。

近代憲法はこのように，その内容において権力を制限しようとしているばかりではなく，形式的意味の憲法を採用したことにおいても権力を制限しようとしたものであることが明らかとなる。近代憲法の下で新しく権力を担う者も，明文で権力の根拠および限界が定められていない限り，事実のつみ重

ねにより，限界を越える権力の行使へと進むおそれがあることから，根拠や限界がはっきり示される成文憲法により，そのようなことがないようにしようとしたことが認められるからである。

　さらに，近代憲法は，硬性憲法としたことにおいても，権力を制限しようとしたものであることが明らかとなる。権力を制限する憲法を権力を担う者が安易に変更することによって権力を行使しやすくすることができないよう，改正手続を厳重にしているからである。

(3) **現代憲法**

　近代憲法は政治的には自由主義に立脚して形造られているが，20世紀に入ると，政治的・社会的・経済的要請を受けて，修正を受ける部分があらわれる。そのような憲法が現代憲法と呼ばれている。

　現代憲法は，第一に，国家と国民とを緊張関係の中でのみ捉える近代憲法の考え方から，それを前提にしつつ，権力と国民の協力関係を模索する方向をめざしつつある点で修正がみられる。また，第二に，現代憲法は，権力相互の関係を均等とみる近代憲法の考え方から，立法権の優位を認め，それにより執行権を統制しようとする点で修正がみられる。さらに，第三に，現代憲法は，「国家からの自由」を基調にして基本的人権を保障するとする近代憲法の考え方から，それに加えて国家の関与によって実現する社会権を保障している点で修正がみられる。

　このような現代憲法における近代憲法の修正は，資本主義国家においては，近代憲法の内容上の特徴を決して変えるものではなく，むしろ，それを維持しつつ，現代の諸状況に対応させようとしていると考えられる。日本国憲法はこの憲法に属している。なお，社会主義国家の憲法は，近代憲法とは連続性を持たない現代憲法と位置づけられるが，1990年代になって，社会主義憲法を持っていた国の多くが近代憲法と連続性を持つ憲法へと歩み始めるところとなっている。

2．行政法
(1) 行政法の基本原理

　行政法とは，行政の組織，作用，争訟に関する法をいう。しかし，憲法，民法，刑法などのように，行政法には統一的な法典はない。そのため，行政法においては，他の法分野の法典中の総則等にあたる部分は，法理論に頼ったり，判例法により形成するほかはないことになる。行政法の法律には憲法，法律，命令，条例，規則などの成文法があるほか，慣習法，条理法，判例法という不文法もあり，これまでは成文法が中心であったが，近年次第に不文法が重視される傾向にある。

　行政法は，主として，公権力を行使する国や地方公共団体等の行政庁とこれに服する国民との間に適用されるものである。こうしたことから，行政法が定める法律関係には幾つかの特色があらわれることになる。その第一は行政主体の優越性であり，これは行政庁の命令権・形成権，行政庁の処分の公定力・確定力などに示される。第二は公共性・公益性の優先であり，これは現代福祉国家において保護・尊重されなければならない利益や価値，現代社会における複雑な利害対立の適正な調整などを私益や営利よりも優越させるというものである。第三は法令の強行法規性であり，これは行政法規が国民に対して画一平等的にかつ公正に法律を適用することにより公共性・公益性を実現しなければならないということから導かれるものである。第四は法令の技術性であり，これは技術革新や社会経済的条件の変化のテンポが早い状況に対応し，また相互に対立・衝突する公益や私益を調整しつつ行政目的の達成を可能にするために不可欠であるとされている。

　行政法を支配する基本原理は「法律による行政」の原理である。この原理は，国権の最高機関である国会が唯一の立法機関とされ（憲法41条），また行政権の主体である内閣およびその下の行政機関の命令制定権が狭く限定されたことにより（憲法73条6号），明治憲法下に比べて，大幅に強化されることになった。この原理には二つの側面がある。その一つは，行政は法律の根拠に基づかなければならないこと，もう一つは，行政のすべての活動は法律に

反するものであってはならず、あるいは行政上の措置による法律の改廃・変更は許されないことである。前者を「法律の留保の原則」、後者を「法律の優先の原則」と呼んでいる。

(2) **行政組織に関する法**

国あるいは地方公共団体が、行政としての自己の権限を行使するには、この手段・装置としての組織が必要であり、この組織のことを行政組織と呼ぶ。行政法はこの行政組織に関する法を含んでいる。

行政組織上、行政活動を行う包括的な行政主体は国、地方公共団体であり、行政主体は行政権行使の法的効果を享受する。行政主体は行政組織内部に、一定の所掌事務と権限を与える行政機関を設置し、これに対して行政権の行使に携わらせる。また、行政組織として、行政主体のために意見を決定し外部に表示する権限を与えられた機関があり、これを行政法上は行政庁と呼んでいる。このような行政組織について、国に関しては国家行政組織法、内閣法が、地方公共団体に関しては地方自治法がその枠組みを定めるところとなっている。

(3) **行政作用に関する法**

行政庁や行政機関が行政目的を達成するために、法に基づき、優越的な意思の発動として国民に対して、具体的事実に関し法的規制をする行為と定義づけられる行政行為をその基本的内容とする行政作用に関する法律として、警察法、消防法、道路交通法、建築基準法等がある。もっとも、実定法上、行政行為という言葉は用いられず、法令上は「行政庁の処分」、「行政処分」、「処分」という用語が用いられる。

行政行為は多種多様であり、その類型化も確立されているわけではないが、これまでの代表的な行政法の教科書では、行政庁の意思の介在によって行政行為の法的効果が発生するか否かにより、次の図のように類型化が行われている。

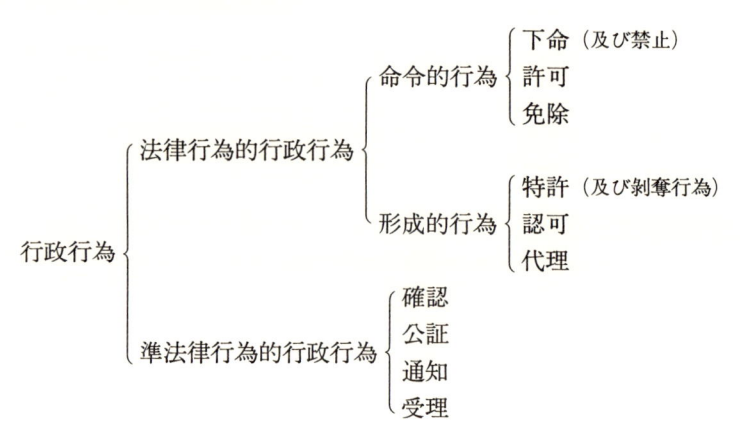

```
                                        ┌ 下命（及び禁止）
                        ┌ 命令的行為 ┤ 許可
                        │              └ 免除
        ┌ 法律行為的行政行為 ┤
        │               │              ┌ 特許（及び剝奪行為）
行政行為 ┤               └ 形成的行為 ┤ 認可
        │                              └ 代理
        │                    ┌ 確認
        │                    │ 公証
        └ 準法律行為的行政行為 ┤ 通知
                              └ 受理
```

田中二郎「新版行政法　全訂2版」弘文堂，121頁。

　これらの行政行為には拘束力・確定力・自力執行力などの効力のほか，公定力が認められるものがある。公定力とは，違法な行政行為であっても，行政行為が無効とされる場合を除き，相手方ばかりではなく，他のすべての行政庁も第三者も，権限ある行政庁又は裁判所によって取り消されない限り，その行為を適法・有効なものとして承認しなければならないという効力をいう。

　また，行政行為は法に反するものであってはならないが，人によってなされる以上，違法なものが生ずることは避けられない。この違法性を持つ行政行為のことを瑕疵ある行政行為といい，取消は行政行為の成立時において瑕疵ある行為について行われ，瑕疵なく成立した行政行為につき，その後瑕疵が生じた行為については撤回という行為が行われる。

　行政作用には，このほか，行政目的を達成させるために，国民の身体・財産に実力を加え，行政上必要な状態を実現させる作用である行政強制，および行政庁又は行政機関の職員が，法律の根拠に基づき，法の執行のため，他人の住居等に立ち入って質問したり，調査・測量を行ったりする活動である行政調査がある。

　また，行政の複雑化，多様化に伴って，今日では，行政主体および行政機

関が，典型的な公権力の行使ばかりではなく，一方的ではない非権力的な新しい行政手法を用いて活動を行うことが多い。行政主体が行政目的を達成するために結ぶ契約である行政契約，行政機関が個人・企業・民間団体等に指導・助言・要望などの手段により働きかけ，相手の任意の協力の下で一定の行政目的を達成させる行為である行政指導，国や地方公共団体等が一定の行政目的を達成するために，一定期間内に達成すべき目標を定め，その実現に向けて関連する各種の手段を総合し，調整し，またはそのような目的の下に作成された文書である行政計画がそれである。

第2節　民主主義

1．民主主義と政治

　民主主義は，個人主義の立場に基づき，個人の尊厳と福祉の増進を目的とする政治上の主義であると考えてよい。この場合，その原点は個人の自由と平等の保障にあるが，個人も社会とかかわることなしに生活を営むことができない以上，個人の自由は社会的利益との関係で制約を受けるところとなる。とはいえ，民主主義は，他人の自由や利益を侵害することがない限り，個人の自由を積極的に認めようとしており，また，これを保障するため，平等を実現しようとする。このような個人の自由と平等を保障するために，国民が自らの意思に基づいて政府をつくり，自らを治めようとする政治体制をつくろうというのが，政治上の民主主義ということになる。リンカーンがかつて，民主主義を，「人民の，人民による，人民のための政治」と呼び，また，日本国憲法前文に，「そもそも国政は，国民の厳粛な信託によるものであって，その権威は国民に由来し，その権力は国民の代表者がこれを行使し，その福利は国民がこれを享受する」と定めているのは，この意味をあらわしている。

　今日，多くの国では，国民が選挙によって，自己の意思を明らかにしているが，時にはそれ以外の手段を通じて，政治に参加しようとすることもあ

る。それを全体的流れの観点からみると，国民の政治参加を基礎として現代の民主主義が進んでいることが明らかとなる。そうしたことからすれば，国民の政治参加がいかに実現されているかが民主主義がどの程度実質化しているかを決める鍵となるといってよいであろう。

2．議会制民主主義と政治参加

　18世紀から19世紀前半にかけて市民革命の後誕生した立憲体制の時代には，民主主義が掲げられていたものの，政治参加はまだ有産階層に限られていた。すなわち，その時代の議会は，財産と教養のある国民で選挙によって選ばれる議員によって構成されることによって，公的，全体的，国民的利害に基づいて国家全体にわたる問題を扱うのでなければならないと考えられたことから，こうした議員を選び出す選挙においては，選挙する人もまた，自分の利益にとらわれず，高い識見を持ち，全国民の利益を代表しうる人物でなければならないと考えられた結果，教養と財産のある有産階層に政治参加の資格があるとされたのである。

　こうして，立憲体制の初期の段階での議会主義は，制限選挙制と結びついた結果，一般市民の政治参加を排除することになっている。すなわち，財産と教養を政治参加の条件としたことから，多額納税者のみに選挙権，被選挙権を与えることとなり，一般的な市民は，有産者が市民の名をもって行う政治の受益者にすぎないこととなったのが，この時期の議会主義だったのである。

　このような議会主義に対して，やがて，政治が一部の者によって営まれ，時として一般市民の利益に反する内容となっていることが明らかにされるに及んで，厳しい批判とそれに基づく改革が求められ，それが市民の政治参加を促進する方向へと歩みを進めることにもなった。この歩みは，主として，全ての人間は，平等な政治的判断能力を有する以上，平等に政治に参加する権利を与えられるべきであるという考え方に基づく普通選挙制度の実現へと向うものであった。これは，すべての国民が選挙によって自己の意思を明ら

かにするという，本来の意味の民主主義を実質化していることをあらわしている。したがって，普通選挙制度の実現が議会制民主主義を意味のあるものにしたということになるのである。

3．民主主義と選挙制度

日本国憲法および公職選挙法は，国民が選挙を通じて自己の意思を明らかにできるようにすることが議会制民主主義の根幹となるという考え方に基づき，選挙について，次のような6つの原則を示している。

(1) **普通選挙の原則**

これは，選挙権を認める場合，財産や身分等一定の資格制限を加えることを禁止し，すべての成年者に原則として選挙権を認めるというものであり，日本国憲法15条3項がこの原則を明示している。日本では，1925年に25才以上の男子に選挙権が認められ，1945年には女子に選挙権が認められるとともに，年令も20才に引き下げられている。

普通選挙については，合理的理由があれば，その制限は許される。国籍による制限，年令による制限はその例であり，このほか，成年被後見人，一定の選挙犯罪者，禁錮以上の刑に処せられてその刑の執行を終るまでの者，又はその執行を受けることがなくなるまでの者は選挙権を有しないとされている。

(2) **平等選挙の原則**

各選挙人の選挙権の価値を均等としてまったく差別しない選挙を平等選挙という。かっては，選挙人を財産・身分等により等級に分け，各等級別に選挙を行う等級選挙制や，財産・身分等により複数の票を認める複数投票制などが存在していたが，この原則はまずそれら不平等選挙を排除する。

確かに，平等選挙は一人一票という形式的平等を内容とする以上，選挙人の能力（例えば政治に対する判断力），政治的教養等の違いを無視するものであって実質的には不平等となるとの見解も主張されてきたが，民主主義は1人1人の意思の反映を前提としていることから，このような違いを否定するこ

とには何も問題はないと考えられてきている。これに対して，人口の移動が生じたことにより，ある選挙区の票が別の選挙区の票に比べて数分の1の価値しかなくなるという状態になった場合には，制度上不平等が生じているということで憲法問題となりうる。

　このような一票の格差の問題（議員定数の不均衡の問題）に対して，はじめ，最高裁は，憲法は投票価値の平等を要請しておらず，極端に均衡を失するものでない限り各選挙区に対する議員定数の配分は立法政策に委ねられる，と判示した（最大判昭39年2月5日民集18巻2号270頁）。しかし，その後，最高裁は，昭和47年の衆議院議員選挙において5対1という格差が生じている点を問題とし，このような状態は一般的に合理性を有すると考えられない程度に達しているだけではなく，それをさらに超えるに至っており，また合理的期間における是正も行われていないことから，憲法の要求する選挙権の平等に反するものであって違憲である，と判示した（最大判昭51年4月14日民集30巻3号223頁。ただし，同判決は，議員定数の不均衡が違憲であることから選挙を無効とすると，種々の障害が生ずることを理由にして，行政事件訴訟法31条の「事情判決」の法理を本件に類推し，すでに行われた選挙そのものは有効とした）。判例はその後も同じ考え方をとっており，格差については，必ずしも明示するものではないが，1対3を基準としていると考えられている（最大判昭58年11月7日民集37巻9号1243頁）。これに対して学説は1対2が基準となるとしている。

(3) 直接選挙の原則

　選挙する人が直接に議員などを選ぶことを直接選挙という。これに対して，選挙人がまず選挙委員を選び，その委員が公務員を選挙することを間接選挙という。選挙において中間に他者が介在すると，国民の意思がその分だけ反映されにくくなると考えられることから，民主主義の進展とともに直接選挙の原則が徹底されるところとなる。日本国憲法は，地方公共団体の長や議員の選挙について，直接選挙を明記する（93条2項），国会議員選挙についての明文はないが，国民主権の原理および国会の重要性から直接選挙が憲法上要請されると解されている。

公職選挙法は、この原則を具体化すべく、選挙人は、投票所に本人が出頭して、公給された投票用紙に候補者名を自書して、直接に公務員を選挙することとしている（44-49条）。この原則の例外として、在宅者投票制度があるが、この制度については、一度昭和27年に廃止された後、昭和49年に重度の身体障害者について復活されている。

(4) **秘密投票の原則**

これは、選挙人が誰に投票したかの秘密を保持することによって選挙人の自由な意思による投票を保障しようとする原則であり、日本国憲法15条4項もこの原則を明示している。これを受けて公職選挙法は、52条により投票に関する陳述義務がないことを定め、また、無記名投票（46条5項）、他事記載による無効（68条）、投票の秘密侵害罪（227条）等を定めている。

(5) **任意投票の原則**

選挙人が投票を棄権してもこれに対して制裁を加えないものを任意投票という。正当な理由なくして棄権した者を処罰する強制投票制にも一定の理由が認められるが、自由な意思により投票することを本質とする選挙の性格から、投票については本人の自覚に求めるべきという考えの下に、この原則が導かれており、我国でもこの制度を採用する。

(6) **相対多数制の原則**

選挙において投票の結果有効投票の最多数を得た者が当選人となるというものである。確かに国民の代表を選ぶということからすれば、絶対多数でなければならないことにもなる。しかし、絶対多数制を採ると、何度も投票を繰り返す必要が生ずるなど、困難な問題が伴うことが考えられることから、多くの国では相対多数制を採っており、公職選挙法95条もこの制度を明示している。

第3節　基本的人権

1．人権保障の歩み
(1) 人権の出発点
　イギリスの1215年のマグナ・カルタは，貴族が，国王による王権の濫用や課税，献金等から「自由人」を守るため，王に合意させた文書である。これは，権利の主体たる「自由人」を貴族に限り，またそこにあらわれる権利が中世特有の「古き良き法」という思想に基づくことから，近代的な人権を示したものとは言い難い。しかし，ここにあらわれる権力の恣意的発動に対する制限という考え方が，後のイギリスにおける1628年の権利請願，1679年の人身保護法，1689年の権利章典へと結実していくのであり，また，ジョン・ロックの人権論をうみ出すもととなっていることから，マグナ・カルタは人権の出発点となっていると考えられている。

(2) 人権保障の拡大過程
　「人間が人間として有する権利」という意味の人権保障が花開くのは近代憲法においてであり，1776年のヴァージニア権利章典，1789年のフランス人権宣言がその代表的な例である。これらの人権宣言は，個人主義，自由主義を基礎にし，国家からの自由を中心に人権について定めていたことから，当時の憲法上の人権保障は個人的な自由権（人身の自由，信教の自由，表現の自由，財産権の不可侵など）を基本としていたといえる。

　その後，市民層の力が強まるとともに，参政権や集団的な権利が国民の人権として保障されるようになり，また，資本主義経済がもたらす問題の解決を図ろうとすることから20世紀には，社会保障を受ける権利，労働者の権利などの社会権が人権のカタログに加えられている。

　こうした人権保障の歩みをみると，第1には，憲法が保障する人権は時代が進むにしたがい量的に拡大してきたこと，第2には，当初は憲法に定められる人権が宣言にすぎなかったが，時代が進むにしたがい，法的救済にうら

づけられるようになるなど質的に強化してきたこと，さらに第3には，人権保障は国内法による確保にとどまらず，国際的な場でも実現しようとする動きが強まっているように人権が国際化していることが明らかとなる。

人権保障の歩みから明らかになるこれらのこと（人権の量的拡大，人権の質的強化，人権の国際化）は，人権保障が将来に向って一層発展する可能性があることを示唆している。例えば，現在はまだ市民権を得ているとはいえない環境権が今後新しい人権として定着したり，未成年者の人権保障の具体化があらわれたりすることは，決してありえない話ではないのである。

(3) 人権獲得の努力の不可欠性

人権保障の拡大過程は，同時に，人類の人権獲得のためのたゆまぬ努力の歴史でもある。すなわち，人権の量的拡大あるいは質的強化の際には，常に国民が権力との間にダイナミックな争いを展開しており，時には国民が血を流したり，命を落とすということを通じて人権保障を発展させたりもしていた。こうした人権獲得のための努力があって人権保障が確実なものとなることを示しているのが日本国憲法97条であり，同条には，人権は，「人類の多年にわたる自由獲得の努力の成果であって」，「過去幾多の試練に堪へ」と定められている。こうしたことは，人権は決して座して待っていても与えられるものではなく，逆に奪われる場合もあるのであり，また，今後の人権保障の発展のために人類が努力していくのでなければならないことをあらわしている。

2．人権の一般原則

日本国憲法は個別的な人権規定のほかに，人権の一般原則を定める規定を有する。11条ないし13条の定めがそれである。これらによれば，日本国憲法は，人権の一般原則を3つ掲げている。第1は基本的人権の享有であり（11条），これは，国民はすべて永久不可侵の基本的人権を享有することをあらわしている。第2は人権に伴う責任であり（12条），これは，権利はその反面において義務と責任を伴うのであり，その保障が強いほどその責任は高度で

あることを示している。さらに第 3 は個人の尊重であり（13条），これは，個人の尊厳という現代社会の原理を確認するとともに，個人主義が国政の基本原則となることをあらわしている。

3．人権に対する制約原理
(1) 公共の福祉論
　日本国憲法が定める人権も，その行使が他の人権や主要な利益と衝突や対立を生ずることがある以上，絶対無制約なものではありえない。そこで，人権に対する制約原理が求められるところとなり，初期のころは，憲法12条および13条の文言である「公共の福祉」を根拠にして，第 3 章にかかげる権利や自由を一般的に「公共の福祉」を理由に制限しうると解する，公共の福祉論が制限原理として学説・判例により支持されてきた。

　公共の福祉論については，しかし，全体の利益は常に人権に優先するとの考えに直接結びつき，それは個人の尊重を中心とする憲法の趣旨に反するなどの理由から，制限原理としてはふさわしくないとして批判が強まる。

(2) 利益衡量論
　この批判を受け，公共の福祉論を発展させる形であらわれた制限原理が利益衡量論である。これは人権を規制することによって得られる社会的利益と，人権を制限しないことによって確保される人権の利益とを衡量して，人権の具体的制約が憲法に反するか否かを決定するというもので，学説は昭和30年代半ばから，また最高裁も昭和40年代に入ってから（最大判昭41年10月26日刑集20巻 8 号906頁），支持するところとなっている。

　利益衡量論については，しかし，較量を行う場合の基準となるものを何にするか次第では裁判所の恣意的な判断となってしまう危険性があるなどの問題が指摘されるようになり，公平な基準の追求が課題とされるに至っている。

(3) 二重の基準論
　このような問題意識のもとに，利益衡量論から発展した制限原理が二重の

基準論である。これは，精神的自由権と経済的自由権とを区別し，民主政にとって不可欠な権利である精神的自由権は経済的自由権に比べて優越的地位を占めるものであるから，精神的自由権を制限する場合と，経済的自由権を制限する場合とでは違憲性判断の基準は同一ではなく，前者は厳格な基準，後者はゆるやかな基準となる，という考え方であり，学説は昭和40年代半ばから，また最高裁も昭和50年代に入ってから（最大判昭50年4月30日民集29巻4号57頁），支持するところとなっている。

　この二重の基準論が今日人権に対する制限原理としてなお支持されており，その場合，二重の基準論のもとに一層，個別的な人権ごとに審査基準を追求する傾向が強まっているとみることができる。もっとも，最高裁に関しては，精神的自由に関する事件で必ずしも厳格な審査基準を適用して判断をしていないのではないかとの批判が多く集まっている。

4．人権享有の主体

　憲法第3章の標題が国民を名宛人とすることから，国民が人権の主体であることに異論はない。しかし，いくつかの論点がある。

(1) **天皇・皇族**

　天皇・皇族については，国民であることを根拠に人権享有主体性を肯定する説と，その地位の特殊性を根拠に否定する説がある。もっとも，肯定説も，その特殊な性格を理由に政治活動の自由や選挙権などの制限を認め，また他の国民と異なる取扱いを受けることを認めることから，両説の相違は相対的なものとなっている。

(2) **未成年者**

　未成年者については，発達段階にあるという特性から，選挙権の制限のほか，成人と比べて種々の制約が行われている。未成年者の人権の制約がとりわけ問題になったのは，学校の場においてである。この問題については，特に，1989年の児童の権利条約の採択以来（日本は1994年に批准した。），我国でも研究が進められるようになっており，最近では，子どもの人権と学校の教育

的裁量権の調整は，子どもが人権の主体であるとの根本原則に基づいて行われなければならないとの主張が有力になっている。

(3) 法人

近代憲法の誕生以来，人権の主体は自然人とされ，法人については否定されていた。しかし，法人の活動が量的にも質的にも高まるにしたがい，法人にも人権享有主体性を認めるべきとの考え方が支持されるようになり，今日では，最高裁も，「憲法第3章に定める国民の権利および義務の各条項は，性質上可能なかぎり，内国の法人にも適用されるものと解すべき」（最大判昭45年6月24日民集24巻6号625頁）としている。

(4) 外国人

外国人については，日本国憲法第3章の標題が「国民の権利及び義務」となっていることを根拠に外国人の人権享有主体性を否定する説が，かって主張されていた。しかし，国際化がすすんだ現在では，人権は前国家的な権利として保障されていること，憲法が国際協調主義を採用していることを根拠に，外国人にも人権を保障するのが原則であるとして外国人の人権享有主体性を肯定する説が通説となっており，最高裁もこれを支持している（最大判昭53年10月4日民集32巻7号1223頁）。

5．人権の体系

日本国憲法第3章は多様な人権について定めている。それを大きく分類すると，包括的基本権と個別的人権とに分けられる。

(1) 包括的基本権

これらのうち包括的基本権として位置づけられるものに13条にいう幸福追求権がある。この権利については，しかし，具体的権利というには漠然としていることから，この権利を根拠に具体的権利を導き出すことはできないとする説がある。これに対して，近年の高度，高次化する社会を背景に，個別的人権からは個人の人格的生存に不可欠な利益がカバーされにくくなった現実を考慮することにより，幸福追求権から一定の権利を導き出すことは可能

であるとして，これを肯定する説が有力に主張されている。そして，この説のもとに，プライバシーの権利，自己決定権，知る権利，肖像権，環境権などがこれまでに憲法上の権利となるかどうかで争われてきている。

包括的基本権として位置づけられるもう一つの人権は平等権である。この人権は，他の権利や自由が実体に関するものであるのとは異なり，規制の方式すなわち法的取扱いに関するものである。日本国憲法は14条により，一般原則として法の下の平等を保障するとともに，24条，26条および44条において平等に関する定めを置いている。一般原則を定める14条1項について，現在，学説の通説および判例は，次のような解釈をする。すなわち，平等実現のためには，法適用の平等だけではなく，法の内容の平等も求められることから，法の下の平等は立法者をも拘束すると解され，また，人間一人一人差異がある以上，一切の例外を許さずに同一の取扱いをすることになれば，かえって不合理な結果を招くことがあるので，合理的な理由のある区別は許されると解され，さらに，1項後段に定める列挙事由の場合であろうがなかろうが不合理な差別は禁止されることになる以上，列挙事由については限定的なものではなく，例示であると解される，とする。もっとも，近年は，通説をさらに発展させて，1項後段の列挙事由に，例示としてだけではなく，より積極的な意味を持たせようとして，列挙事由による差別については厳しい合理性の基準を，またその他の事由による差別については単なる合理性の基準を用いて合憲性審査をすることが求められる，とする学説も有力に主張されている。

(2) 内的な精神的自由権

個別的な人権について，裁判規範としての強弱により分類すると，人間としての本質にもとづくものであり，他者の権利・利益と衝突のおそれのない人間の内心の自由は制限が許されないほど絶対的な権利ともいえるものであり，したがって裁判規範性がきわめて強い人権ということになる。このような人権として，19条の思想・良心の自由および20条の信教の自由のうち信教選択の自由があり，これらの自由は人間の人格形成のための内的な精神活動

それ自身を保障しようとするものであることから，公権力がその内心を理由として不利益を許したり，内心の告白を強制することが如きは人間としての存在を否定することにもなる以上，これを制限する法令は違憲となると解されている。

(3) 外的な精神的自由権

内的な精神活動がそれにとどまらず，外部にあらわれた場合，その外的な精神活動を憲法上保障しようとするのが，外的な精神的自由権である。この類型の自由権については，精神活動という点では本来自由であるべきであって，公権力の介入は許されないということになるが，外部にあらわれる行為は他の社会的利益と衝突する可能性をもつことは否定しえない以上，法的規制の余地をまったく排除することはできない。とはいえ，この類型の自由権は，人間の本質に根ざす意味でも，社会の進歩発展にとって不可欠という意味でも，また，国民主権に基づく民主主義政治システムが機能する意味でも，この規制は必要最小限のものでなければならないと解されており，その限りで，内的な精神的自由権に及ばないものの，強い裁判規範性を有するということになる。このような人権として，21条の表現の自由，23条の学問の自由および20条の信教選択の自由を除く信教の自由があり，これらの自由については，その規制が必要最小限のわくを越えていないかどうかチェックするためのより緻密な違憲審査基準が求められる傾向にある。例えば，明確性の原則，事前抑制の禁止，明白かつ現在の危険，より制限的でない他の選びうる手段，パブリックフォーラム論，目的効果論などがこれまでに違憲審査基準として示されており，これらの妥当性および適用の余地などが検討されてきているのである。

(4) 人身の自由

人間の自由が実現するためには，人間の身体の自由が保障されているのでなければならないという意味で，人身の自由は個人の尊厳にとり不可欠の前提となるものであり，同時にすべての自由の基礎となるといえる。この類型の人権は，精神的自由権と性質は異なっているが，しかし，人間の自由の前

提条件であるということからして，あるいは人身の自由を奪われることは同時に他の自由を行使できないことをあらわすことからして，裁判規範性については，外的な精神的自由権に準じて考えてよいとされている。このような人権として，18条の奴隷的拘束と苦役からの自由のほか，日本国憲法は人身の自由にかかわる手続きについて詳しい規定をおいている。すなわち，31条の法定手続の保障，33条ないし35条の被疑者の権利，36条の拷問および残虐刑の禁止，37条ないし39条の刑事被告人の権利がそれである。

(5) **経済的自由権**

人間の経済生活の基礎を確保するための基本的自由である経済的自由権は近代憲法において資本主義経済を支える役割を担う意味でも主要な基本権と位置づけられていた。そうであるが故に，この権利については，早くから裁判規範性が強いと解され，具体的な権利とされていた。しかし，現代では，この自由の行使が他者の権利および利益としばしば大きな衝突をすると認識されるようになり，その結果，この自由に対しては，必要かつ合理的な制限は憲法上許されると解されるようになっている。経済的自由権の規制に関するこのような解釈は，精神的自由権に対する規制より経済的自由権に対する規制の余地が広いという考え方に基づくものであり，このことよりして，経済的自由権は外的な精神的自由権に比較して裁判規範性が弱いことになる。このような人権として，22条の職業選択の自由，居住移転の自由，外国移住および国籍離脱の自由，29条の財産権があり，これらの類型の自由権については，社会全体の利益を侵害することにならないかどうかという観点から制限の違憲性が判断されるところとなる。なお，これらの自由については，憲法の明文で公共の福祉による制限が予定されていることも，制限の余地が他の自由よりも広いことを示す根拠となるとされている。

(6) **社会権的基本権**

これまでの精神的自由権，人身の自由および経済的自由権が国家からの自由をあらわす前国家的権利として近代憲法の中にすでにその主要なものが定められていたのに対して，20世紀の社会国家の理念にもとづき，実質的平等

の実現を狙いとして，その保障が現代国家の任務として課されることになる社会権的基本権が現代憲法に加えられる。この社会権的基本権は，国家の積極的行為があって初めて実現される権利であり，したがって，現実の社会的・経済的状況との関係の中で政策的考慮を働かせること次第でその実現が決る権利である。こうした権利であることから，この権利は後国家的権利と位置づけられており，プログラム規定として，国政に対して指針を与えるものではあるが，個々の国民に具体的権利を認めるものではないと解されてきた。すなわち，裁判規範性はないと解されてきた。もっとも，この権利に対して，実質的侵害を加えるような国の行為がある場合には，それは違憲となると解されるようになっていることから，この権利がまったく裁判性規範性を持たないということにならないといえよう。このような人権として，25条の生存権，26条の教育を受ける権利，27条の勤労権，28条の労働基本権がある。

(7) **受益権**

社会権的基本権と同様後国家的権利に位置づけられるものの，社会国家の理念に基づくものではなく，自由権と同様古くから認められている，国家に対して個々の国民が積極的に権利保護を請求できる権利が受益権である。この権利は，これまでにあげたそれぞれの人権の実質的保障を確保するための人権であり，国家が一定の行為を行うことを要求するという意味で積極性を有する。そして，このように国家に対して権利の実現を求める性格を有する権利であるが故に，この権利は，社会権的基本権と同様に，裁判規範性を有さないと解されており，この権利の実現のためには法令による具体化が必要となる。このような権利として，16条の請願権，32条の裁判を受ける権利，17条の国家賠償権，40条の刑事補償請求権がある。

第 4 節　社会権

　資本主義の発達に伴って，貧困，失業，病気等の弊害が国民の間に広くあらわれるに至り，国はそれらの弊害の除去のために積極的役割りを果たすことを求められるようになる。ドイツのワイマール憲法（1919年）がこれを受ける形で，「人間たるに値する生活」の保障（151条 1 項）を唱っており，この趣旨は，第 2 次世界大戦後の各国の憲法の中に受け継がれるところとなっている。こうして，20世紀の半ばには，現代福祉国家の理念に基づく，国家の積極的行為を要求する人権である社会権が多くの国の憲法により保障されるようになった。日本国憲法もこの流れの中で社会権の保障に関する規定を持っている。25条ないし28条の定めがそれである。

1．生存権

　25条の保障する「健康で文化的な最低限度の生活を営む権利」，すなわち生存権は社会権の基礎となる権利であり，その意味で25条は26条以下の社会権規定の総則的規定に位置づけられる。

　生存権の法的性格について，従来は，憲法25条は国の政策的目標を定めたもので，個々の国民に具体的な請求権を保障するものではない，とするプログラム規定説，国が生存権を具体化しない場合，国民は権利の実現を裁判所に請求できる，とする具体的権利説，憲法25条を具体化する法律の不存在の場合は格別，そのような法律が存在する場合，その法律に基づいた訴訟において国民は憲法25条違反を主張しうる，とする抽象的権利説が主張されてきた。これらのうち，抽象的権利説が多数説であるが，現在では，どの説が妥当であるかを論ずるだけでは生存権の問題を解決することにはならないと考えられている。そして，今後は，生存権が裁判規範となりうるということを前提にして，どのような訴訟類型において，どのような違憲審査基準により，生存権に裁判規範性を認めていくかが憲法学の課題となるとされ始めて

いる。

　最高裁判所は，戦後の食料管理制度が生存権侵害となるという主張を却ける際に，国政に重要な指針を与えるものではあっても，個々の国民に具体的権利を与えるものではない旨を明らかにしており（最大判昭23年9月29日刑集2巻10号1235頁），また，いわゆる朝日訴訟においても，傍論ではあるが，同旨のことを述べ（最大判昭42年5月24日民集21巻5号1043頁），さらにいわゆる堀木訴訟において，同じ趣旨を明らかにしている（最大判昭57年7月7日民集36巻7号1235頁）。したがって，判例は生存権について，直接個々の国民に対して具体的権利を保障したものではないことから，これを直接根拠にして法令の違憲性を主張できず，生存権の具体化のためには立法を必要とする，と解していることになる。

2．教育を受ける権利

　26条の保障する教育を受ける権利は生存権の文化的側面を実現しようとする権利である。この権利を保障する趣旨について，公民権説，文化権説，生存権説との間で争われていた時期もあったが，学習権説が昭和40年代にあらわれてからは，「(26条の)背後には，国民各自が，一個の人間として，また，一市民として，成長，発達し，自己の人格を完成，実現するために必要な学習をする固有の権利を有すること，特に，みずから学習することのできない子どもは，その学習要求を充足するための教育を自己に施すことを大人一般に対して要求する権利を有するとの観念が存在していると考えられる。」（最大判昭51年5月21日刑集30巻5号615頁），とするこの説が学説上支持を増やしており，昭和50年代には通説・判例となっている。

　教育を受ける権利の法的性格については，この権利が社会権の一つであり，また，26条が「法律の定めるところにより」と定めていることから，一般に抽象的権利であると解されている。したがって，国は，これに対応して，教育を受ける権利を実現するために必要な措置を行う（教育の施設，設備の整備・拡充等）政治的義務を負うこととなる。

26条1項が保障する「その能力に応じて，ひとしく教育を受ける権利」については，「能力に応じて，ひとしく」の意味が問題となり，伝統的には，貧困で有能な者に対する教育の機会の保障を意味すると解する説が支配してきた。しかし，学習権説が通説になって以降は，「能力に応じて，ひとしく」は経済的側面の保障に限らず，発達的側面の保障も意味すると解する説が有力となっている。この説は，教育を受ける権利が個々の成長・発達に必要な学習権を保障しようとするものである以上，それぞれの能力の発達段階に応じて，その能力を発達させうるような教育が平等に保障されることも意味する，というものである。

26条2項後段の義務教育の無償については，これを単なるプログラム規定と解する説もみられるが，最高裁はこれを国公立の義務教育諸学校における授業料不徴収を意味すると解しており（最大判昭39年2月26日民集18巻2号343頁），この解釈は義務教育の無償に裁判規範性を認めていることを示しているといえよう。このほか，一切無償説もあるが，通説も判例と同様，授業料無償説である。なお，昭和39年以来，義務教育諸学校における教科書が無償となっているが，これは憲法の要請を立法措置によって具体的に制度化したとみるのが一般的である。

3．勤労の権利

憲法27条が保障する勤労の権利は生存権を実現する権利であり，社会権の一つとされている。したがって，この権利も，個々の国民が働く機会を与えられることを具体的に請求できる権利ではないことになる。換言すれば，国が職を求める国民に適当な職を与えたり，それが不可能な場合に失業対策を講ずるというような政治的義務を国に課しているにすぎないのである。職業安定法，緊急失業対策法，雇用保険法などは国の政治的義務に応じた立法の例であり，国民はこれらの法律に基づいてはじめて具体的権利を与えられることになる。

27条は，勤労の権利の実現を図るために，その2項で勤労条件の基準の法

定を求め，また，3項で児童の酷使の禁止を定めており，これを受ける形で定められた労働基準法が勤労者の勤労条件の最低の基準を定め，また年少者の労働条件を定めている。

4．労働基本権

　労働基本権の保障を定める28条は勤労により生活を維持する勤労者は1人では使用者との関係で劣位にあり，団結することにより初めて使用者と対等に近づくとの観点に立ち，積極的にその団結および団体としての行動を守っていかなければならない，との趣旨に基づき労働三権を保障したものである。この権利は社会権に位置づけられてはいるが，プログラム規定の性格をもつにとどまらず，裁判規範としての性質も有する権利であると解されている。すなわち，28条を根拠に，公権力がこの権利の行使を妨げる行為に出た場合裁判で争うことができるし，また，この権利を否定する私法上の契約は無効となるとされているのである。

　28条は労働基本権として，団結権，団体交渉権および団体行動権の三権をあげている。団結権とは，勤労者が労働条件の確保のために，使用者と対等に交渉しうる団体，すなわち労働組合を結成する権利を意味する。団結権は結社の自由の一面を持つが，多かれ少なかれ，組織強制の要素を持つ点で特色がある。団体交渉権とは，勤労者の団体が使用者と対等の立場で労働条件について交渉する権利である。使用者が雇用する勤労者の代表との交渉を正当な理由なしに拒むことは不当労働行為として許されない。団体行動権とは団体交渉を行う勤労者の団体が労使間の対等性の確保のため団体として行動しうる権利であり，ストライキ権を始めとする争議権がこれにあたる。争議権については，正当な争議の範囲が問題となる。暴力を伴うストについては労働組合法が許していない。他方，純粋な政治ストについては，団体交渉の対象とならないことを目的とするものである以上正当とはいえないとされる一方，勤労者の経済的地位の向上と直接関係するような政治ストを不当とみるかどうかは，なお，議論の余地があるといえる。

労働三権の制限が実定法上特に厳しい職業が公務員であることから，公務員の労働三権の制限が憲法上許されるか否かが問題とされてきた。この問題について，最高裁は，しばらく，全体の奉仕者論，公共の福祉論を根拠にして，合憲としていた（最大判昭28年4月8日刑集7巻4号775頁）。しかし，最高裁は，後に，全逓東京中郵事件において，公共の福祉論をとらず，比較衡量論の立場に立って，公務員にも保障される労働基本権の制限は必要最小限にとどめねばならず，国民生活への重大な障害を避けるために必要やむを得ない場合にのみ制限が許されると解した上で，法律による争議行為の禁止そのものは違憲ではないが，不当性を伴わない限り争議行為は刑事制裁の対象にならない，と解して，公務員に対する労働基本権の保障性を高める考えをとった（最大判昭41年10月26日刑集20巻8号901頁）。ところが，最高裁は，全農林警職法事件で，この立場を再び変更して，国民全体の共同の利益の保障および公務員の地位の特殊性と職務の公共性を根拠に，公務員の争議行為を一律に禁止し，これに対して刑事制裁を許すことは合憲とした（最大判昭48年4月25日刑集27巻4号547頁）。これが現在の判例となっているが，これに対しては学説上，批判が多い。

第5節　行政訴訟

　行政権の公権力の行使または公法上の活動によって国民の権利利益が侵害された場合に，それに不服のある国民が行政行為そのものの効力を争うのが行政争訟であり，これには，行政庁の違法・不当な処分や不作為などにつき，その取消しその他の是正を求めて行政機関に対して提起する行政上の不服申立てと，違法な行政行為によって具体的な権利・利益を侵害された者，あるいは行政庁の不作為に不服のある者が，処分の取消しその他の是正を求めて裁判所に訴えを提起する行政訴訟がある。本節では，これらのうち，行政事件訴訟法（以下，行訴法という。）に基づく行政訴訟について述べることとする。

1．行政訴訟と司法審査制度

　明治憲法では，行政裁判所制度を採用していた（61条）が，これは，行政事件を扱う行政裁判所が特別裁判所であり，一審にして終審とされ，しかも東京にのみ設置されていたことから，国民の権利救済手段としてはきわめて不十分なものであった。

　これに対して，日本国憲法では，行政事件についても，民・刑事事件と同様に，通常裁判所が一元的に取り扱う司法審査制度を採用している。この結果，行政訴訟も具体的な権利義務の紛争となっている場合には司法審査の対象となり，裁判所による救済が大巾に拡大されることになった。

　行政訴訟に関する現行の行政事件訴訟法は，昭和37年に，それまで15年間続いていた行政事件訴訟特例法を廃止して，制定されている。同法は，行政訴訟を民事訴訟とは基本的に性格を異にするものとし，公権力の行使としての行政処分に関する不服の訴訟手続（抗告訴訟）を中心に据え，それに関する詳細な規定を設けることによって民事訴訟に対する特殊性を強く認めるものとなっている。

2．行政事件訴訟の類型

　行政事件訴訟は，抗告訴訟，当事者訴訟，民衆訴訟，機関訴訟の4つの類型に分けられる（行訴法2条）。これらのうち，行訴法は，抗告訴訟，とりわけ取消訴訟に重点を置いて詳しく定める。

　4つの類型のうち，抗告訴訟と当事者訴訟は，私人の権利利益の救済を目的とする主観訴訟であるのに対して，民衆訴訟と機関訴訟は，行政機関による法の適正な運営を担保する目的を有する客観訴訟である。

(1) 抗告訴訟

　抗告訴訟とは，行政庁の公権力の行使に関する不服の訴訟（行訴法3条1項）のことであり，これはさらに処分の取消しを求める訴え，裁決の取消しを求める訴え，無効の確認を求める訴え，不作為の違法確認を求める訴えと

いった行訴法に定められる法定抗告訴訟（3条2項ないし5項）と行訴法には定められていない公権力の行使を争う訴えである無名抗告訴訟（例えば義務づけ訴訟，義務不存在確認訴訟等）に分類される。

(2) **当事者訴訟**

当事者訴訟とは，公法上の法律関係（または権利義務関係）に関する争いを解決する訴訟のことである。これは，行政主体と相手方との横の関係にかかる訴訟を意味しており，したがって，対等な権利主体間の権利義務の争いの解決を目的としているということになる。公務員の給与支払請求訴訟や国立大学の学生の地位確認訴訟などがこれに該当する。

(3) **民衆訴訟**

民衆訴訟とは，国または地方公共団体の行為が行政法規に適合することを確保するために，選挙人や住民など一定の資格者を公共的行政監督者としての地位において行政の行為を監視させ，違法な行為に対しては，裁判所の判断を通じてこれを是正し，もって適正な客観的法秩序を維持することを目的とする訴訟のことである。この訴訟は，一般的に認められているわけではなく，行訴法以外の法律が特別に定めている場合に限って認められる（42条）。選挙の効力を争う訴訟（公職選挙法203，204条），当選の効力を争う訴訟（同207，208条），地方公共団体の住民監査請求訴訟（地方自治法242条の2）がそれに該当する。

(4) **機関訴訟**

機関訴訟とは，国または公共団体の機関相互間における権限の存否・行使に関する紛争についての訴訟のことである（行訴法5条）。行政機関相互間のこの種の紛争は，本来，指揮命令権の行使による行政内部的な方法により解決すべきものであるが，公正な裁判所の判断によらせたほうが妥当だと考えられるような場合もあるという理由から，行訴法以外の法律で特に例外的にこの種の訴訟を認めているものがある。そのような例として，地方自治法151条の2に定める職務執行命令訴訟，同法176条7項に定める地方公共団体の議会と長との間の権限の紛争に関する訴訟がある。

3．取消訴訟

行政事件訴訟の中心的な類型が抗告訴訟の中の取消訴訟であり，行訴法8条以下に詳細な規定がある。

(1) 処分性

取消訴訟の対象となるのは，行政庁の処分その他公権力の行使にあたる行為および不服申立てに対する行政庁の裁決・決定である（行訴法3条2・3項）。処分性の有無をめぐる判例は多数あり，最高裁判決は厳しく解する傾向がある。

(2) 審査請求との関係

行訴法は，訴願前置主義を廃し，不服申立てをするか，ただちに処分の取消訴訟を提起するかについて当事者の選択に委ねることにした（8条1項）。なお，これら2つの手続を同時にとることもでき，その場合，裁判所は，その審査請求に対する裁決があるまで訴訟手続を中止できるとしている（8条3項）。

こうして行訴法は，原則として，審査請求と取消訴訟との自由選択制を採用しながら，例外的には個々の法律で審査請求前置を定めることを妨げないとする（8条1項但書）。しかし，その場合でも，審査請求のあった日から3か月経過しても裁決のないとき，処分の執行，手続の続行により生ずる著しい損害を避けるため緊急の必要があるとき，裁決を経ないことについて正当な理由のあるときには，裁決を経なくてよい（8条2項）。

(3) 原告適格

取消訴訟を提起できる者は，処分・裁決の取消しを求めるにつき「法律上の利益を有する者」に限られる（9条）。取消訴訟を提起する原告に，この「法律上の利益」が存するか否かが，原告適格の問題となる。「法律上の利益を有する者」とは，「当該処分により自己の権利若しくは法律上保護された利益を侵害され又は必然的に侵害されるおそれのある者」をいうとされていることから（最2判平元年2月17日民集43巻2号56頁），単なる事実上の利益や反

射的利益を侵された者はこれに含まれない。

(4) 訴えの利益

取消訴訟は原告適格を有する者で，取消判決を得ることによって所期の救済目的が達成できる場合でなければ提起できない。しかし，取消判決によって回復すべき利益がまだ残っているとみられる場合は訴えの利益が認められ，取消訴訟を提起できることになる（9条かっこ書き）。

(5) 被告適格

処分取消しの訴えは処分をした行政庁を，また裁決の取消しの訴えは裁決をした行政庁を被告としなければならない（11条）。なお，原告が故意又は重過失によらないで被告とすべき者を誤ったときは，裁判所は被告の変更を許可することができる（15条1項）。

(6) 出訴期間

取消訴訟は，処分・裁決があったことを知った日から3ケ月以内に提起しなければならない（14条1項）。この期間は不変期間であり（同条2項），知らない場合でも，処分・裁決後1年を経過したときは，正当な理由のある場合を除き，訴訟の提起は認められない（同条1項，3項）。審査請求が提起されたときは，その審査がなされている間は出訴期間は進行せず，裁決があったことを知った日または裁決の日から出訴期間が進行する（同条4項）。

(7) 訴訟の審理

訴訟が提起された後，裁判所の審理が行われるが，それには，訴訟要件を備えたものかどうかを審理する要件審理と請求の事件が理由のあるものかどうかを審査する本案審理とがある。審理は弁論主義を原則とし，補充的に職権主義が採用されている（24条本文）。原告は「自己の法律上の利益に関係のない違法を理由として取消しを求めることができない」（10条1項）。

(8) 判決

判決は，その内容によって，訴えが訴訟要件を欠き不適法として本案の審理を拒絶する却下判決，本案審理の結果請求には理由がないとして原告の請求を認めない棄却判決，原告の請求には理由ありとして処分または裁決の全

部又は一部を取り消す認容判決の三種に分れる。これらのうち，認容判決には，処分時に遡って処分を取り消す形成力，その終局判決が確定すると判決の内容が当事者および裁判所を拘束し，訴訟上再び同一事項が問題となったときそれと矛盾する判断をすることができない既判力，当事者たる行政庁その他の関係行政庁を拘束する拘束力がある。

(9) 執行停止

行政法44条は行政庁の処分その他公権力の行使にあたる行為については，民事保全法に定める仮処分をすることができないとしているが，本来判決の確定までの間，原告の権利利益の保全の必要性は認められなければならないので，仮処分に代わるものとして，執行停止という制度を設けている（25条）。

取消訴訟の提起は，処分の効力・執行・手続の続行を停止する力を持っていないが（25条1項），相手方に「回復の困難な損害」が生じ，これを避けるため「緊急の必要」がある場合，裁判所は，申立てにより，決定をもって執行停止をすることができる（同条2項）。但し，公共の福祉に重大な影響があるときや，本条について理由がないとみえるときはすることができない（同条3項）。

執行停止の申立てがあった場合，内閣総理大臣は，裁判所に対し，その決定の前後を問わず，公共の福祉に重大な影響がある事情等の理由を付記して，異議を述べることができる（27条1項，2項，3項）。この異議があったとき，裁判所は，執行停止をすることができず，すでに決定しているときは，これを取り消さなければならない（同条4項）。

第3章

犯罪と刑罰

　「犯罪」と「刑罰」に関わる法律は数多い。通常，それらをまとめて「刑事法」とよんでいる。刑事法は，さらに①どのような行為が犯罪となり，それに対してどのような刑罰が科せられるかを規定する「刑法」の領域，②実際に事件が発生したとき，それぞれの事件について犯罪事実を確定し刑罰を定めるための手続を規定する「刑事訴訟法」の領域，③その手続によって具体化された刑罰を執行するための内容を規定する「犯罪者処遇法」の領域に分けることができる。

　　第1節　刑　　法 ──「犯罪」と「刑罰」の法

1．刑法とはどのような法律か？

　すでにふれたように，「刑法」は，どのような行為が犯罪となり，それに対してどのような刑罰が科せられるかを規定する法律である。「刑法」の領域で中心となる法律は，六法全書に「刑法（明治40年法律第45号）」として収められている，いわゆる「刑法典」である。今から約90年も前に施行された法律であるため，カタカナと難解な表現が敬遠されがちであったが，1995（平成7）年4月の改正によって条文の「現代用語化」が実施され，以前と比べてかなり読みやすいものとなっている。

刑法典は,「第一編　総則」と「第二編　罪」とに分かれている。どのような行為が犯罪となり,それに対してどのような刑罰が科されるのかは,このうち第二編(各則)に規定されている。ここには,殺人罪・傷害罪・強盗罪・放火罪といった,マスコミの報道でも馴染みのある犯罪が列挙されている。もっとも,わが国で実際に認知されている犯罪の件数を統計で見てみると,窃盗罪と業務上過失致死傷罪(交通関係)で90パーセント以上が占められている(図表1参照)。

「刑法」の領域に属する法律は「刑法典」だけではなく——六法全書の「刑法編」に収録されている諸法令を見れば明らかなように——「軽犯罪法」「爆発物取締罰則」「売春防止法」「航空機の強取等の処罰に関する法律」「人の健康に係る公害犯罪の処罰に関する法律」などさまざまなものがある。これらは,刑法典を補充するためのもので「特別刑法」と総称されている(特

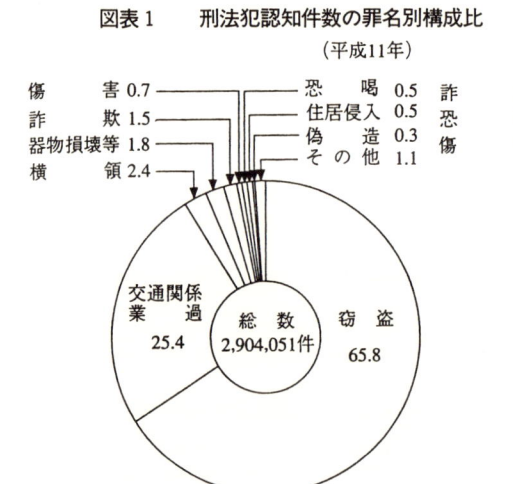

図表1　刑法犯認知件数の罪名別構成比
(平成11年)

傷　　害 0.7
詐　　欺 1.5
器物損壊等 1.8
横　　領 2.4
恐　　喝 0.5
住居侵入 0.5
偽　　造 0.3
その他 1.1
詐欺
恐喝
傷

交通関係業過 25.4
総数 2,904,051件
窃盗 65.8

刑法犯検挙人員の罪名別構成比
(平成11年)

詐欺 0.8
恐喝 0.9
傷害 2.0
暴　　行 0.5
賭博・富くじ 0.2
その他 2.3

横領 6.6
窃盗 15.9
総数 1,080,107人
交通関係業過 70.8

注　1　警察庁の統計による。
　　2　「偽造」及び「器物損壊等」には,暴力行為等処罰法1条,1条の2及び1条の3に規定する罪を含む。

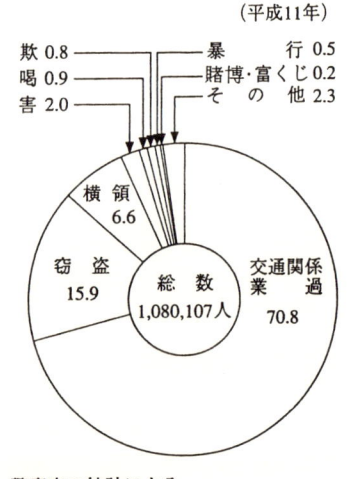

注　1　警察庁の統計による。
　　2　「傷害」及び「暴行」には,暴力行為等処罰法1条,1条の2及び1条の3に規定する罪を含む。

(犯罪白書(平成12年版)5頁)

別刑法の中で,「道路交通法」「公職選挙法」「大気汚染防止法」など行政取締目的のために設けられた法律を特に「行政刑法」とよぶ場合がある)。

2. 刑法はどのような機能を果しているか？

(1) 刑法は, 現代の社会の中で, どのような機能を果たしているのだろうか。たとえば刑法235条は「他人の財物を窃取した者は, 窃盗の罪とし, 10年以下の懲役に処する」と定めている。これは, 予め窃盗行為を処罰する規定をおき, 実際に窃盗行為が行われたときにはこれを処罰することによって, 人の財産を保護しようとするものである。すなわち刑法は, 一定の犯罪行為に対して刑罰を科すことを規定することによって (そして犯罪行為が実際に行われた場合には刑罰を科すことによって) その犯罪行為が行われることを防止し, 社会生活上の利益が侵害されたり, 危険にさらされたりすることを保護しようとしている。このことを, 刑法の「法益保護機能」とよぶ。法益とは, 刑法によって保護すべき利益をさしており, 個人的法益・社会的法益・国家的法益に区別されるのが一般的である。刑法典各則の犯罪も, 個人的法益に対する罪 (殺人・傷害・強姦・窃盗・強盗・詐欺など), 社会的法益に対する罪 (放火, 文書偽造, わいせつ物頒布など), 国家的法益に対する罪 (内乱, 公務執行妨害, 偽証, 収賄など) に分類される。

これに対して, 刑法の機能は社会倫理 (社会的規範としての道徳) を維持することにあり, 法益保護機能はそこから副次的に生ずるにすぎないとみる考え方もある。しかし社会倫理ないし道徳は, 本来個人の良心の問題であって, 国家が刑罰をもってそれを維持するよう強制することは——殊に価値観が多様化している現代では——妥当とはいえないであろう。そもそも「社会倫理」といわれるものの実体も必ずしも明らかではない。刑法の重要な機能は社会倫理の維持ではなく, やはり法益保護にこそ求められるのである。

ただ刑法は, 法益が侵害されたり危険にさらされたりしたときに, ただちに用いられるべきものなのではない。刑法は, その効果として刑罰を執行させることになるが, 刑罰には, その個人に「犯罪者」というレッテルを貼

り，社会に復帰することを困難にし，再び犯罪に陥らせるいった危険性が常につきまとう。つまり，刑罰という物理的強制力のもつ「副作用」はきわめて大きいのである。従って，ある法益を保護する必要がある場合でも，民事上の損害賠償や行政手続による制裁など，他の社会統制手段では十分でないときに「最後の手段（ultima ratio）」として刑法を用いるのでなければならない。これを刑法の「謙抑性」の原則（謙抑主義）という。

(2) 刑法には，法益保護機能と並んで無視することのできない機能がある。たとえばすでにみた刑法235条の条文は，他人の財物を窃取することは犯罪であること，そして窃盗犯人は懲役10年を超える刑を科されることはないということをも同時に意味している。絶対主義国家において犯罪と刑罰の内容が国家機関の専断によって決せられていたという歴史的事実に照らすならば，それらが前もって法律上明らかにされていることは極めて重要である。すなわち刑法は，犯罪と刑罰の内容を予め明らかにしておくことによって，国家刑罰権の行使を制約し，国家権力による恣意的な処罰から個人の人権を保障しようとしているのである。これを，刑法の「人権保障機能（マグナ・カルタ的機能）」とよんでいる。

(3) ところで，社会生活上の重要な利益を侵害する行為が実際に行われたにもかかわらず，その行為を処罰する規定が存在しない場合がありうる。そこでは，法益保護機能と人権保障機能という刑法の2つの機能が矛盾ないしは対立していることになる。結論から述べるならば，この場合に当該行為を処罰することは許されない（人権保障機能が法益保護機能に優先する）。それは，刑法には次に述べる「罪刑法定主義」とよばれる大原則が存在するからである。

3．罪刑法定主義とは何か？

(1) 罪刑法定主義とは，どのような行為が犯罪となり，これにどのような刑罰が科されるのかは，予め（＝犯罪が行われる前に）法律によって定められていなければならないとする刑法（学）上最も重要な原則である。ドイツの

刑法学者であるフォイエルバッハ (Feuerbach, A. v., 1775〜1833) は，これを「法律なければ犯罪なく，刑罰なし」という有名な標語で示している。このような原則が必要とされるのは，①何を行えば処罰されるのかを前もって定めておかなければ，私たちは自由に行動することができなくなるからであり，また，②何を犯罪とし，それにどのような刑罰を科すべきかは（国民の重大な関心事なので）国民自身がその代表者を通じて国会で決めなければならないからである。すなわち罪刑法定主義は，①自由主義と②民主主義の要請がその理論的根拠となっており，絶対主義国家における罪刑専断主義（犯罪と刑罰の内容を国家機関の専断に委ねる原則）に対抗して，18世紀の啓蒙思想を背景としつつ，国家による刑罰権の恣意的な行使から国民の権利と自由を守るために登場した原理なのである。

罪刑法定主義はイギリスのマグナ・カルタ（1215年）にまで遡るといわれるが，その後アメリカ合衆国の独立宣言（1776年）・フランス人権宣言（1789年）などにも取り入れられ，現在では各国の憲法・刑法，さらには世界人権宣言（1948年）においても規定されるに至った（11条2項）。

(2) 罪刑法定主義の基本的な内容としては，まず①法律主義があげられる。これは，犯罪と刑罰は，「成文」の法律によって——しかも原則として国会制定法によって——定められなければならないことを意味する。従って，不文法である慣習法を刑法の法源にしてはならない（慣習刑法の排斥）。日本国憲法31条は「何人も，法律の定める手続によらなければ，その生命若しくは自由を奪はれ，又はその他の刑罰を科せられない」と規定しており，この「法律の定める手続」の中には，刑事手続で適用される実体法である刑法も含まれると解されている。これは，法律主義の考え方を明らかにしたものにほかならない。次に，②事後法の禁止（刑罰法規の不遡及）がある。何を犯罪とし，それにどのような刑罰を科すべきかは「前もって」法律に定められなければならないのだから，行為の時には適法であった行為をその後の法律（事後法）によって犯罪とすることはできない。憲法39条が「何人も，実行の時に適法であった行為……については刑事上の責任を問はれない」と規

定しているのは、この趣旨をあらわすものである。また、③類推解釈の禁止も重要である。たとえば刑法134条の秘密漏示罪は、犯罪の主体を「医師、薬剤師、医薬品販売業者、助産婦、弁護士、弁護人、公証人」に限っているが、ここに——類似した職業であるからといって——「看護婦」をも含ませるような解釈を行うことは許されない。それを行うことは裁判官による立法を意味し、法律に規定がないのに処罰する結果となってしまうからである。

もっとも、罪刑法定主義の原則は、単に犯罪と刑罰の内容を事前に形式的に法定しておけば足りるというものではない。さらに罪刑法定主義を実質的な人権保障原理とするために、最近では④明確性の原則と⑤実体的デュー・プロセス（実体的適正手続）の理論が強調されてきている。前者は、どのような行為が犯罪となり、それにどのような刑罰が科されるのかは、一般の国民にとって予測可能な程度に具体的かつ明確に規定されなければならないとするものである。後者は、内容の適正を欠く刑法の規定を（憲法31条違反として）裁判所が違憲・無効とする憲法解釈原理をいう。

4．犯罪が成立するためにはどのような要件が必要か？

(1)　「犯罪とは何か」という問いに対しては、さまざまな答えがありうる。現在の刑法学では、これを犯罪を成立させる一般的な要件は何かという視点から捉えて、通常「犯罪」とは「構成要件に該当し違法で有責な行為である」としている。このことを、以下において順にみてみよう。

①犯罪は「行為」でなければならない。これは、思想・人格それじたいは処罰の対象とされず、「行為」となって外部にあらわれてはじめて処罰されうること（行為主義）をあらわしている。

②犯罪が成立するためには、まずその「行為」が、個々の条文において犯罪として類型化された一定の「行為の型」（たとえば刑法199条の「人を殺した」、204条の「人の身体を傷害した」）にあてはまることが必要である。この行為の型を「構成要件」といい、行為が構成要件にあてはまることを「構成要件該当性」という。これが犯罪成立のための第一の要件とされるのは、「法律なけ

れば犯罪なし」という罪刑法定主義の要請があるからにほかならない。

　③犯罪が成立するためには，次に，構成要件に該当した行為が「法的に許されない」ものでなければならない。これを「違法性」という。もっとも，構成要件は法益を侵害する（あるいは危険にさらす）行為を類型化したものであるから，構成要件に該当する行為は，通常は違法性をも有するといえる。しかし，構成要件に該当する行為であっても，これを許容する特別の事情があれば違法性はなく，犯罪は成立しないことになる。たとえば，医師が患者に対して行う手術は，形式的には傷害罪の構成要件に該当する行為であるが，患者の健康の維持・回復という利益が存在することによって法的には許された行為となり，違法性はない。このような特別の事情を「違法阻却事由」という。わが国の刑法では，法令行為・正当業務行為（35条）・正当防衛（36条）・緊急避難（37条）という3種類の違法阻却事由が規定されている。医師による手術は，「正当業務行為」として「違法阻却」されるのである。

　④犯罪が成立するためには，さらに，構成要件に該当した違法な行為について行為者を「法的に非難できること」を要する。すなわち，その行為者が，違法行為を行うにあたって他の違法ではない行為を選択することができたにもかかわらず，あえて違法行為に出てしまった（そのような意思決定を行った）のでなければならない。これを「責任」（有責性）という。現在の刑法の考え方では，いくら重大な違法行為を行っていても，意思決定に対する非難が不可能なのであれば，刑罰を科すことはできないとされている（「責任主義」）。責任があるとするためには，その行為が故意（犯罪事実を認識すること）または過失（不注意により犯罪事実を認識しないこと）によって行われたことが必要になる。刑法38条1項は，故意犯処罰を原則として，過失犯については法律に特別の規定がある場合に限って処罰することを規定している。また，故意・過失による行為であっても，自己の行為が違法であることを認識できる能力，あるいはその認識に従って行動できる能力（責任能力）がないときには責任は否定される。刑法39条1項は「心神喪失者」を，41条は「刑事未成年者」を「責任無能力者」として，処罰しないことにしている。さらに学説

では、自分の行為が法的に許されないことを知らない場合（「違法性の意識」がない場合）またはそれについて相当な理由がある場合には責任（ないし故意）が否定されるとする見解、自分の行為が法的に許されないことを知っていても他の適法行為に出るよう期待することができない場合（「期待可能性」がない場合）には責任（ないし故意）が否定されるとする見解も主張されている。

以上のように、構成要件該当性・違法性・有責性というすべての要件を備えた行為だけが「犯罪」となり、処罰の対象とされるのである。

(2) なお、構成要件は通常、犯罪が完成すること（＝「既遂」）を前提としてつくられているが、犯罪行為を開始したが完成に至らなかった場合（＝「未遂」）も行為類型の1つとして処罰の対象となりうる（刑法43条・44条→本節5参照）。また、構成要件は一般的には単独犯を予定しているが、刑法典は共同正犯・教唆犯・幇助犯（従犯）という3つの共犯についての処罰規定をおいている（刑法60～65条）。

5．犯罪に対する基本的な考え方とは？

(1) 犯罪および刑罰の本質については、19世紀後半から20世紀前半のヨーロッパにおいて、「古典学派」（旧派）とよばれる人々と、「近代学派」（新派）とよばれる人々との間に激しい論争（「学派の争い」とよばれる）があり、わが国にも大きな影響をもたらした。特に犯罪の本質については、古典学派からは「どのような結果が生じたか」（あるいは生じる可能性があったか）という客観的要素を重視する「客観主義」が主張されたのに対して、近代学派からは「行為者にはどのような性格・意思の危険性があるか」という主観的要素を重視する「主観主義」が主張された。この2つの考え方の対立は、刑法学上のあらゆる問題点において具体化するが、ここではその典型的な例として、未遂犯の処罰の問題を取り上げよう。

未遂犯とは「犯罪の実行に着手してこれを遂げなかった」場合（刑法43条本文）をいう。たとえば、Aが殺意をもってBにむけてピストルを発砲し、①弾丸がBに命中しBが死亡した場合と、②弾丸があたらずBは無事であっ

た場合とを比較してみよう。Aの行為は①では殺人罪に，②では殺人未遂罪に該当する。客観主義の立場を徹底するならば，Bが無事であった②の場合は必ず①よりも軽く処罰するか，あるいは全く処罰すべきではないことになる。一方，主観主義の立場を徹底するならば，Aの性格の危険性が外部に現れたという点では①も②も同じなので，両者とも同様に処罰すべきことになろう。もっともわが国の現行刑法は，通常の未遂犯は「その刑を減軽することができる」（＝刑を軽くするかどうかは裁判官の裁量にまかせる）と規定しており（刑法43条本文），その意味では主観主義の立場に近いとも解されている。ただ，未遂犯はすべての犯罪について処罰されるのではなく，刑法44条により重大な犯罪に限って処罰規定がおかれている点に注意する必要がある。

(2) 現在では，犯罪の本質に対する基本的な考え方としては，客観主義の立場が支配的である。刑法の基本的な機能を法益保護に求めるのであれば，客観的に「どのような（法益侵害という）結果が生じたか」（あるいは生じる可能性があったか）は重要な意味をもつからである。主観主義を徹底するならば，客観的要素が十分に存在しなくても「行為者の危険性がある」という理由から処罰範囲が拡大されやすいという批判も無視しえない。ただ，①客観主義の立場を支持する場合でも，犯罪行為が客観的要素と主観的要素が複合したものであることは否定しえないのであって，客観・主観の対立を犯罪の成立要件（→本節4参照）の中でどのように捉えていくかがポイントになる（原則的には「違法は客観的に，責任は主観的に」考えていくべきであるという立場が支持されている）。また，②たとえば殺人が「違法」すなわち「法的に許されない」（＝悪い）というときに，人が死亡するという「結果そのものが悪いこと」に着目するのか，それとも（「人を殺してはならない」という規範に違反して）人を死亡させるようなことをするという「行為が悪いこと」にも着目すべきかが客観主義の内部でも争われている（前者を「結果無価値論」，後者を「行為無価値論」とよんでいる）。

6．犯罪が成立する場合，どのようにして刑罰の重さを決めるか？

(1) 犯罪が成立する場合，それに対してどのような刑罰を科すべきかが問題となる。たとえば窃盗罪が成立するとき，刑法235条では「10年以下の懲役」という「被告人に科すことのできる刑罰の種類と範囲」(＝法定刑)を規定してあるので（刑の下限は刑法12条により1月となる），裁判官はこれを出発点として最終的に言い渡すべき刑（＝宣告刑）を決定しなければならない。一定の事由があるときには，裁判官は法定刑に加重・減軽を行っていったん「処断刑」を形成し，そこから宣告刑を決めることになる（刑法68条・72条参照）。「一定の事由」には法律上の加重・減軽事由（刑法45条以下・56条以下・36条2項・39条2項など――任意的なものと必要的なものに分かれる）と，裁判上の減軽事由（刑法66条）がある。窃盗未遂の場合は（刑法43条本文の「任意的減軽事由」に該当するので），まず減軽を行うべきかどうかを判断し，減軽するときには，刑法68条3号により「5年以下の懲役」（下限は半月）という処断刑をつくり，その範囲から宣告刑を決定することになる（なお，刑法25条の条件を充たすときには刑の執行猶予判決を言い渡すことができる。たとえば「懲役2年執行猶予3年」という判決が言い渡された場合，3年間社会の中で犯罪を行わずに生活できれば，「懲役2年」という刑の言渡しの効力が消滅する）。以上のように法定刑から宣告刑を導き出すプロセスを「量刑」とよぶ。

(2) 宣告刑の決定に際してはもちろん，処断刑の形成にあたっても，基本的に裁判官の裁量にまかされている部分が多いという点が量刑の特徴である。しかしそれは，量刑にあたっては裁判官の恣意的な判断を許してよいということを意味しない。特に，いったん起訴された者の有罪率が99％を越えるわが国の刑事裁判においては，被告人の関心はもっぱら量刑に向けられているといっても過言ではないであろう（図表2参照）。量刑にできるだけ客観的な公平性・妥当性をもたせるための方策が，もっと模索されるべきである（改正刑法草案（1974〔昭和49〕年）48条では，一般的な「量刑基準」と考慮すべき「量刑事情」が掲げられている）。最終的には，刑罰の正当化根拠（→第3節1参照）についてどのような立場を採るのかが，量刑のあり方を左右することになると考えられる。

第1節 刑 法

図表2　罪名別地方・家庭裁判所終局処理人員

（平成10年）

罪　名	総数 (A)	有罪 死刑	有罪 無期	懲役・禁錮 有期 (B)	懲役・禁錮 うち,執行猶予 (C)	C/B (%)	うち,保護観察付	罰金・科料	無罪 (D)	D/A (%)	その他
総　数	57,762	7	47	57,101	35,763	62.6	4,063	451	39	0.1	117
刑法犯	28,071	7	47	27,882	15,388	55.2	2,275	53	24	0.1	58
殺　人	710	5	13	683	132	19.3	27	—	3	0.4	6
強　盗	1,030	2	34	992	145	14.6	53	—	—	—	2
傷　害	3,406	—	—	3,385	1,888	55.8	373	14	2	0.1	5
恐　喝	1,903	—	—	1,897	1,174	61.9	205	—	5	0.3	1
窃　盗	6,477	—	—	6,468	2,673	41.3	544	—	—	—	9
詐　欺	3,746	—	—	3,736	1,715	45.9	324	—	2	0.1	8
強　姦	724	—	—	722	238	33.0	70	—	1	0.1	1
放　火	352	—	—	351	115	32.8	47	—	1	0.3	—
賭博・富くじ	379	—	—	379	346	91.3	18	—	—	—	—
暴力行為等処罰法	440	—	—	439	176	40.1	40	—	—	—	1
業　過	4,696	—	—	4,658	3,977	85.4	241	18	4	0.1	16
その他	4,208	—	—	4,172	2,809	67.3	333	21	6	0.1	9
特別法犯	29,691	—	—	29,219	20,375	69.7	1,788	398	15	0.1	59
公職選挙法	141	—	—	132	130	98.5	1	—	1	0.7	8
銃刀法	409	—	—	404	123	30.4	16	5	—	—	—
覚せい剤取締法	12,601	—	—	12,585	6,519	51.8	1,104	—	8	0.1	8
麻薬取締法	128	—	—	128	76	59.4	7	—	—	—	—
麻薬特例法	28	—	—	28	1	3.6	—	—	—	—	—
競馬法	90	—	—	90	78	86.7	—	—	—	—	—
入管法	4,710	—	—	4,701	4,475	95.2	5	7	1	0.0	1
道交違反	8,376	—	—	8,292	6,864	82.8	511	50	—	—	34
その他	3,208 (239)	—	—	2,859 (154)	2,110 (127)	73.8 (82.5)	144 (9)	336 (85)	5 (—)	0.2 (—)	8 (—)

注　1　司法統計年報による。
　　2　終局処理の「その他」は，免訴・公訴棄却・取下げ等である。
　　3　（　）内は，家庭裁判所における少年の福祉を害する成人の刑事事件で，内数である。

（犯罪白書（平成12年版）47頁）

第2節　刑事訴訟法 ── 「刑事手続」についての法

1．刑事訴訟の基本的な考え方とは？

(1)　事件が実際に発生したとき，その事件について犯罪事実を確定し刑罰を定めるまでの裁判過程が「刑事訴訟」である。憲法31条は──「罪刑法定主義」をあらわしたものとして重要であるだけでなく──刑事訴訟をすすめていくためには，具体的な手続（＝刑事手続）を定めた法律が必要となるということも明らかにしている。そのような法律が「刑事訴訟法」であり、その中心となるのが1948（昭和23）年に制定された「刑事訴訟法典」である（以下「刑訴法」と略記する）。

もっとも憲法31条は刑事手続を「法律」で定めておけばそれでよい，としているわけではない。この条文はアメリカ合衆国憲法の適正手続（デュー・プロセス）条項に由来するもので，被疑者（捜査機関から犯罪の嫌疑を受け捜査の対象とされているが，まだ起訴されていない者）・被告人（犯罪を犯したとして起訴された者）の人権保障のために，手続の「内容」も実質的に適正なものでなければならないことを求めていると解される。これを「適正手続の保障」という。さらに憲法では，33条から40条にかけて，詳細な刑事手続上の人権保障規定を設けている。これらは，現行憲法が「適正手続」を刑事訴訟の最も重要な基本原理と解していることのあらわれといえよう。

(2)　刑訴法1条は「この法律は，刑事事件につき，公共の福祉の維持と個人の基本的人権の保障とを全うしつつ，事案の真相を明らかにし，刑罰法令を適正且つ迅速に適用実現することを目的とする」と規定する。ここでは，真相の解明と人権の保障という，2つの──しばしば矛盾・対立するといわれる──理念が掲げられている。

確かに刑事訴訟においては，伝統的に，事案の真相を徹底的に明らかにすべきことが強調されてきた。これを「実体的真実主義」という。ただ現在では，「実体的真実主義」には2つの側面があることが指摘されている。1つ

は，犯罪が行われた以上はすべての事実を解明し，犯人を必ず処罰しようとする「積極的真実主義」である。もう1つは，誤った犯罪事実の認定によって無実の者を処罰することがないようにしようとする「消極的真実主義」である。後者は罪刑法定主義の手続法上のあらわれであり，「適正手続」の考え方と対立するものではなく，むしろ共通の基盤に立っている。一方前者は，「適正手続」の考え方とは対立する。しかし現行憲法の要請に鑑みるならば，「適正手続」と「積極的真実主義」が対立するときには，「適正手続」が優先されるべきである。たとえば黙秘権（自己に不利益な供述を強要されない権利）の保障（憲法38条1項，刑訴法146条など），あるいは一事不再理の原則（憲法39条，刑訴法337条1項→本節2(4)参照）は，真実発見の目的と矛盾・対立しても適正手続を徹底し，人権を保障しようとする考え方に基づくものなのである。

(3) 「実体的真実主義」の下では，刑事手続を進めるうえで裁判所が主導権をもち，裁判官自身が証拠を発見し真実を究明すべきものと考えられてきた（職権主義）。しかし，現行憲法が保障する「適正手続」の観点からは，検察官と被告人（および弁護人）による主張・立証・意見陳述を手続の中心とし，裁判所の活動を補充的なものにとどめようとする考え方（当事者主義）が支持されることとなった（前者によれば，手続は国家機関と被告人という二面構造をもつものとされていたが（糾問主義），後者によれば――国家機関が訴追機関（検察官）と審判機関（裁判所）とに二分されて――手続は検察官と被告人と裁判所からなる三面構造をもつものと理解されている（弾劾主義））。

刑事手続における「当事者主義」化の重要な側面は，被疑者・被告人の主体的地位の強化であった。そのために憲法および刑訴法では多くの規定を設けている。被疑者・被告人について黙秘権が認められたことはその1つであり，公務員による拷問の絶対的禁止が宣言されたこと（憲法36条）も重要である。また，被疑者・被告人には弁護人選任権が保障され（憲法37条3項・34条，刑訴法30条1項），貧困その他の事由により弁護人を選任できない被告人にはその請求により国選弁護人を附すこととなった（憲法37条3項，刑訴法

36～38条。もっとも被疑者には国選弁護人選任権は保障されておらず，現在，各弁護士会の努力で「当番弁護士」制度が設けられ法の不備が補われつつある）。

2．刑事手続の流れはどのようになっているか？

刑事手続は一般的に，捜査→公訴の提起→第一審の公判→公判の裁判→上訴およびその後の手続，といった順序で進行する（図表3参照）。

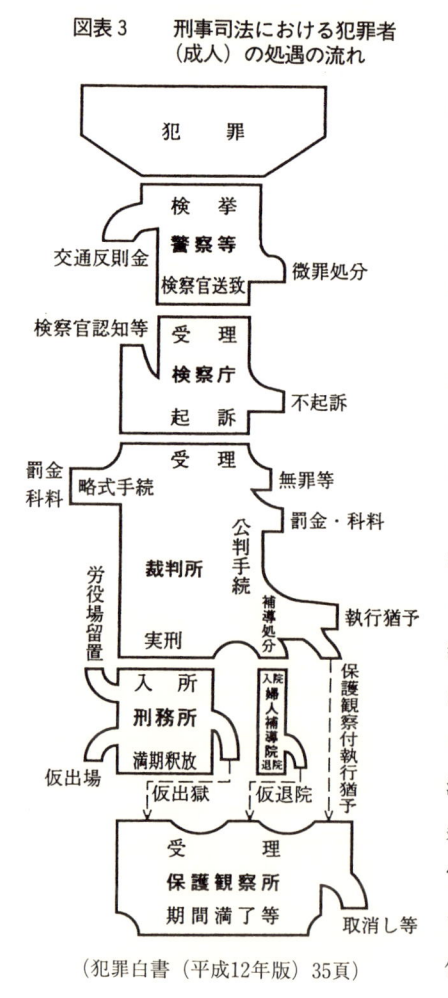

図表3　刑事司法における犯罪者（成人）の処遇の流れ

（犯罪白書（平成12年版）35頁）

(1) 捜査　刑事手続は捜査に始まる。捜査とは，公訴を提起しこれを維持するために，犯人を発見・保全し，証拠を収集する捜査機関の活動をいい，原則として警察官（司法警察職員）がこれを行う（刑訴法189条2項参照）。

捜査は相手方の同意を得て行う任意捜査が原則であり，逮捕（被疑者の身柄の拘束）・捜索（物または人の発見について行う処分）・差押（物の占有を取得する処分）などの強制処分には裁判官の発する令状が必要となる（憲法33条，35条）。これを「令状主義」という。被疑者を逮捕するには，裁判官が事前に発行する逮捕状を必要とするが，現行犯逮捕（刑訴法213条）および緊急逮捕（刑訴法210条）の場合はこれを要しない。警察官が被疑者を逮捕したときには，直ちに犯罪事実の要旨および弁護人選任権を告げて，弁解の機会を与えな

ければならない。そして留置の必要がないと思われる場合には直ちにこれを釈放し，留置の必要があると思われる場合には48時間以内に検察官に身柄を送致する（憲法34条，刑訴法203条。検察官による逮捕の場合につき204条）。

　検察官送致が行われた場合，検察官は被疑者を受け取った時から24時間以内で，かつ最初に被疑者が身体を拘束された時から72時間以内に裁判官に対して被疑者の勾留（身柄の拘束）を請求するか，釈放するかを決定しなければならない（刑訴法205条）。裁判官は，被疑者について勾留の理由があると判断した場合には勾留状を発して勾留を命じ，そうでなければ被疑者の釈放を命ずる（刑訴法60条・207条）。勾留期間は原則として10日を限度とし，やむを得ない理由のある場合にはさらに10日以内（内乱罪・騒乱罪などについてはその上に5日以内）の延長が認められる（刑訴法208条・208条の2）。公訴が提起された後は2か月の勾留が認められ，更新も可能であるが（刑訴法60条2項），保釈制度がある（刑訴法88条以下）。

　なお捜査が行われたが逮捕・勾留がなされなかった事件（一般に「在宅事件」とよばれる）は，捜査が一応終了した後に書類および証拠物とともに検察官に送致される。ただし，被害の軽微な窃盗，詐欺，横領などについては，警察段階で処理を終わらせることもある（「微罪処分」。刑訴法246条）。

　(2)　**公訴の提起**　事件を受理した検察官は，犯罪の嫌疑が十分に存在する場合には裁判所に公訴を提起して公判を請求する。ただし簡易裁判所が管轄すべき軽微な事件については，書面審理だけで公判を開かない「略式手続」を請求することができる（刑訴法461条以下。これによって行われる裁判を「略式命令」といい，50万円以下の罰金または科料が科される。平成11年に起訴された全刑事事件の90％が略式手続で処理されており，その88％が道路交通法違反である）。検察官は，嫌疑が不十分である場合には不起訴処分とするが，嫌疑が十分であっても「犯人の性格，年齢及び境遇，犯罪の軽重及び情状並びに犯罪後の情況」により訴追を必要としないと認める場合には公訴を提起しないことができる（「起訴猶予」。刑訴法248条）。検察官に対してこのような裁量権を認める制度を「起訴便宜主義」とよぶ。これは訴訟経済上のみならず刑事政策上も重要な

意味をもっており，平成11年の起訴猶予率は全刑事事件の39.6%に及んでいる（以上の統計は「犯罪白書」（平成12年版）による）。不当な不起訴処分（起訴猶予の場合も含む）に対する制度としては，告訴人等に対する起訴・不起訴処分等の通知（刑訴法260条・261条），検察審査会（検察審査会法1条以下。ただしその議決には拘束力がない），公務員職権濫用罪などに対する付審判請求（刑訴法262条以下）がある。

(3) 公判手続 公訴の提起から裁判が確定するまでを公判手続とよぶ。公訴の提起は，審判の対象となる犯罪事実（訴因）を記載した起訴状を裁判所に提出することによって行われる（刑訴法256条1項）。起訴状には，裁判官が事件について予断を抱くおそれのある書類その他の物を添付してはならない（同条6項）。これを「起訴状一本主義」といい，裁判官を中立的な第三者として位置づけようとする当事者主義のあらわれであり，「公平な裁判所」（憲法37条1項）の実現に資するものである。公訴の提起によって事件は裁判所に継続し，公判が開始される。これ以降の公判手続は，冒頭手続→証拠調べ手続→論告・求刑→最終弁論（最終陳述）→判決言渡しという順序で行われる。

犯罪事実の認定は，証拠によって行われる（「証拠裁判主義」。刑訴法317条）。当事者主義の理念に従って，証拠調べは検察官・被告人双方の請求によって行われるのが原則であり，裁判官の職権による証拠調べは例外である（刑訴法298条）。

証拠の許容性（証拠能力）に関して特に注意すべきものとして①自白，②伝聞証拠，および③違法収集証拠がある。①自白とは，自己の犯罪事実を認める旨の被疑者・被告人の供述をいう。自白は，強制・拷問による自白など任意になされたのではない場合およびその疑いがある場合には証拠とすることができない（憲法38条2項，刑訴法319条1項）。また，任意性のある自白であっても，その自白が自己に不利益な唯一の証拠である場合には，補強証拠が必要である（憲法38条3項，刑訴法319条2項）。②伝聞証拠とは，証人の供述を記録した書名，あるいは「また聞き」による証人の供述をいう。これらは，

反対尋問による真実性の検証が不可能であることから，反対尋問権の保障（憲法37条2項）に反するものとして原則として証拠にできない（刑訴法320条）。もっとも，多くの例外がある（刑訴法321条以下）。③違法収集証拠とは，違法な捜査活動によって集められた証拠をいう。これについては適正手続の保障に反するため有罪認定の証拠としては使用できないとする原則（違法収集証拠排除の法則）が──条文には明記されていないが──判例・学説において認められてきている。

　証拠の評価は裁判官の自由な判断に委ねられている（「自由心証主義」。刑訴法318条）。しかし証明の程度としては，「合理的な疑いを越える証明（proof beyond a reasonable doubt）」が必要であるとされている。もしも裁判官がそこまでの確信に至らなければ，検察官に不利益に事実を認定しなければならない（「疑わしきは被告人の利益に（in dubio pro reo）」の原則）。たとえば被告人AがBを殺害したかどうかが，合理的な疑いを越える程度には証明されなかった場合には，AはBを殺害しなかったものとして判決を下すことになる。刑事裁判においては，原則として検察官が「挙証責任」を負うとされているが，それはこのようなことを意味している。

　証拠調べ手続が終了すると検察官による論告（刑訴法293条1項）・求刑，弁護人の最終弁論および被告人の最終陳述（刑訴法293条2項）を経て結審となり，裁判所による判決が言い渡されることになる。裁判所が犯罪の証明があったと判断したときは有罪および刑の言渡し（もしくは刑の免除）の判決がなされ，その確信に至らなかったときは無罪の判決が言渡される（刑訴法333条以下）。公判手続を締めくくる有罪・無罪の判決は「公判の裁判」といわれるものに属する（なお，有罪・無罪の判断に至らないままで手続を打ち切る公判の裁判として，刑訴法329条・337条・338条参照）。

　(4)　第一審の判決に対しては，被告人・検察官の双方とも高等裁判所に控訴して事後審査を求めることができる（刑訴法372条以下）。第二審判決に対して不服がある場合には，最高裁判所に上告することができる（刑訴法405条以下）。このようにわが国は三審制を採用している。判決に対する不服申し立

ての方法がなくなったときに判決は確定し，有罪判決については刑の執行が可能となる。また，判決が確定すると「一事不再理の効力」が発生する。すなわち，同一の人について同一の犯罪を理由として再度の公訴提起を行うことはできなくなる（憲法39条，刑訴法337条1号）。これは，一度個人が刑事訴追の苦しみを受けたのならば，再度同じ苦しみを受けることはないという，英米法の「二重の危険（double jeopardy）の禁止」の原則に基づくものと解されている。

(5) 判決確定後であっても，判決に明らかに誤りがあったときにこれを放置しておくことはできない。このため刑訴法は，判決の確定力が例外的に排除される非常救済手段として，事実誤認の誤りについては再審制度（435条以下。わが国では憲法39条との関係から，被告人に利益となる再審のみを認めている），法令の解釈・適用の誤りについては非常上告（454条以下）を定めている。いわゆる「白鳥決定」（最決昭和50年5月20日刑集29条5号177頁）が，再審開始を認めるかどうかについても「『疑わしいときは被告人の利益に』という刑事裁判における鉄則が適用される」と判示したことが，それまで「開かずの門」といわれていたわが国の再審制度に大きな影響を与えた。死刑確定判決についても，昭和50年代以降，4件の再審請求が認められて無罪が確定している。

第3節　犯罪者処遇法──「刑罰の執行」のための法

1　刑罰を科すことはなぜ許されるか？

(1) 刑事訴訟によって刑の言渡しが確定すると，国家刑罰権が現実化され，刑罰が執行されることになる。刑を言い渡された者に対して，刑罰を執行し，それに伴ってさまざまな指導・教育・援助を国家機関が行っていくことを「犯罪者処遇」といい，その内容を規定した法律をまとめて「犯罪者処遇法」とよんでいる（なお，刑事手続における警察・検察・裁判段階での処遇を「司法的処置」とよんで，広い意味での「犯罪者処遇」に含めることもある）。わが国には「犯罪者処遇法」という名称の法典はなく，「監獄法」（1908〔明治41〕年公

布）・「犯罪者予防更生法」（1949〔昭和24〕年公布）などの諸法律がこれを構成する（非行少年の処遇については，「少年法」（1948〔昭和23〕年公布。20歳未満の者を「少年」として，原則として刑罰ではなく「保護処分」の対象とすることを目的として成立した。ただし，2000〔平成12〕年の改正により、16歳以上の少年が故意の犯罪行為で被害者を死亡させた場合，原則として刑事処分に付されることなどが規定された）がある）。また，刑法典，刑事訴訟法典の中の諸規定も犯罪者処遇に関連する（刑罰の執行手続につき，刑訴法471条以下）。

(2) 現行刑法は，死刑・懲役・禁錮・罰金・拘留・科料という6種類の刑罰のほか，付加刑としての没収を定めている（9条）。死刑（11条）は生命を剥奪する刑罰なので「生命刑」，懲役（12条）・禁錮（13条）・拘留（16条）は刑務所に拘禁して自由を剥奪するので「自由刑」，罰金（15条）・科料（17条）・没収（19条）は金銭その他の財産を奪うので「財産刑」とよばれている。

ところで，このような法益剥奪を内容とする刑罰を，なぜ国家は犯罪者に対して科すことができるのだろうか。これは「刑罰の正当化根拠」といわれる問題であり，「学派の争い」（→第1節5参照）においても中心的なテーマの1つであった。この問題については，次の3つの考え方が主張されてきた。

①**応報刑論** 刑罰は，犯罪という悪い行為をしたことに対する「報い」として科されると解する考え方であり，「応報」であること自体によって刑罰を科すことが正当化されるとする。この見解は，行為者は犯罪以外の（違法ではない）行為を選択することも可能であったという前提に立つ。犯罪ではない行為をすることができたにもかかわらず，あえて犯罪に出たことに対する「非難」が刑罰の本質であり，非難（＝行為者の責任）に見合った程度の苦痛・害悪を行為者に加えるべきだと主張されるのである（罪刑の均衡）。その意味でこの立場は，人間には「意思の自由」が存在することを認めている。

②**一般予防論** 刑罰は，予め刑法の中で規定されたり，実際に行為者に対して科されることによって，行為者以外の一般人が犯罪に出ることを予防する効果があり，この効果があるために正当化されるとする。フォイエルバッハは，犯罪によって得られる利益と犯罪に対して科せられる刑罰の不利益を

比較してみて，後者が前者よりも大きければ，合理的打算をなしうる人間は犯罪を犯さないように心理的に強制されるとする「心理強制説」を主張し，犯罪と刑罰を前もって刑法典に明確に規定しておくべきことを説いたが，これも一般予防論の一種である。

　③特別予防論　刑罰は，それを行為者に科すことで行為者自身が将来再び犯罪に出ることを予防する効果があり，この効果があるために正当化されるとする。この見解は，犯罪は「意思の自由」に基づいて犯されるのではなく，科学的に究明することが可能なさまざまな原因（特に性格の危険性）によって生じるものであるとの前提に立つ。刑罰の本質は「非難」としての害悪ではなく，犯罪の原因を除去して再犯を防止する手段であるという点に求められる。ドイツの刑法学者リスト（Liszt, F. v., 1851～1919）が述べた「罰せられるべきは『行為』ではなく『行為者』である」という言葉は，特別予防の考え方を端的に示している（なお，「応報刑論」と対置させるときには③を（場合によっては②とあわせて）「目的刑論」ということが多い）。

　「学派の争い」においては，古典学派からは応報刑論ないし一般予防論が，近代学派からは特別予防論が主張された（犯罪の本質について「客観主義」を採用した古典学派は，刑罰を科す対象を現実に行われた「行為」と捉える「行為主義」に立脚していたのに対し，犯罪の本質について「主観主義」を採用した近代学派は，刑罰を科す対象を「行為者」と捉える「行為者主義」に立脚していた）。現在最も有力な考え方は，3つの見解のいずれかを強調するのではなく，これらの主張を統合しようとするものである。すなわち，(1)刑罰は犯罪に対する反作用であるという意味では「応報」であるが，(2)「応報」であるということだけで刑罰が正当化されるのではなく，あくまでも犯罪予防（一般予防および特別予防）という効果があり，それによって法益が保護されるかぎりで正当化されるとする。このような考え方を「相対的応報刑論」とよんでいる。

　「相対的応報刑論」によれば，たとえ犯罪予防のために必要であっても，行為者の責任を前提としない刑罰を科したり，責任を超える刑罰を科したりすることは許されない。また予防の内容に関しても，(1)特別予防については

行為者の社会復帰を重視し，(2)一般予防については強制ないし威嚇ではなく一般人の規範意識の確認といった要因を中心にする見解がふえてきている。

2 刑罰の種類にはどのようなものがあるか？
(1)現行刑法上の刑罰を個別にみてみよう。

①**死刑** 死刑は，監獄内で絞首して執行する（刑法11条，監獄法71条）。刑法典では，殺人罪（199条），強盗致死罪（240条）をはじめとする12種類の犯罪に対して死刑が規定されている。

生命刑である死刑については，啓蒙期以降，人道主義的・刑事政策的見地から廃止論が主張されてきており，今世紀に入ってからドイツ（1949年）・イギリス（1965年）・カナダ（1976年）・フランス（1981年）など多くの国が全廃もしくは部分的廃止に踏み切っている。1989年の国連総会では「死刑廃止をめざす市民的および政治的権利に関する国際規約」が採択され，廃止論はわが国でも近年ますます有力化している（団藤重光『死刑廃止論〔第4版〕』（1995年）参照）。死刑廃止論は，(1)死刑には凶悪な犯罪を予防する効果がない（少なくともそのような予防効果があることを証明できない）こと，(2)殺人を禁止し，生命に最高の価値を認める法が，生命を奪う刑罰を規定しているのは矛盾していること，(3)死刑は憲法36条が禁止している「残虐な刑罰」にあたること，(4)誤判の場合，いったん死刑が執行されると取り返しがつかなくなること，などをその理論的根拠としている。一方，死刑存置論は，(1)死刑を廃止すれば凶悪な犯罪が増加するおそれがある（少なくともその可能性は否定できない）こと，(2)罪刑の均衡からみて，死刑のみがふさわしい凶悪な犯罪がありうること，(3)憲法31条は「生命を奪う刑罰」がありうることを前提としており，また生命を奪う刑罰がただちに憲法36条の禁止する「残虐な刑罰」にあたるとはいえないこと，(4)誤判の場合に取り返しがつかないのは死刑にかぎらない（たとえば自由刑でも自由を奪われた「年月」は回復できない）こと，などをあげてこれに反論している。結局は，刑罰の正当化根拠（→本節1参照）をどのように理解するのかが死刑の存廃についても重要な意味をもつといえよう。

②自由刑 懲役と禁錮は無期および有期に分かれ，有期は1月以上15年以下の範囲内で言い渡される。いずれも監獄に拘置して執行する（刑法12～14条）。懲役には刑務作業（定役）が課される（監獄法24条以下）が，禁錮には課されない（ただし請願により作業につくことができる。監獄法26条）。禁錮は，一般に，過失犯（たとえば業務上過失致死罪（211条））・政治犯（たとえば内乱罪（77条））などについて規定されている。拘留は，1日以上30日未満の範囲内で言い渡され，拘留場に拘置して執行される（16条）。刑務作業が課されないという点では禁錮と同じである。なお，懲役と禁錮という区別は合理的ではないとして，両者を一般化すべきであるとの主張もみられる（自由刑の「単一化」論）。

③財産刑 罰金は1万円以上，科料は1000円以上1万円未満である（刑法15条，17条）。罰金・科料を完納できない場合は労役場に留置される（18条）。

　財産刑は，現在のわが国で最も多用されている刑罰であるが，一般に刑罰としての感銘力が弱く，また，言い渡された者の資産状態によって，その者に与える苦痛の程度が異なってくるといった問題点が指摘されている。もっとも，自由刑のもつ弊害を回避できるという長所があり，受刑者の資産状態を考慮に入れることでかえって弾力的な運用が可能になるという面もある。

　(2)　なお，刑罰に代わる制度，あるいは補充する制度として「保安処分」が提案されることがある。保安処分とは，犯罪を行った者に対し，犯罪を繰り返さないようにするために社会から隔離し，または危険性を除去することをいう。特別予防的な見地から行為者に働きかけるという点では刑罰と共通するが，保安処分の場合は「責任」を前提とせず，行為者の将来の「危険性」をその条件とする（従って，刑罰を科しえない責任無能力者についても，犯罪を繰り返す危険性があるからという理由で保安処分に付すことが可能となる）。わが国では改正刑法草案の67条以下において，保安処分として精神障害者に対する「治療処分」およびアルコール・薬物中毒者に対する「禁絶処分」が掲げられている。もっとも，危険性の判断が困難であること，一定の行為者に対する差別と人権侵害のおそれがあることなどを理由とする反対論も有力である。

3 行刑はどのように実施されているか？

(1) 受刑者に対する自由刑の執行を「行刑」という。行刑の具体的内容は，監獄法を中心とする行刑関連法規によって定められている。

自由刑の執行は受刑者を「行刑施設」に収容することによって行われる。行刑施設には刑務所および少年刑務所がある。わが国には，平成12年4月1日現在，刑務所が59か所・少年刑務所が8か所・刑務支所が6か所存在する。平成11年12月31日現在における受刑者（既決拘禁者）の収容定員は4万8256人，収容人員は4万5606人であり，収容率は94.5％となっている（「犯罪白書」（平成12年版）による。なお同白書では，未決拘禁者（拘留中の被告人および被疑者）を収容する拘置所も「行刑施設」に含めている。図表4参照）。

(2) 行刑は，受刑者の改善更生および社会復帰を図ることを目的としている。そのためには，以下のような諸原則のもとに実施されていく必要がある。

まず，行刑は個人の尊厳を否定するような非人道的なものであってはならない（行刑の人道化）。国連人権規約B規約10条1項は「自由を奪われたすべての者は，人道的にかつ人間の固有の尊厳を尊重して，取り扱われる」と定

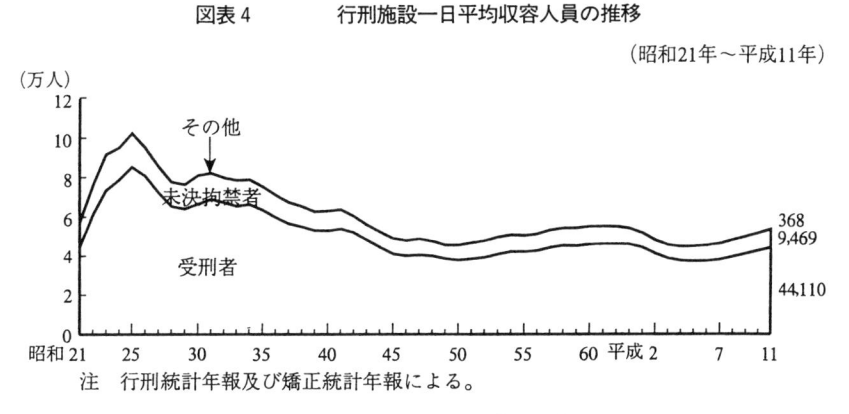

図表4　行刑施設一日平均収容人員の推移

（昭和21年～平成11年）

（犯罪白書（平成12年版）59頁）

めているが，この趣旨は行刑においても維持されるべきである。また行刑における人権の制限は，あくまでも憲法31条の要請に基づき，法律を根拠として適正に行われなければならない（行刑の法律化）。そして社会復帰を目的とする行刑では，施設内の環境をできるだけ一般の社会に近づけ，行刑を社会に開かれたものとすべきである（行刑の社会化）。さらに，行刑においては，個々の受刑者が犯罪を犯すに至った要因を明らかにし，その人格的特性を考慮しながら，当該受刑者の社会復帰に適した処遇を選択することが求められる（処遇の個別化）。

(3) このような諸原則を背景としながら，わが国の行刑施設においては，基本制度として①分類処遇制度，②累進処遇制度，および③開放処遇が実施されてきている。

①分類処遇制度では，個々の受刑者がもつ問題点を明らかにするための科学的調査（分類調査）を行い，その結果に基づいて処遇計画を作成し，その計画を実施するための集団を編成して各集団に応じた処遇を行う。②累進処遇制度では，刑の執行の過程に4つの階級を設け，処遇の成績に応じて上級に進級させて，受刑者の自発的な改善の努力を促している。③開放処遇では，施設の周壁・錠などの物的設備と看守などの人的措置における拘禁度を緩和することにより，受刑者の自律心および責任感に対する信頼を基礎とした処遇を行っている。

(4) もっとも，受刑者を行刑施設という特殊な環境におくことは，常に十分な社会復帰の効果をあげるわけではない。受刑者に「刑務所帰り」というレッテルを貼ることとなり，かえって社会復帰の妨げとなる可能性もある。従って，罰金刑を拡充的に運用したり，自由刑を言い渡すときでも刑の執行猶予制度（→第1節6参照）を活用して，自由刑がもつ弊害をできるかぎり回避していくことが望まれる。また，自由刑の執行が完了していない場合であっても，それまでの執行状況からみて執行を継続する必要が認められない場合のために仮釈放制度（仮出獄および仮出場。刑法28条・30条，犯罪者予防更生法28条以下）がある。なお，刑の執行猶予を受けた者，および仮出獄を許された

者は，保護観察に付すことができる。これは犯罪者の社会復帰を目的として，社会のなかで普通の生活を営ませつつ，遵守事項を守るように指導・監督し必要な補導・援護を行うものである（刑法25条の2，執行猶予者保護観察法1条以下，犯罪者予防更生法33条以下）。

第 4 章

財産と契約

第 1 節　権利の主体

1．権利の主体とは

　法という概念については，すでに第 1 章で学んだが，それでは，法はどのような形で社会生活を規律しているのだろうか。一つの例で考えてみよう。A がカメラを買うことになり，B カメラ店の主人はカメラを引き渡した。ところが，A は B 店がいくら請求しても代金を支払わない。このような場合，B 店は最終的には，裁判所に訴え，国家の力によって強制的に支払わせることができる。これは，B 店の主張（利益）が法律で認められているからだが，このように，一定の利益を受けるために，法によって人にあたえられた力を「権利」という。B 店は代金請求の権利をもつ者，つまり権利者である。これに対して，A は代金の支払いを法律によって強制される，つまり支払いの「義務」をもっている。このように義務は，権利に対応しており，人が一定の行為をすること，または，しないことを法によって拘束されることである。

　権利者が権利を行使するかどうかは自由である。しかし，権利行使の自由といっても無制限ではなく，社会的な制約がある。権利者も社会を構成する一員だから，権利を自分の利益のためにだけ行使してはならないのである。

私たちの社会は，お互いの自分勝手な意思や感情をできるだけ排除し，相手の人格を尊重しあったうえで，合理的判断にもとづく自由な社会関係をつくっていくことを目的としている。民法第1条が，①私権は公共の福祉に遵う，②権利の行使及び義務の履行は信義に従い誠実に之を為すことを要す，③権利の濫用は之を許さず，として，権利行使の方法や限度について定めているのもこのためである。

2．権利能力とは

権利の主体となることのできる法律上の資格を「権利能力」という。現代社会では，すべての人間（自然人という）に権利能力が認められている（権利能力平等の原則）。権利能力平等の原則を，民法は，自然人の権利能力は出生に始まる（民1条ノ3）と表現している。すべての人間は，生まれながらにして平等に権利主体となるのである。そして，死亡のみが権利能力消滅の原因となる。

ところで，権利能力を自然人に認めるだけでは，社会生活をいとなむうえで不便である。たとえば，会社が土地や建物などの財産を所有していても，誰か個人の名義にしておかなければならないが，そうすると，その個人が死亡したような場合，その人個人の財産と混同されやすいし，第一それでは不便である。経済社会の実態にも反するだろう。このため，民法では一定の団体にも権利能力を認めている。これを法人という（4．参照）。

3．行為能力・制限能力とは

自然人は，生まれてから死亡するまで権利能力がある。しかし，生まれたばかりの幼児が，自分名義の財産があるからといって，自分の判断で取引することはできないだろう。また，酒を飲んで前後不覚の状態で契約書にサインした場合に，契約が成立したとするのは無理だろう。つまり，法律的に意味のある行為をするには，その行為による結果を自分で判断するだけの能力が必要である。これを「意思能力」という（7～10歳程度の精神能力とされている）。このような意思能力のない者（意思無能力者）の行為は無効である。ところが，

行為のときに意思能力がなかったとしても，あとでそれを証明するのは実際はむずかしく，もし証明できたとしても，そのときには，今度は行為の相手方が思わぬ損害を受けてしまうことになる。また，意思能力があっても独立して取引する能力に達しない者が，取引社会の犠牲になることも十分考えられる。そこで，民法は独立して取引する能力の不十分な者を定型化し，これを「制限能力者」と呼び，その行為は取り消すことができるとしている。自分の行為によって，法律上の効果を完全に発生させることができる能力は，「行為能力」といわれる。行為能力を制限されている者が制限能力者である。

制限能力者は，未成年者，成年被後見人，被保佐人，被補助人の4種である。それぞれの能力の範囲には違いがあり，また，これらの者には保護者がつけられる。

①未成年者は，20歳未満の者をいう（民3条）。未成年者は，原則として，単独で契約などの法律行為（法律行為については，あとで学ぶ）ができず，それをおこなうには法定代理人（親権者または後見人）の同意が必要である。

②成年被後見人は，精神上の障害により事理を弁識する能力を欠く常況にある者で家庭裁判所の審判を受けた者である（民7条）。成年被後見人は，保護機関である成年後見人の同意を受けても，原則として単独で法律行為ができない（ただし，日常生活に関する行為はできる。9条）。

③被保佐人は，精神上の障害により事理を弁識する能力が著しく不十分な者で家庭裁判所の審判を受けた者である（民11条）。被保佐人は，日常の取引などは単独でできるが，重要な法律行為をおこなうには保佐人（11条の2）の同意が必要である（12条）。

④被補助人は，精神上の障害によって事理を弁識する能力が不十分な者で，家庭裁判所の審判を受けた者である（14条）。被補助人は，特定の法律行為をする場合，補助人（15条）の同意を必要とする（16条）。

制限能力者の行為は，取り消すことができる（民120条）。しかし，未成年者が自分は成人していると嘘をいって取引したり，被保佐人が審判は取り消されていると告げて取引した場合は「詐術」となり，制限能力を理由に取り消

すことができない（民20条）。法は，嘘をついて取引するような制限能力者は保護に価しないと考えるのである。また，取引の相手方には催告権も認められている（19条）

4．法人とは

　権利能力が認められている団体を法人という。法人は，団体自身の名において，権利をもち義務を負担することができる。

　法人は，性質や目的によっていろいろな分類ができるが，ふつう公法人と私法人，社団法人と財団法人，公益法人と営利法人に分けられる。公法人は，国や地方公共団体のように法人格をもつ公共団体である。公法人以外の法人は私法人である。また，法人は財団法人と社団法人に分かれる。同じ目的をもつ人が集まって成立した法人が社団法人で，一定の目的のために寄付された財産を中心として成立する法人を財団法人という。公益法人は，公益・非営利を目的とした法人であり，営利法人は営利を目的とした法人である。

　たとえば，株式会社は，私法人であり，営利社団法人である（商52，54条）。このほか，協同組合などのように，特別法によって法人として認められる法人（中間法人）や，同窓会や法人設立の準備中の組織などのように，法人としては認められないが，実質的には社団法人と同じような組織をもっているために，これに準じて認められる「権利能力のない社団」などがある。最近では，NPO法によって認められる法人も増加している。

第2節　権利の客体・財産権

1．権利の客体としての「物」

　これまで権利の主体について学んできたが，つぎに権利・義務の目的(客体)となる物と財産権が法律上どのように定められているかをみていこう。

(1) 「物」とは

　権利の客体として典型的なのは「物」である。物は，次項でのべる財産権

の中心的なものである。民法は，物とは「有体物」をいう，と定める(民85条)。有体物は広い意味でとらえられ，物理的有体物だけではなく，電気やガスのように，たとえ形がなくとも，管理の可能なもので経済的価値をうみだすものをふくむと解されている。有体物であっても天体などのように，支配不可能なものは権利の客体にならない(支配可能性)。人体やその一部なども，近代法の精神からして，客体とならないのは当然である(非人格性)。また，物は独立性のあるものであることを原則とする (独立性・単一性)。

(2) **物の分類**

　物の分類で重要なのは，不動産・動産，主物・従物，元物・果実である。①土地およびその定着物を不動産，それ以外の物を動産という(民86条)。土地の定着物とは，土地に密着している物をいい，建物がその典型である。この区別が重要なのは，権利を移転するさいの公示方法に違いを生ずることである。

②物から生じる収益物を果実といい，果実を生み出す物を元物という。果実には，牛乳やミカン，リンゴ，野菜，鉱物などのように，元物から自然に生み出される天然果実と，家賃や利息のように，物を使用した場合の対価として受け取る金銭などの法定果実がある (民88条)。天然果実は，元物から分離するとき，それを収取する権利をもつ者に帰属する(民89条1項)。法定果実は，収取する権利の存続期間，日割りをもって分配される (同条2項)。

③カバンの鍵，時計のバンド，建物の畳・建具などのように，物の所有者が，その効用をつねに助けるために付属させた物を従物といい，カバン，時計，建物のように主たる物を主物という。主物が処分されれば，原則として従物も一緒に処分される，とするところに，この概念の重要性がある (民87条)。たとえば，この腕時計を売ろうといった場合に，原則として時計のバンドも取引の対象としてふくまれるのである。

2. 財産権とは

(1) 財産権の内容とは

　毎日の生活や社会活動をいとなむには，いろいろな物が必要である。前項で学んだ「物」は，この代表的なものであるが，しかしそれですべてではない。ここでいう物は，もっと広い意味で，ふつう財産といわれる。財産ということばは，法律ではいろいろな意味で用いられる。共通するのは，ある人に属する経済的（金銭的）価値あるものの総体を指すことである。つまり，人が物から受ける一定の利益を，法によって保護される力を財産権という(憲29条参照)。

　財産権は，プライバシー権や名誉権のように人格的な利益を目的とする人格権，親や夫婦などの身分上の地位にもとづいて認められる身分権と対比される法のことば(概念)で，経済的利益を目的とする権利である。財産権は，原則として譲渡，相続ができるのが特徴であり，内容的には，所有権や地上権などの物権，賃借権や売買代金債権などの債権，特許権や著作権などの知的所有権(無体財産権ともいう)をふくむ重要な権利である。

　財産権の内容や性格は，このようにさまざまであるが，人が財産を支配する関係は，所有権を中心に発展してきている。Property, Eigentum, propriétéなどのことばが，所有権を意味するのと同時に，ひろく財産や財産権を意味するのは，これをよく示している。とくに18世紀末から19世紀にかけて，封建的拘束から人間を解放するために，人間の自由な意思のものとに「物」をおくことが，自由への道であると考えられ，私人の所有権が保障されるにいたったのである(私有財産制)。

　① **物権**　権利の客体にたいする関係は，法的には所有権を中心として構成される。この本は私のものである，教室の時計は学校のものであるという場合，法的にいえば，その物に対して，私の所有権，学校の所有権があるということであり，それらが所有権という物権をもっていることを意味している。

　自分の土地をもっている人は，その土地を自分で利用できるし，他人に貸

して地代をとることもできる。また，借金をする場合に，土地を担保に金を借りることもできる。もちろん，売ってしまうこともできる。このように，自分の所有する物は，原則として自由に使用・収益・処分できる。これが所有権である（民206条以下）。所有権は，物権の中心的権利である。そして，物権とは，一定の物を直接に支配して利益を受ける排他的な権利をいう。

② **債権** これに対して，債権は，特定の人（債権者）が特定の人（債務者）に対して一定の行為（給付）を請求できる権利である。たとえば，他人に金を貸した者は返還請求ができる権利をもっている。また，売買契約を結んだ場合には，買主は商品の引き渡しを請求し，売主は代金の支払いを請求できる（売買契約のように，契約した双方に権利・義務が発生する契約を，双務契約という）。

(2) 物権と債権の違い

債権は，物権とならんで財産権の一種であるが，物権と違い，物にたいして直接支配する力はなく，債務者の行為によってその目的を達することができるものである。このようにみてくると，近代的な財産関係は，人がその財産を所有し利用する物権関係（人と物との関係）と，他人の行為を通じて将来ある財産を獲得する債権関係（人と人との関係）とみることができる。これらは，法のあつかいも異なっており，物権の領域では，その種類や内容が法律で定められ（物権法定主義＝民175条），債権の領域では，その内容が原則として当事者の自由にまかされている（契約自由の原則）。

(3) 知的所有権とは

発明や著作のように人の精神的創作物についての権利を，知的所有権ないしは無体財産権という。大きく分けると，特許権，実用新案権，商標権，意匠権を内容とする工業所有権と小説や音楽などの権利である著作権に分かれる。これらの権利は，特許法や著作権法などの特別法で規定され，創作者の権利の保護やこの利用による産業・文化の発展がはかられている。

第3節　財産権の変動

1．法律行為とは

　これまで権利の主体と客体について学んできた。しかし，これだけでは私たちの生活のルールとしては不十分である。というのは，自給自足ができない以上，権利者が財産を所有するという静的な関係だけを考えていては，現実的とはいえないからである。動的な関係，つまり，取引関係があって，初めて私たちは，自分の生活に必要なモノを手に入れることができるのである。資本主義社会である私たちの社会では，モノ（財産権）は商品として，たえず変動をしつづけている。取引とは，結局のところ財産権の変動であり，変動とはその発生・変更・消滅のすべてをふくむことばである。それでは，取引はどのようなルールにもとづいておこなわれるのだろうか。

　A靴店でBが「この靴を買いたい」と申込み，これにたいしAが「売りましょう」といえば，AとBの両方の意思にもとづいて売買がおこなわれ，Bはその靴の所有権をもつことができる。つまり，靴の所有権の変動という法律上の効果が発生するようにA・Bが合意をし，これにより求めた効果が生ずるのである。このような行為を法律行為という。いいかえれば，法律行為とは，人がある法律上の効果を求める意思を表示し，これにたいして法律がその効果の実現に助力してくれるものをいう。法律行為の代表的なものは，契約である。財産権の変動を生ずる原因として，法律行為はもっとも重要なものである。

　法律行為が有効となるためには，行為をおこなう者（当事者）の能力に問題がないこと，意思を表示すること，そして行為の目的が適正であること，という3つの要素（要件という）が必要である。法律行為として認められなければ，当事者が望んだとおりの権利や義務，あるいはこれにかわる損害賠償の請求が裁判所で認められず，その権利には強制力がないことになる。

　法律行為の要件のうち，当事者については，意思能力や行為能力が問題と

なるが，これらはすでに学んでいる。ここでは，意思表示と目的の問題をみていこう。

2．意思表示とは
(1) 意思表示とは

　私たちは，精神（内面）と肉体（外面）をもっている。ふつうは，自分の欲求を他人に知ってもらうために，自分の考えていることを外面的に表現する。つまり，内面と外面が一致した行動をとるだろう。しかし，内面と外面がくい違っていたり，一致していても，その意思表示が他人により自由に判断することを妨げられた状態でなされたとすれば，どうだろうか。このような場合，法的にどのようにあつかうのか問題となる。

　意思表示とは，当事者がある法律上の効果をのぞみ，そのことを外部に表示することをいう。この意思表示という行動を，家を借りる事例で分解してみると，つぎのようになるだろう。

　①貸家の広告をみて，便利な貸家があることに誘われる（動機）
　②その家を借りようと決める（内心の意思であり効果意思といわれる）
　③貸主にたいして，この家を貸してくださいと告げる（表示行為）

　①と②は内面に属し，③は外面である。意思表示ということばは，②の効果「意思」と③の「表示」行為を結びつけた用語で，もともとこの2つが一致していることを当然のこととしている。

　なお，意思表示の効力が発生する時期は，原則としてそれが相手方に到達したときである（民97条）。これを，意思表示における到達主義の原則という。ただし，契約の承諾の通知については，取り引きの迅速性を重くみて，発信主義をとっていることを注意しなければならない（民526条）。

(2) 意思表示に問題がある場合とは

① **意思と表示に不一致がある場合**　意思表示がなされても，効果意思と表示行為がくい違っている場合がある。これには3つの形態がある。

ⓐまず，くい違いがあることを，意思表示をする者（表意者という）みずからが

知りながらおこなう場合がある。たとえば，Aは，自分では売る意思がないのに，からかうつもりで，自分の100万円する自動車をBに売ろうといったような場合である。これを「心裡留保」という。つまり，内心の意思（効果意思）は，Bをからかうというところにあるが，表示行為は，自動車を売るといっているのである。このとき，Bが「じゃあ，売ってくれ」といってきたとすると，Aはこの自動車を売らなければならないだろうか。Aは，「いやあれは，君をからかうつもりで言ったのだから，売るつもりはない」といえるだろうか。法は，この場合の意思表示は，原則として表示どおりの効力を生ずるとしている（民93条）。したがって，Aは，自動車を売らなければならないことになる。表意者は，自分で内心の意思と表示行為にズレがあることを知って意思表示をしているのだから，これを保護する必要はなく，表示を信じた相手方（B）を保護する必要があるからである。人は表示行為として表れたところに注目して，その人とのあいだで契約をするのだから，この信頼を保護することは重要である。しかし，事例のような場合に，仮に1000円で売るといったとすればどうだろうか。100万円の自動車なのだから，Bは，ふつうはAは本気でいっているのではない，と考えるべきだろう。この場合にまでBを保護する必要はないと考えられる。法も相手方が表意者のおこなった意思表示が真意でないことを知っている場合や，ふつうの注意をすればそれを知ることができるような場合には，その意思表示は無効となるとしている（同条但書）。

ⓑつぎに，相手方と通謀して，自分の効果意思と違った意思表示をすることがある。たとえば，AがBと相談して，Aの所有している土地をBに売ったようにみせかけるために，土地の名義をBのものとするというような場合や，金銭の貸借がないのにCがDから借りていることにし，借用証をCに渡すような場合がある。AとBは土地の売買が事実でないことを知りながら，あえてそれがあったような表示行為をしている。CとDも同じように金銭の貸借がないのに，あったような表示行為をしている。これらの意思表示は「虚偽表示」といわれ，無効である（民94条1項）。しかし，たとえば，前の例でBが

自分の名義になったのを悪用して，第三者Eにその土地を売ってしまったときはどうなるだろうか。A・Bの間の取引が無効だから，B・Eの売買も無効だとすると，なにも事情を知らないEが不利益をうけることになり妥当ではないだろう。法は，第三者の信頼を保護するためにEがBの土地と信じて買ったのであれば，AとBの売買を有効と同じようにあつかい，その結果，Eが所有権を取得することを認める（同条2項）。

ⓒ最後に，1万円と書くところを10万円と買いてしまい，その間違いに気がつかなかった，というような場合がある。この意思表示を「錯誤」という。効果意思と表示行為のあいだにズレがあり，それを表意者自身が知らないのである。この場合の意思表示は有効だろうか。法は，意思表示の内容の重要な部分に錯誤があれば無効であるとしている（民95条）。もっとも，この者にいちじるしい不注意（重大な過失）があれば，表意者から無効を主張することはできない。

② **他人により自由な判断が妨げられた場合** 他人に騙され（詐欺）たり，強迫をされて意思表示をしたときはどうなるだろうか。ここでは，騙されたり，威されたにしろ，いやいやながらでも表意者は意思表示をしているから，効果意思と表示行為はいちおう一致したものとしてとらえられる。しかし，この意思表示は，外部からの他人の不当な干渉によるもので，意思の形成が，自由な判断にもとづいてなされてはいない。このような，自由な判断がなされていない意思表示を，瑕疵ある意思表示という。いずれの場合も，表意者は意思表示を取り消すことができる（民96条）。ただし，詐欺による意思表示は，善意の第三者にたいして取り消しを主張できない（同条3項）。

3．法律行為の目的とは

(1) 適法性

法律行為が成立するためには，当事者，意思表示のほかに，その目的も重要な要件となる。たとえば，法律行為であっても，麻薬取引が目的であれば，麻薬取引を禁止した法律に違反し無効となる。これは，当事者，意思表示に

問題がなかったとしても，その目的に問題があるから無効となるのである（目的の適法性）。ここで「法律に違反する」という問題について少し考えておこう。人間の自由を尊重しようという社会では，人と人の関係も，人が欲しているところにゆだねられる。ここでは，法律の規定は，当事者が決めないでしまったことを補充したり，意味が明らかでない場合にこれを明確にする，という役割が重要になるだろう。これを，任意法という。つまり，任意法は当事者の意思を補充したり明確化するという働きをしているのである。だから，任意法は当事者の意思により，その適用を除外してもよいとされるのである。これに対して，社会の基本的秩序に関するような規定は，当事者がかってに変更や除外をするわけにはいかない。このように，当事者の意思に関係なく，適用が強制される法を強行法という。たとえば，借金をするときに，民法では年5分とするという規定があるが（民404条），これは任意法だから，当事者は年7分としてもかまわないのである。しかし，血族間の結婚を禁止する規定（民736条）は，強行法だから，これに反して結婚することはできない。

(2) 可能性・確定性

また，土星の土地を売るなどといった，実現不可能なことを法律行為の目的としても意味がないので無効である（目的の可能性）。さらに，目的は，確定していなければならない。たとえば，この土地を使用したいといった場合，土地の利用方法は法的にはいろいろあるので（使用貸借，賃貸借，地上権，永小作権など），これが確定していなければならない（目的の確定性）。

(3) 社会的妥当性

さらに，強行法に違反していなくても，目的が社会的妥当性を欠いていれば，これも無効である（目的の社会的妥当性＝公序良俗）。たとえば，愛人契約をしても，人倫に反する契約であり法はこれを保護しない。よく問題となる，女子の結婚退職制や若年定年制なども，合理性のない差別だから，公序良俗違反で無効である。

4. 本人に代わってする意思表示 (代理制度とは)

(1) 代理制度とは

　意思表示は，必ず本人がしなければならないだろうか。たとえば，未成年者は，制限能力者だから，原則として単独で意思表示ができない。この場合，未成年者は財産をたくさんもっていたとしても，自分で取引できないから，財産をもちながら生活が困窮してしまうことも考えられる。また，必ず本人が意思表示をしなければならないとしたら，企業に就職した人がセールスできるかも問題である。なぜなら，セールスマンは，自分の所有している商品ではなく，会社の商品を売るのだから，他人のものをかってに売却するということになるからである。そこで，意思表示を，未成年者や会社にかわってできる制度が必要となる。これが代理制度である。つまり，意思表示は，本人が相手方に直接おこなうほか，代理制度を利用すれば，本人でなくともなしうるのである。

(2) 代理の種類とは

　代理は，本人と一定の関係にある他人（代理人）が，本人のためにかわって意思表示をなし，または意思表示を受けることによって，その法律効果がすべて本人について発生する制度である。これには，未成年者の親（親権者）などのように，本人（この場合は未成年者）の意思によらないで決められた代理人である「法定代理」と，本人の意思にもとづいて選任される「任意代理」がある。法定代理は，ひとりでは有効な法律行為ができない本人にかわって，代理人がその者のために行為をするので，本人からみれば私的自治の補充という機能をはたす。これに対して，任意代理は，自分のためにしてもらいたいことを任意代理人におこなわせることができるので，活動の範囲をそれだけ広げることができ，本人の私的自治の拡張という機能をはたしている。

(3) 代理権・代理行為

　代理は，本人と代理人のあいだで，代理権の授与行為が必要であり，代理人と相手方のあいだでは，代理人が本人のためにすることを示して意思表示をすること(これを顕名主義という)が必要である(代理行為)。代理権がないのに，

代理人としてなされた行為を無権代理という。無権代理は、本人に効果が発生せず、相手方は催告権、取消権をもつ(民114, 115条)。また、無権代理人の責任をもとめることもできる（民117条）。

(4) 表見代理とは

　無権代理でも、本人と無権代理人のあいだに、特殊の関係があるために、本人に効果が発生する場合がある。これを表見代理という。これには、①本人Aが第三者Cにたいし、Bに代理権をあたえるとのべていながら、実際には代理権を与えていなかったのに、Bがさきに相手方に表示された代理権の範囲内で代理行為をする場合(代理権授与表示による表見代理＝民109条)、②本人の土地を第三者に貸すことのできる代理権をもつ者が、その土地を売却してしまった、というように代理人が代理権の範囲外の行為をする場合(権限超過による表見代理＝民110条)、③かつて代理権をもっていた者が、代理権が消滅したのにかかわらず、かつての代理権の範囲内の行為を代理人としておこなう場合（代理権消滅後の表見代理＝民112条）がある。

　表見代理は、無権代理人が代理行為をするについて本人がなんらかの形で原因をつくっており、相手方としては、その行為が代理権にもとづく代理行為と信じているから、このような相手方の信頼を保護するために認められる制度である。つまり、取引秩序を安定させようとするのである。

第4節　契約と法

1．契約の自由とは

(1) 契約とは

　前節で取引の一般原則を学んだが、財産権の変動をもたらすもっとも主要な原因は契約である。本節では、契約をいろいろな角度からみておこう。

　「契約」ということばは、約束とならんで私たちの生活に密着した用語として広い意味をもっている。そのため、法律のことばとしての「契約」も多義的な意味をもっている。しかし、ふつうには、約束であって、法律によっ

てその履行が保護されているものを契約という。したがって，たとえば，友人と会う約束をした場合のように，約束でもそれを守ることが道徳的には必要なものであっても，その履行について法律が強制力をもって協力するほどのものでないものは法律上の契約とはされない。法律による保護をえられる契約の範囲や，約束がどのような段階になったときに保護をえられるのかなどの点は，ほかの制度やことばとおなじように，歴史的・地域的に違っているので，一般的基準をのべることがむずかしい問題である。法を学ぶうえで，重要なのは，特定の歴史的社会において，契約と法との関係がどのように関連しているかを考えることである。

(2) 契約の自由とは

　私たちの住む社会は，経済的にみれば資本主義経済社会である。ここでは，商品を交換することが，生活を維持したりそれを楽しんだりするための条件である。自給自足の生活が現実的でない以上，私たちは，他人の商品と自分の商品を交換しあって生存していかなければならない。このような商品の交換は，契約というかたちをとっておこなわれている。たとえば，米やその他の食品を買うこと，通勤・通学のため交通機関を利用すること，会社で働くこと，他人から物を借りること，映画や演劇をみること，家や土地を購入することなど，すべて契約という法律的な手段を通しておこなわれている。しかも，契約は各人の自由な意思にもとづいてなされている。これは，各自の意思にもとづき，それぞれが創意を発揮して競争し，社会生活関係を処理することが，それぞれの人の利益になるだけはなく，社会全体が活気ある繁栄をとげるために必要であるとする考えを基礎にしている。したがって，契約の自由が私たちの社会の取引の原則となっているのである。アダム・スミスのいう「神のみえざる手」による予定調和の思想が背景にあることは，容易に推測がつくと思う。

　契約自由の原則は，契約には拘束や制約がなく自由であり，最終的には国家（裁判所）が，当事者の契約した内容をできる限り尊重し，その実現をはかるということを意味している。拘束や制約がないということをより具体的に

みると，①契約を締結する自由としない自由，②契約の相手方を選択する自由，③契約内容決定の自由，④契約をする方式についての自由をふくんでいる。

2．契約の成立と種類
(1) 契約の成立

契約の成立には，相対立する当事者の意思表示の合致＝合意が必要である。たとえば，売買を目的とした契約では，売主は高く売ろうとし，買主は安く買おうという気持ちで交渉を始めるが，値段や条件のおり合いがついたところでその意思を合致させる。この場合，契約の当事者である売主と買主は，利害の対立する立場からスタートして合意をめざすわけである。合意したときに契約という法律行為になる。以上にのべた契約の定義は，人が権利を得たり義務を負担するのは，その人の自由な意思によるのであり，財産権の変動は各人の自由な意思にもとづいてのみなされるべきだ，とする近代的な思想のひとつの解答である。

契約は，当事者の一方が先に意思表示(申込み)をおこない，他方がこれを受けて意思表示(承諾)をするのがふつうである。しかし，一般的には，一方からの申込みに対し，他方は原則として承諾するかどうかの返事をする義務はない。これに対して，いつも取引をしている者から，その営業の範囲に関する契約の申込みを受けた商人は，すぐに諾否の返事をしなければ，承諾したものとみなされ，契約が成立する(商509条)。商人間の取引と市民間の取引の重要な違いである。

申込みは，承諾の期間を定めたときは，その期間中効力があり(民521条)，定めないときでも，相当の期間は取り消すことができない(民524条)。申込みに対して承諾がなされれば契約が成立する。

契約が有効に成立すれば，当事者は契約を守らなければならない。当事者の一方が，契約で約束したとおりに履行をしなければ，最終的には，強制執行などにより，国家＝法が，契約内容の実現を保障する(第5節で学ぶ)。

(2) 契約の種類

契約にはいろいろな種類があるが，民法は13種類の契約（典型契約あるいは有名契約という）を規定している（民549～696条）。

①このうち，財産権を終局的に移転することを目的とする契約の型がある。交換型の契約ともいわれるが，これには，売買・交換・贈与がある。

②つぎに，他人の物を利用することを目的とする契約の型がある。利用型の契約ともいわれるが，これには，賃貸借，使用貸借，消費貸借がある。前のふたつは，借主が期間満了のときに利用の目的物そのものを返還する契約で，その場合，賃料をとれば賃貸借，とらなければ使用貸借となる。たとえば，友人から自転車を借りて，のちに返す場合である。借主が目的物を消費したうえで，あとで同種・同等・同量の物を返還する場合が消費貸借である。消費物の代表的なものは金銭であり，これは金銭消費貸借といわれる。

③他人の労務を目的とした契約の型には，雇用・請負・委任・寄託がある。雇用は，労務そのものが契約の目的であり，請負は，他人の労務によって完成する仕事の結果が目的となる。委任は，一定の事務の処理という統一的労務を目的とし，寄託は，物の保管という特殊の労務だけが目的となっている。

④以上のべたほか，組合，和解，終身定期金などの契約がある。

3．契約によらない財産権の変動とは（時効制度）

財産権の変動は，主として契約によるが，契約によらないで財産権が変動することがある。時効や事務管理，不当利得，不法行為などである。ここでは，時効の問題をみておこう（不法行為などについては，第6章で学ぶ）。

(1) 時効とは

権利者が権利を行使できるのに，相当の期間権利を行使しないで放任しておいた場合は，権利者といえどもその権利を主張できなくなる。反対に，正当な権利者でなくても，相当の期間，権利者であるかのような外観が継続した場合は，その者が正当な権利者として認められようになる。これは，一定の事実状態が平穏に続いた場合，それが真実であるかどうかを問わないで権

利を認めようとするもので，時効といわれる。

(2) 時効制度の存在理由とは

権利を守るべき法が，なぜもともと権利者でない者を保護したり，真実の権利者の権利行使を認めなくなるのだろうか。第一に，真実の法律関係と違った事実状態が長時間持続している場合には，その事実をもとにしていろいろな生活関係が新たに築きあげられるが，後になって，真実の法律関係を主張する者があらわれたからといって，もとの真実の状態にもどすことを認めると，それまでに事実を信頼して築きあげられた生活関係が崩されてしまい，これに関連する者の利益が害される結果となるから，これを避けるのである。第二に，時が経過すると，真実の権利関係を明確にすることがむずかしくなる。つまり，立証が困難となるので，これを避けるのである。第三に，権利者であっても権利を行使しないでいる者を保護する必要はないと考えられる（「権利の上に眠る者はこれを保護せず」）。以上の理由から，時効制度が認められている。

(3) 時効の種類

時効には，権利者としての事実状態を根拠として権利の取得を認める取得時効（民162条）と，権利不行使の事実状態を根拠として権利の消滅をみとめる消滅時効がある（民167条以下）。

4．契約の変化

(1) 現実の契約関係とは

私たちの日常生活を考えてみよう。水道やガス，電気などの利用は生活に欠かせないものとなっているが，ここでの契約はどうなっているだろうか。契約の内容を具体的に知っているだろうか。バスに乗ったり，地下鉄や電車を利用する場合はどうだろうか。また，保険に加入したり，銀行に口座を開設する場合はどうだろうか。会社に就職したときに，そこでの労働条件や職場の規則は個人の意思できまったものといえるだろうか。映画をみたり，郵便を利用する場合はどうだろうか。

以上のように、私たちは契約について自由であるとはいえないだろう。自由であるとすれば、さきにみた契約自由の原則が十分に機能していなければならないだろう。ところが、生活必需品にあっては、内容決定の自由どころか、相手方を選択する自由や締結の自由までも欠けている。そのほかの例でも、契約自由の原則のなかでも、もっとも重要な意味をもつ、内容決定の自由はほとんどないといってよい。つまり、個人の立場からすれば、私たちの社会では、ほとんど契約の自由はないようである。これでは、私たちの市民としての生活を規律する法の基本原理のひとつである、契約自由の原則はフィクションではないのか。どうしてこうなってしまったのだろうか、また、解決の方法はあるのだろうか。

(2) 契約自由の変容とは

契約自由の原則は、18世紀から19世紀にかけての市民階級の自由と権利の表明であり、封建的な拘束から人間を解放する法的手段として主張されたものである。しかし、この原則は大企業が成立するより前の時期に主張されており、これをふくまない概念であることに注意しなければならない。つまり、この原則は、企業の成立と展開により、契約自由のもとに、ひとりひとりの市民が、労働者あるいは消費者として企業の提示する契約条件に従わざるをえない状況を予定していないのである。契約が強制される状況は、独占的な市場が成立すれば、より強化され、徹底化するだろう。生活の必需品であり、二重投資を避けようとすれば地域的な独占とならざるをえない、鉄道・電気・ガス・水道などの契約では、一方的に示された条件にしたがわない自由も事実上存在しない。このことは、運送・保険・銀行など現在ではあるゆる領域で、強弱の違いはあるが共通する現象といってよい。たとえば、銀行に預金をして通帳をうけとってみればよい。A銀行もB銀行も、また、信用金庫、信用組合、農協などにおいてもほぼ同様の条件が、通帳の最後の方の数ページに細かな文字で印刷されているのを見いだすだろう。これが、金融機関と利用者の取引条件となって、現実に私たちを拘束しているのである。このような契約を、フランスのサレイユは、「附合契約」といっている。つま

り，利用者は企業の示す条件(約款という)に，無条件に附合するしかない，というのである。

　約款の利用が私たちの社会でふつうになればなるほど，契約の自由は不自由に，そして，事実上の強制に変わってしまう。このような契約は，あきらかに契約自由の原則が予定したものと違っている。このような状態で，あいかわらず契約自由の原則を主張すれば，強者の意思のみが契約に盛り込まれるばかりで，私たちの生活はいちじるしく不利益を受ける。このため，約款による契約の規制をおこない，その弊害を緩和し，対立する当事者の利害を調整するための新しい法の対応や仕組みが必要となってくる。

　まず，集団的交渉を法のレベルで認めることで解決がはかられる場合がある。労働者の団体交渉権の承認による不平等の是正がこの例となる。フランスでは，消費者団体の交渉権も認められてきている。ついで，契約内容に国家が介入し，当事者の「合意」について修正や否定をし(裁判)，さらに，保険や銀行の例のように，行政的に約款のコントロールをおこなう。より積極的には，立法的規制をおこなう(約款についてはドイツの約款規制法が有名である)。このように，司法・行政・立法が総合的に対応する規制方法が現実に必要となってきている。なお，平成13年4月施行の「消費者契約法」は，契約における不合理な条項の規制に一歩を踏みだしたものとして注目される。

第5節　権利の保護と救済

1．財産権の侵害にたいする保護

(1)　財産権の侵害

　「権利あるところに救済あり」といわれる。いろいろな権利がどれだけ認められていても，権利の実現を保障する制度が整備されていなければ，権利もただのカタログにしかすぎないだろう。権利が実質的に意味のあるものとなるためには，権利が侵害されたり，その実現が妨害され場合に，救済する方法が必要である。この場合に，権利があるのだから，自分の力で取り戻し

たり，妨害を排除したりすればよいと考えられるが，私人が勝手に実力でそうすることが許されないのが，私たちの社会の原則である（自力救済の禁止）。このため，ふつうは裁判のなかで互いの言い分を主張し，裁判所にその是非を決めてもらうことになる。裁判で自分の権利を主張するには，その主張の根拠が必要である。そこで，財産権の侵害にたいして，法律の上でどのような制度が用意されているのか問題となる。

(2) **物権への侵害**

まず，財産権のうち，物権への侵害があった場合にどのような保護がなされているか考えてみよう。たとえば，自分の持ち物が盗まれた場合のように，相手が権利者から財産を取り上げてしまっているときには，相手に対してその返還を請求できる。この権利は，物権にもとづく返還請求権といわれる。また，利用している土地に他人が勝手に廃品を捨てたために，その土地の完全な利用が妨げられたような場合には，その妨害をやめるように請求できる（妨害排除請求権）。さらに，隣地に積んである物品が自分の庭に倒れるおそれがあるような場合には，その倒壊を防止する手段をとることを請求できる（妨害予防請求権）。

(3) **債権の実現**

債権への侵害の場合はどうだろうか。ふつうは，債務者が契約どおりに債務を完全に履行するから，そうであれば問題はない。しかし，現実には，債務の履行がなされず債権者の利益が害されることが多い。原因はいろいろだが，債務をおこなわない債務者に強制的に履行を求め，債権の内容が実現できるようにすることが法律制度として認められている。つぎにみてみよう。

2．契約が守られない場合とその強制方法

(1) **債務不履行とは**

まず，順序として，債務が履行されない場合（債務不履行という）を整理しておこう。債務不履行は，つぎの3つに分類される。

① **履行遅滞** 10月30日に商品を届ける約束をしていたのに，うっかりし

て忘れてしまったというように，履行できるのに債務者の不注意で履行しないまま期日をすぎてしまうことがある。これを履行遅滞という。

② **履行不能**　AがBから借りていた物をAの不注意で焼失してしまい，Bに返還することができなくなってしまった，というような場合を履行不能という。

③ **不完全履行**　債務者が破損した商品を送ったとか，鶏の売主が病気の鶏を引き渡したなどの場合には，履行はなされているが不完全である。これを不完全履行という。

(2) 履行の強制とは

債務不履行があれば，債権者は第一段階として履行の請求をする。請求におうじて債務者が履行をすれば，当事者間で問題が解決するが，債務者が履行しないならば，契約を解除することもできるし，裁判所に訴えて債務者に履行を命じる判決を求めることもできる。これを給付判決というが，判決があってもなお履行がなされないときは，裁判所によって履行を強制することになる。その方法には，つぎの3つがある。

① **直接強制**　AがBから借りたパソコンを期限がきても返さないときや，CがDに約束の期限に商品の代金を支払わないときには，裁判所が強制的にAからそのパソコンを取り上げてBに渡し，あるいは，Cの財産を差押さえて競売し，その代金をDに支払う。つまり，金銭を支払うとか，物を引き渡すなどの債務（あたえる債務という）について，裁判所が直接，強制的に履行を実現させる方法である。

② **代替執行**　物を運送するとか，設計図どおりに家を立てるという債務（なす債務という）のように，第三者でもなしうる性質の債務の場合に，債務者以外の者を使って債務をおこなわせ，それに要した費用を債務者から取り立てる方法である。また，建築しないという「なさざる債務」（不作為債務）に違反して建てた家屋を除去するときにも用いられる。

③ **間接強制**　なす債務（作為債務）のうち，第三者が代わっておこなうことができない債務（たとえば，有名な画家に肖像画を描いてもらうという場合）や，な

さざる債務のうち不履行が形をとらないような場合（たとえば，10時以後には騒音をださない約束をしたのに，これを破った場合）に，履行をおこなわないときは，1日につき1万円を支払えというようにして，債務者を精神的に圧迫して，間接に履行を強制する方法である。

なお，債務が履行されないため，債権者が損害をうけたときは，債務者に賠償を求めることができる（損害賠償の請求）。

3．債権者の保全的な権利
(1) 債権者の保全的な権利とは

債権は債務者に対する権利であり，債務者以外の第三者には，債権の内容である一定の行為をするように請求できない。たとえば，AがBに貸しているお金を返してもらうのに，無関係のCに請求するわけにはいかないだろう。ところが，債務者の財産は債権者にとって最後の保障となっているから，債権者の債権を保護するために，その財産の維持・保全が必要とされる場合には，法は債権の効力が債務者以外の第三者にもおよぶことを認めている。

(2) 債権者代位権とは

たとえば，債権者Aは，債務者Bに100万円の債権をもち，BはCに対して100万円の債権をもっているとする。ところが，BはどうせCから支払ってもらっても，自分の債権者であるAにもっていかれてしまうから，と履行時期がきてもBはCから取り立てない。このままではAの債権の保全はできないだろう。このような場合に，法は，一定の要件をみたせば，AはBに代わってCから100万円を取り立てることができる，としている。事例のように，債権者は，債務者の財産が減少して，自分の債権の回収がはかれないおそれがあるときに，債務者にかわって，みずからその権利を行使することができる。これを債権者代位権という（民423条）。

(3) 債権者取消権とは

また，たとえば，AはBに100万円貸しているが，Bは50坪の土地が唯一の財産であったとする。ところが，BはAを困らせるために，この土地を事

情をよく知っている第三者Cに，時価の5分の1の値段で売ってしまった。このような場合，Aは裁判所にBとCの間の契約の取り消しをもとめることができる。つまり，Aは裁判所を通じてその土地をBにもどさせることができる。このように，債務者が債権者を害するのを知りながらおこなった行為を，債権者が裁判所を通して取消すことができる権利を，債権者取消権または詐害行為取消権という（民424条）。債権者代位権とならんで，債権の保全をはかる制度である。

4．損害発生の予防—担保制度—

(1) 担保制度とは

財産権の侵害に対して，以上みてきたように，いろいろな保護があたえられている。しかし，損害が発生しないようにするために，あらかじめとりうる手段があれば，より社会生活が円滑にすすむだろう。その手段として，重要な財産権である債権については担保制度がある。

債権を担保する制度は，つぎのように，人的担保と物的担保に分かれる。

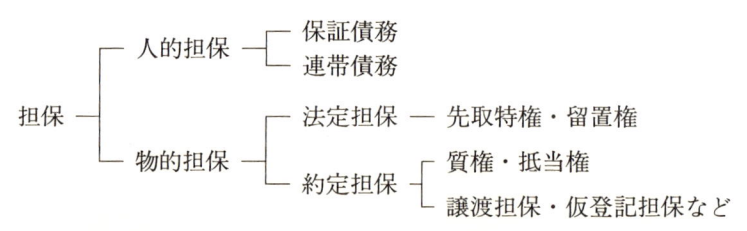

```
          ┌ 人的担保 ─┬ 保証債務
          │          └ 連帯債務
担保 ─────┤
          │          ┌ 法定担保 ─ 先取特権・留置権
          └ 物的担保 ─┤          ┌ 質権・抵当権
                     └ 約定担保 ─┤
                                └ 譲渡担保・仮登記担保など
```

(2) 人的担保とは

人的担保は，保証・連帯保証・連帯債務のように，債権者がもともとの債務者以外の者の財産を引き当てにして，自分の債権が履行されるように確保するものである。人的担保は，設定が簡単であり，物をもたない人も利用できるから，ひろく利用されている。しかし，現実には適当な保証人がみつからない場合もあり，また，引き当てとなるものが保証人の一般財産なのだから，その資力はつねに確実なものとはいえない。担保がなければすべての債権は，種類や発生の時期，金額に関係なく，債権者は平等の地位にたつから，

ひとりの債務者に多くの債権者がいて，債権の総額が債務者の全財産を越えれば，各債権者は，自分の債権額に応じた按分比例により弁済を受けるにすぎなくなる(債権者平等の原則)。たとえば，Aが50万円，Bが30万円，Cが20万円の債権をDにたいしてもっている場合，Dの財産が20万円しかなかったとすれば，按分比例によって，Aは10万円，Bは6万円，Cは4万円をうけとるにすぎないのである。

(3) **物的担保とは**

人的担保は，すでにみたように，債権の成立時の債務者の資力や，保証人が選ばれた当時のその資力は，そのあと債権者がふえることもあるから，あまりあてにならないともいえる。このような場合にそなえて，債権者が，債務者または第三者(物上保証人)のもっている特定の財産のうえに優先的な権利をもつことができる制度がある。これが物的担保である。たとえば，AがBに金を貸す場合，Bの土地を担保にとっておけば，Bが返済しなくてもその土地を競売した代金から，ほかの債権者に優先して自分の債権の返済を受けることができる。

物的担保は，物の評価を適正におこない，物の減失を防ぐことができれば確実な担保となるが，現実には評価はなかなかむずかしく，また，設定や実行に複雑な手続きを必要とすることが難点である。

物的担保には，法定担保と約定担保があり，法定担保には留置権と先取特権，約定担保には抵当権と質権がある。このほか，譲渡担保や仮登記担保などの新しい担保がある。

第6節　消費者の保護

1．消費者問題とは
(1) 消費者問題とは

　私たちは，生活に必要な商品やサービスをお金を出して購入することで，生存を維持し，また物質的・文化的欲求をみたしている。そして，商品やサービスは事業者によって提供され，消費者がこれを購入し消費するのがふつうである。つまり，このような社会における消費者とは，事業者の提供する生存し生活するために必要な「もの」を購入し利用・使用する者であり，また最終的にそれを消費する者であるといえるだろう。消費は生存の条件だから，私たちの社会で人間はつねに消費者であり，消費者にかかわる問題が消費者問題である。

(2) 消費者問題の発生原因とは

　カン詰のレッテルに「牛肉の大和煮」と書いてあり，その文字の下においしそうな写真が印刷されていた。ところが，カン詰を開けて食べてみると，その中身は馬肉やクジラの肉が調理されているものだった，というような場合，それを知っていたらカン詰を購入しただろうか。また，次亜塩素酸ナトリウムをふくむアリカリ性の漂白剤と，塩酸などの酸性の洗浄剤をまぜてつかうと，生命にかかわる有毒な塩素ガスが発生することを知っていたら，このような使いかたで命を落とす人はいなかったろう。さらに，預かり証に金の延板の裏付けがないことを知っていたら，豊田商事から預かり証を購入しただろうか。このように消費者に被害が生ずるのは，消費者が「知らなかった」場合が原因となっていることが多い。私たちの社会では，事業者と消費者の情報量や情報収集のための資本力には大きな格差が生じている。消費者はこのような状況で，適正な判断をもって商品やサービスの購入ができるだろうか。事業者が十分な情報をもち，消費者が不完全な情報しかもたなければ，洗剤やペーパー商法の場合のように，消費者は取引の内容が不利益であ

ることに気づかなかったり，事業者の提供する情報にふりまわされて，不当に不利益な条件で取引することがあるだろう。情報の面だけをみても，私たちの社会では，事業者と消費者が対等な立場で取引をすることがむずかしくなっていることがわかるだろう。このような立場の格差が消費者問題を生じさせるひとつの原因となっている。

　また，消費者はつねに最終的に消費する者だから，事業者のように不利益を他に転稼する手段をもっていない。この点でも，消費者と事業者とは，本質的に立場が違っている。消費者被害が深刻化し，生活の破綻を招くのは，社会における消費者のこのような立場が原因となっている。さらに，明治以来これまでの私たちの社会は，産業優先の経済・社会構造になっており，事業者の利益をたえず優先する傾向があった。これも消費者問題を発生させ，問題の解決をいっそうむずかしいものとしている原因である。

(3) 消費者問題の解決とは

　このようにみてくると，消費者問題は私たちの社会の「構造的」問題になっているといってよいだろう。つまり，消費者問題は，社会の仕組みそのものから生じているのであり，消費者の不注意や軽率な行動が第1の原因ではないことに注意をしなければならない。構造的問題ということは，すでに消費者個人の努力では，被害の発生を防止し，その救済をはかることができず，社会的な解決が試みられなければならないことを意味している。

2．消費者問題の歴史とは

　日本で消費者問題が明確になってきたのは，1950年代以降である。とくに1955年の森永ヒ素ミルク事件は，乳児死亡130名を数え社会問題となった。1960年代には，ニセ牛カン事件（牛カンのラベルがあったのに中身はクジラ肉だった），サリドマイド事件，カネミ油症事件などが発生している。1970年代には，人工甘味料のチクロに発ガン性があるとされ，チクロの追放運動がおこなわれた（チクロ追放運動）。また，アメリカに輸出したカラーテレビと国内販売の価格差がいちじるしく，この是正を求める運動も生じた（カラーテレビ二重価格

問題)。このほかPCB追放運動(PCBは水にほとんど溶けず,体内に蓄積され皮膚や内蔵に障害をひきおこす。塗料や電気製品,印刷インキなどに使用されていた),合成殺菌料のAF 2の追放運動,灯油訴訟(石油業界によるヤミカルテル問題),合成洗剤追放運動(人体への安全性や環境問題などが議論された),OPP反対運動(OPPはレモンなどの柑橘類に使用される防カビ剤で安全性に問題があるといわれている)などがあった。サラ金の問題も,この時期以降拡大し,深刻化する。1980年代にはいると,金の現物まがい商法(「豊田商事」商法),霊感商法,ネズミ講,マルチ商法などの問題が続発した。

　以上のことから,1960年代ごろまでの消費者問題は,商品の欠陥問題が中心であったことがわかる。商品の欠陥は,直接生命や身体の被害をひきおこし,その結果も明白だから,この時期までは,欠陥商品からの危害の防止と被害の救済が問題の中心となっていたのである。これ以後は,取引条件や,広告・宣伝・販売方法,信用取引の問題など,流通過程における消費者問題が激増してくる。この過程は,物＝商品そのものの問題から,商品の流通の側面,さらには,物を直接の媒介としない信用取引が社会で重要性を増してきたことの反映であるといってよい。つまり,消費者問題は,直接生命にかかわる問題から,ジワジワと生活全体を破綻におとしいれるような問題に移行しているのである。しかも,生命にかかわるような問題が解決されて,つぎの問題が発生しているのではなく,あいかわらずその問題は未解決のままであり,いろいろな問題が複合的に進行しているのが現状となっている。製造物責任法(PL法)の制定も欠陥商品の問題に対応するためのものである。

　最近の消費者問題の特徴を整理すると,第1に「モノ」から「サービス」にかかわる問題が多くなったこと,第2に,販売,契約方法に関連した経済的問題が中心となってきたこと,第3に,若者,老人の消費者被害が急増していることなどの傾向が強まってきていることなどがあげられる。

3．消費者の権利とは

(1) ケネディの消費者の権利

　私たちの社会で，消費者はどのような権利をもっているのだろうか。消費者の権利については，1962年3月15日にアメリカのケネディ大統領が議会に提出した「消費者の利益に関する特別教書」が有名であり，これが世界各国の消費者の権利の確立に影響をおよぼしている。

　教書では，国民すべて消費者であるのに，組織されていないために，その力を発揮できず，意見も無視されがちだから，連邦政府は消費者の利益を前進させる特別の義務を負っているとのべ，つぎのような有名な消費者の4つの権利を示している。

　①　安全を求める権利　消費者は，健康や生命をおびやかすような商品から守られること。

　②　知らされる権利　消費者は，嘘の広告や不当な表示から保護され，確かな事実を知らされること。

　③　選ぶ権利　消費者は，市場における競争のもとで，あらゆる商品やサービスを競争価格によって手にいれることができること。

　④　意見を聞いてもらう権利　消費者の意見が，行政や事業者に十分反映すること。

　その後，1975年には，フォード大統領は，ケネディの4つの権利に第5の消費者の権利をつけくわえた。

　⑤　消費者教育を受ける権利　合理的な意思決定をして市場に参加し，また，生活環境をみずからつくりあげることができるような能力をえられるような教育を，だれもが受けられること。

　日本でも，たとえば，消費者の権利を法的に確立することをめざした東京都消費者生活条例は，つぎの権利をかかげている。①生命および健康を侵されない権利，②適正な表示を行わせる権利，③不当な取引条件を強制されない権利，④不当に受けた被害から公正かつすみやかに救済される権利，⑤情報をすみやかに提供される権利。

(2) 消費者「保護」から消費者「権」へ

　現代社会では，消費者を商品・サービスを受け取る者＝法の客体として理解する消費者「保護」の立場ではなく，消費者を法の主体として認め，事業者に安全性や情報の提供などの要求をおこなう行為を権利・義務の関係として理解する消費者「権」の立場への転換がもとめられている。また，消費者運動の面では，環境保護も考慮して，よりよい生活条件を確保するための権利＝生活権として，消費者権をさらに進める動きもあることに注目しておこう。

4．消費者行政とは
(1) 消費者保護基本法とは

　消費者問題が社会問題化してくると，これまでの法律ではカバーできない問題が激増する。このため，すでにある法律の改正や消費者の利益を守るための法律の制定や，行政の仕組みを整えることが求められるようになってくる。日本では，1960年代後半に，経済企画庁に国民生活局が設置され，消費者行政が具体化し，1968年には「消費者保護基本法」が成立した。消費者保護基本法は「消費者の利益の擁護及び増進に関する対策の総合的推進を図り，もって国民の消費生活の安定及び向上を確保すること」を目的として，行政，事業者，消費者のそれぞれの役割を定めている。

　消費者保護基本法の制定により，消費者保護行政機構も整備・拡充されるようになった。まず，国の消費者行政として，1968年に「消費者保護会議」が発足している。消費者保護会議は，内閣総理大臣が会長となり，18の国務大臣により構成されている。会議は毎年開催され，消費者行政推進のための施策を審議，決定する。これをうけて，各省庁が事業者活動の適正化，消費者啓発などについて具体的な施策を実施していくのである。また，この会議にくわえて，基本的事項の調査・審議については，国民生活審議会に諮ることになっている。

(2) 国民生活センター

「国民生活センター」は，1970年に発足し，消費者問題の普及啓発，相談，危害情報の提供，情報管理，調査研究，商品テスト，教育研修などを業務としている。各地には消費生活センターが設置され，苦情相談の受付・処理・啓発事業，モニター制度，商品テストなどをおこなっている。地方自治体レベルでは，消費者条例の制定がなされている。

5．消費者法の現状とは
(1) 消費者法の現状とは

消費者に関する代表的法律には，つぎのようなものがある。

①商品の安全性に関する法　総合的な消費者被害の救済を目的として，製造物責任法（PL法）があり，食品や医薬品，電気製品などの安全性を確保するために，それぞれ食品衛生法，薬事法，電気用品取締法がある。家庭用品については，消費生活用製品安全法，自動車には道路運送車両法が制定されている。

②　表示の適正化に関する法　不当な表示は，不当景品類及び不当表示防止法により禁止される。JAS規格（日本農林規格），品質表示基準について，農林物資の規格化および品質表示の適正化に関する法律が定める。このほか，家庭用品品質表示法がある。

③　取引の適正化に関する法　消費者信用について，割賦販売法，貸金業規制2法（貸金業の規制等に関する法律，出資の受け入れ，預り金及び金利等に関する法律）があり，販売方法について，訪問販売等に関する法律がある（平成13年6月から「特定商取引法」となる）。平成13年4月からは，消費者取引の適正化を総合的に推進するために「消費者契約法」が施行される。

(2) クーリング・オフと抗弁権の接続とは

つぎに，消費者法の特徴をよく示している問題を二つみておこう。

①　クーリングオフ制度　クーリングオフ制度とは，消費者にとって不意打ちにあたる訪問販売による契約の場合などに，一定の条件のもとで，消費

者からの一方的な解約を認める制度である。訪問販売では，消費者は受け身の立場となるので，セールスマンが言葉たくみであったり，強引であったりすると，つい不必要なものでも買ってしまうことがある。この場合，あとになってすこし頭を冷やしなさい，頭冷やして考えなおしなさい。それでも契約するのならばそれは構わない。ただ冷静になった場合に，やっぱりあれは軽率な買い物してしまった，というのであれば，それは取り消してもいいというのである。つまり，消費者の頭を冷やす（＝クール）期間（＝オフ）が，クーリングオフである。

訪問販売法（平成13年6月から「特定商取引法」）は，クーリングオフの要件として，訪問販売法により指定された商品・サービス・権利であって，営業所以外の場所で取引され，8日以内に書面で通知すること，をあげている。このようは，要件をみたせば，無条件で取引を解消することができる。

最近よく生ずるトラブルをひとつ紹介する。たとえば，Aが訪問販売により，B会社のセールスマンとアルミテラスの購入契約をしたとする。価格は本体が30万円で，取付料が基礎工事などをふくめて20万円の合計50万円であった。工事はすぐに始まったが，あとで家族と相談したところ，この契約をやめようと思った。訪問販売で契約したのだからクーリングオフできると思い業者に連絡したところ，工事をすでに始めているので，現場の人たちの日当と基礎工事費10万円を支払えといわれた。

このような場合でも，無条件でクーリングオフできるだろうか。法は，日当や工事費を負担する必要はなく，無条件で解約できるとしている（訪問販売法6条）。クーリングオフは，頭がカッとなった状態で取引をしたときに，あとで冷静に考えさせる，つまり，消費者の自己決定の意思を保障しようというものだから，その行使にいっさいの条件がないのである。

クーリングオフは，訪問販売だけではなく，割賦契約やマルチ商法，現物まがい商法，海外先物取引，宅地建物取引，投資顧問契約などで行使することができ，消費者法のもっとも重要な制度となっている。

② **抗弁権の接続**　たとえば，Aは婚礼家具セットを90万円で購入し，家

具店との間でクレジット契約をした。引き渡しは，吉日である3週間後に配達してもらうことになった。代金は，クレジット契約によりB信販会社に毎月5万円支払う約束になった。ところが，家具店はそれから間もなく倒産し，Aは家具を引き渡してもらえなくなった。しかし，B信販会社は，毎月の賦払金を支払えと請求してきた。この場合，Aは家具の引き渡しも受けていないのに，代金を払わなければならないだろうか。

　Aが家具点に主張できること（抗弁）が，B信販会社に主張できるか，が問題である。信販会社は，消費者と事業者間の売買契約から生じたトラブルにまきこまれたくないので「いかなる事由があっても販売店と買主の間で生じた問題を理由として，買主は支払いを怠らないこと」といった契約条項を設けることがある。これは，商品の売買（これはAと家具店の問題）と金銭の貸借（これはAとB信販の問題）を分けて考えることであり，法形式的には当然のことのようである。しかし，消費者としては，これを一体と考えるのがふつうだから，家具の引き渡しもないのに代金を支払えないと主張するのである。割賦販売法は，事例のような場合に，AのB信販会社への支払い拒絶を認め，これを立法的に解決している（割賦販売法30条の4）。Aは家具店に主張（抗弁）できることを，信販会社にも主張できるので，これを「抗弁権」の接続という。つまり，法は消費者の現実感覚に合わせて，取引を一体としてみているのである。

⑶　**消費者法の課題とは**

　最後に，消費者法の現実的課題をいくつかあげておこう。まず，情報公開制度の整備，充実があげられる。また世界の国々に比較して遅れている消費者信用法の立法がもとめられ，司法制度では，クラスアクションや懲罰賠償の検討が課題となっている。さらに，消費者利益を確保するための，行政の横断的なシステムも求められている。

第5章

土地と建物

　土地は，人間の生活と生産活動にとって不可欠の基礎である。しかも，土地は，他の物とは異なったさまざまな特殊性をもっている。第一に，土地それ自体は労働生産物ではない。自然的条件として人間に与えられたものである。第二に，土地は有限なものであり，独占的性格をもつ。第三に，土地はその位置が不動であって，代替性をもたない。第四に，土地は周囲において他の土地と連続しており，土地利用は互いに密接な関連性をもっている。第五に，土地は多面的な使用価値をもっている。

　このように，土地は，他の物（商品）とは違った特殊性をもっているが，近代民法は，土地所有権を他の商品所有権と区別することなく私的所有権一般として扱っている。わが国の民法でもそれは例外ではなく，土地所有権独自の規定としては，土地所有権の限界規定と相隣関係の規定を定めているにすぎない。

　しかし，現代の土地所有権を中心とした土地財産権に対する諸法制の展開は，民法やその特別法といった土地私法の領域にとどまるものではなく，土地の所有と利用のあり方を基本にしながら，土地所有権と土地利用権との調整，土地市場における土地の投機的性格に対する規制，同種ないし異種の土地利用相互間における調整，各種の土地利用における利用価値の公共的序列づけ，さらには相隣関係，ニューサンスの発展と公害，都市問題への対処な

ど，多面的で重層的な課題への対応を迫られている。したがって，現代の土地財産権についての法構造は，土地私法，土地公法，さらには私法・公法の枠組を超えた，それ自体が独立した「現代土地法」の構造において理解されなければならない。

本章では，以上のことを念頭におきながら，不動産としての土地・建物の所有と利用に関する法制として，まず一般法である民法の諸規定について概説し，そのあとで借地借家法や農地法などの民法の特別法，さらにはその他の不動産関係法について概説する。

第1節 物 権

1．物権とは何か

物権とは物（有体物）を直接に支配する権利のことである。直接にというのは，他人の行為を媒介することなしにということであり，特定の人の行為を媒介として目的が実現される債権とは本質的に異なる。物権には，絶対性・直接支配性・排他性という3つの性質がある。また，物権の効力としては，優先的効力と物権的請求権の二つがある。

(1) 優先的効力

①物権は排他性を有するから，物権相互間では先に成立した物権が後の物権に優先することになる。

②同一物について物権と債権が併存している場合は，物権が債権に優先する。ただし，不動産賃借権は債権であるが，登記を備えていればその後に成立した物権に優先する。

(2) 物権的請求権

物権は物を直接かつ排他的に支配して利益を享受する権利であるから，物の支配が妨害されている場合には，妨害している者に対して妨害の排除に必要な行為を請求できる。これを物権的請求権という。物権的請求権には，目的物返還請求権，妨害排除請求権，妨害予防請求権の三つがある。

2. 物権の種類

物権は，民法およびその他の法律により定められたもの以外は当事者の契約によって自由に創設することができない。これを物権法定主義といい（民175条），民法は，占有権，所有権，地上権，地役権，永小作権，入会権，留置権，先取特権，質権，抵当権の10種類の物権を法定している。所有権以外の物権（占有権を除く）は，特定の目的のために物を一面的に支配できる権利であって，ある限られた範囲で物を支配できるにすぎないから，制限物権とよばれる。また，制限物権は，他人の土地を特定の目的のためにのみ使用収益できる用益物権（地上権，地役権，永小作権，入会権）と債権を担保するために物の交換価値を支配する担保物権（留置権，先取特権，質権，抵当権）とに分類される。

3. 各物権の内容

(1) 占有権

占有権とは，物を事実上支配しているという状態を法的に保護する権利であって，自己のためにする意思をもって物を所持することによって占有権が成立する（民180条）。

(2) 所有権

所有権とは，目的物を法令の制限内において，自由に使用，収益，処分する権利であり（民206条），他の物権（用益物権や担保物権）とは異なり，物を全面的に支配できる権利である。なお，土地の所有権の範囲について，民法は，法令の制限内において土地の上下におよぶと規定している（民207条）。

(3) 用益物権

①地上権とは，他人の土地において工作物または竹木を所有する目的のために，その土地を使用する用益物権である（民265条）。工作物とは，建物・橋・トンネル・テレビ塔などの建造物をいう。

②永小作権とは，小作料を支払って，耕作または牧畜のために他人の土地

を使用する用益物権であるが（民270条），農地改革以後は永小作権のある農地が原則として小作人の自作地になったために，現在ではほとんど残っていないといわれる。

③地役権とは，自己の土地（要役地）の便益のために，他人の土地（承役地）を使用する物権である（民280条）。他人の土地を通行したり，他人の土地から引水したりするために，他人の土地の上に設定される権利である。

④入会権とは，一定地域の住民が，山林や原野において雑草や製炭材料などを共同で採取する慣習上の権利である（民263条，294条）。

(4) 担保物権

①留置権とは，たとえば，時計の修理をした者は，修理代金の支払をうけるまではその時計を留置することができる法定担保物権である。

②先取特権とは，たとえば，家屋を貸した家主は，借家人がその家屋に備えつけた動産から家賃を優先的に取り立てることができる法定担保物権である。

③質権とは，設定者が目的物の占有を質権者に移し，債務が履行期に弁済されなければ，その代金の中から他の債権者に優先して弁済を受けることのできる約定担保物権である（民342条）。目的物を設定者から取り上げ，弁済を間接的に強制するところにその特色がある。

④抵当権とは，目的不動産（ときには地上権）をそのまま設定者に利用させ，その交換価値を支配する最も典型的な約定担保物権である（民369条）。

第2節　不動産の所有と法

1．土地と建物

民法は，権利の客体としての物について，土地およびその定着物である不動産とそれ以外の物である動産とに区別している（民86条）。ヨーロッパ諸国では，不動産は原則として土地に限られているが，わが国の民法は建物その他土地の定着物を不動産とし，しかも土地と建物をそれぞれ独立の不動産と

してあつかっている。したがって，土地と建物は独立して譲渡され，債権の担保に供される。

2．土地所有権の制限

前述したように，土地は，人間の生活と生産活動の絶対不可欠な基礎であり，他の物とは違った特殊性をもっているが，近代市民社会においては，土地も私有財産として私的所有権の客体となり，他の物に対する私的所有権と区別されることなく民法の所有権一般のなかに包摂されている。

民法は，所有権について，原則として「自由に其の所有物の使用，収益及び処分を為す権利」であると規定し，土地所有権も含めて目的物に対する全面的・包括的・排他的な支配権として構成している。

しかし，とくに第2次世界大戦後，所有権の社会性・公共性についての観念が強まるなかで，日本国憲法においても，「財産権の内容は，公共の福祉に適合するやうに，法律でこれを定める」，さらに「私有財産は，正当の補償の下にこれを公共のために用ひることができる」と規定し，それを受けて民法も第1条で私権の公共性・信義則・権利濫用の禁止について規定している。また，昭和30年代から本格的に展開する高度経済成長は，都市問題をはじめ，住宅問題，環境問題などの社会問題を生み出し，土地所有権に対する公法上の制限がとられるようになった。

(1) 相隣関係

土地はそれぞれが隣地と接して存在しているため，その土地の利用は隣接する土地に対して影響を及ぼすことは避けられない。そこで，隣接しあう土地所有者相互の所有権の行使（利用）を調整する必要から相隣関係の規定が置かれている。民法では，隣地使用権，隣地通行権，水に関する相隣関係，境界に関する相隣関係，建物築造に関する相隣関係，境界をこえる竹木に関する相隣関係，観望に関する制限，地中工事に関する制限などについて規定している（民209条—238条）。

(2) 不動産に対する公法上の制限

不動産所有権は、各種の公法上の法令によって制限を受けている。たとえば、防火・防災や交通・通信などのための制限（消防法や道路法）や、農地法による農地所有権の移動制限などである。また、土地の合理的な利用を図ることを目的として、国土利用計画法・都市計画法・建築基準法・土地収用法などが不動産の利用・処分に制限を加えている。これらの不動産関係法については、第6節で述べる。

第3節　不動産の利用と法

1. 不動産利用権としての地上権と賃借権

わが国の法制では、前述したように、土地と建物はそれぞれ独立の不動産として権利の客体となる。したがって、土地所有権とその土地上の建物所有権が別個の人に帰属する場合には、建物所有権の基礎として何らかの土地利用権が設定されなければならない。建物所有を目的とする土地利用権としては、物権としての地上権と債権としての不動産賃借権（使用借権もあるが重要ではない）の二つが重要である。

(1) 地上権

地上権は、前述したように、他人の土地において工作物（建物、橋、電柱、ガソリンスタンドなど）または竹木（植木の目的となる木など）を所有するためにその土地を使用する権利であり、物権的利用権の代表である。地上権は物権であるから、自由に譲渡でき（民272条）、抵当に供することもできる（民369条2項）。また、土地が売却されて地主が変わった場合でも、登記があれば新地主に対抗できる。地主が登記に協力しない場合は、訴訟によって登記を強制できる。

なお、昭和41年に民法269条ノ2が新設され、区分地上権の制度が創設された。区分地上権とは、地下または空間の上下の範囲を区切って、工作物を所有する目的で設定される地上権である。近時の建築材料および建築工法の

進歩によって土地利用の立体化がもたらされ，土地の上空または地下を区切って地表とは別個に用益権の対象とする制度が要請されることになったからである。

(2) **不動産賃借権**

不動産賃借権は，当事者の一方が相手方に土地・建物などの物を使用および収益させることを約束し，相手方がこれに賃借料を払う契約（民601条）によって発生する権利であり，民法上は賃借人が賃貸人に使用，収益させることを請求できる債権的利用権として構成されている。そのため，登記があれば新地主に対抗できるが，地主が登記に協力しない場合は登記を強制できず，地主が交代すると，賃借人は賃借権を新地主に対抗できない。また，債権であるために譲渡・転貸は賃貸人の承諾を必要とし（民612条），担保に供することもできない。さらに，賃借権の存続期間は，最長で20年でなければならず（民604条），存続期間を定めなかったときは当事者がいつでも解約の申入れをすることができる（民617条）。

このように，民法上の賃借権は地上権と比べて，対抗力・存続期間・譲渡性について極めて弱い利用権であり，賃借人にとっては長期の安定的利用を必要とする建物所有の場合であっても，地主と賃借人との力関係によって，地主の土地所有権を制約しない賃借権が設定されることがほとんどであった。そのために，賃借人は賃貸人が変わるごとに建物の除去を迫られ，地代の値上げを要求されるという地震売買の弊害が社会問題となり，特別法による不動産利用権の保護が図られることになった。

2．特別法による不動産利用権の保護

不動産利用権についての特別法としては，建物保護法（明治42年），借地法（大正10年），借家法（大正10年），農地調整法（昭和13年），借地法改正（昭和16年）・借家法改正（昭和16年），農地法（昭和27年），借地法改正・借家法改正（昭和41年）などがある。大別すると，借地・借家に関する特別法と農地に関する特別法に分かれる。

120　第5章　土地と建物

(1) 借地・借家に関する特別法と借地権・借家権の保護

①明治42年に制定された建物保護法は，地上権および土地賃借権に登記がなくても，借地上の建物についての登記があれば新地主に対抗できると規定し（1条），地震売買の弊害を除去することで土地利用権保護の第一歩を踏み出した。

②大正10年には借地法が制定され，「建物ノ所有ヲ目的トスル地上権及び賃借権」を借地権と定め（借地法1条），その存続期間が長期化されるなど（堅固の建物は60年，その他の建物は30年，借地法2条），賃貸人の承諾なしには賃借権を譲渡・転貸できないこと以外の点では物権とほとんど差異がなくなった。

③大正10年に借地法とともに制定された借家法は，建物の賃貸借について，その賃借権の登記がなくても建物の引渡があれば，その後その建物について物権を取得した者に対抗できるとした（借家法1条）。

④昭和16年の借地法の改正によって，地主は「正当ノ事由」がなければ借地人からの契約更新請求を拒絶することができないことになった（借地法4条）。

⑤昭和41年の借地法の改正によって，裁判所が地主の承諾に代わる許可を与える制度が新設された（借地法9条ノ2）。

このように，賃借権は債権的利用権であるけれども，建物所有を目的とした土地利用権としては，対抗力・存続期間・譲渡性において物権的性格を強化されている。この現象を不動産賃借権の物権化という。

(2) 農地法と農地賃借権の保護

農地に関する特別法としては，農地改革の成果を維持する目的で昭和27年に制定された農地法がある。農地法が適用される農地とは，「耕作の目的に供されている土地」であり（農地法2条），農地であるかどうかの判断は，登記簿上の記載ではなく，土地の現況によって決まる（現況主義）。

農地の利用権としては，民法上，物権としての永小作権と債権としての賃借権があるが，戦前の地主・小作関係にみられるように，賃借権が設定され

るのがほとんどであった。そのため，農地法は，農地改革で創設された自作農を維持するために，農地の権利取得を耕作者である農民に限定するとともに（農地法3条），農地の転用を規制した（農地法4条，5条）。また，農地改革で残存した小作地の賃借権を保護するために，制定当初の農地法は新規の農地賃貸借を含めて農地の賃貸借関係を，以下のようにきびしく規制している。

①農地の賃借権は，農地の引渡があれば第三者に対抗できる（農地法18条）。

②期間の定めがある賃貸借の場合は，期間満了前に更新拒絶の通知をしなければ自動的に契約が更新される（農地法19条）。

③解約の申入れと更新拒絶，さらに解除と合意解約については知事の許可を受けなければならず，知事は一定の正当の事由がなければ許可をしてはならない（農地法20条）。

④小作料についても，最高額の統制，定額金納制などがとられた。

(3) **農地賃貸借の規制緩和**

農地賃貸借についての農地法の厳しい規制は，昭和45年の農地法の改正以降，借地による経営規模拡大を図るために漸次緩和されるとともに，農振法の一部改正（昭和50年）で創設された農用地利用増進事業によって，農地法の規制が適用除外される利用権（短期賃貸借）の設定を可能にした。この利用権は，市町村の関与のもとで設定されるもので，農地法19条の法定更新の適用などが除外され，契約期間の満了によって契約が終了することになる。この利用権設定事業は，昭和55年の農用地利用増進法，平成3年の農業経営基盤強化促進法に引き継がれ，現在に至っている。

3．現行借地借家法と借地権・借家権

平成3年に制定された現行借地借家法は，旧来の建物保護法，借地法，借家法の3法についての見直しを行い，一つの法律に統合したものである。定期借地権制度の新設にみられるように，不動産賃借権の多様性を認めて，借地供給の増大を図ろうとするねらいがあるといわれている。

(1) 借地権

借地権には，更新の可能性のある「普通借地権」と更新が認められない「定期借地権」の二つがある。

①「普通借地権」は，旧借地法の借地権を原則として継承したものであるが，当初の存続期間は，建物の種類を問わず一律30年である。

②「定期借地権」は，平成3年の借地借家法の制定において新設された更新権のない借地権であるが，一般定期借地権，建物譲渡特約付借地権，事業用借地権の3種類に分かれる。

(a) 一般定期借地権は，存続期間が50年以上，契約の更新がないこと，建物再築による期間の延長がないこと，借地権者が建物買取を請求しないことをあわせて特約することによって設定することができる。したがって，存続期間が満了したときは，借地権者は建物を取り壊して土地を明け渡さなければならない。

(b) 建物譲渡特約付借地権は，借地契約とともに建物譲渡特約をして，存続期間が満了したときに建物を借地権設定者に帰属させるタイプの定期借地権であり，借地権者の投下資本の回収を可能にするものである。

(c) 事業用借地権は，居住用の建物を除く事業用の建物の所有を目的として，存続期間が10年から20年までの期間で，公正証書によって設定契約がなされるものであり，存続期間の満了によって事業用借地権は確実に終了し，借地権者は建物を収去して土地を明け渡さなければならない。

(2) 借家権

借家権とは，他人が所有する建物を賃借する権利であり，その建物が事業用であるか居住用であるかによる区別はなく，建物の賃貸借であればそのすべてが借家権であり，借地借家法の適用がある。平成3年の借地借家法の制定で，「期限付建物賃貸借」の制度が新設された。この期限付借家には，賃貸人不在期間の借家と取り壊し予定の建物の借家がある。なお，借家権についても，定期借地権のように更新権のない借家権の導入が検討されている。

①賃貸人不在期間の借家は，転勤や療養その他のやむを得ない事情によっ

て，建物を一定期間自己の生活の本拠として使用することが困難であり，その期間の経過後は生活の本拠として使用することが明らかな場合において，その一定期間を確定して建物の賃貸借期間とする場合に限って，契約を更新しない旨の特約が認められるものである（借地借家38条ノI）。

②取り壊し予定の建物の借家は，法令または契約により一定期間を経過した後に建物を取り壊すべきことが明らかな場合，建物の取り壊し時に借家契約が終了する旨の特約が認められるものである（借地借家39条ノ1）。

第4節　不動産取引と法

不動産の取引には，不動産の売買などの不動産の所有権の取得を目的とするもの，不動産の上に地上権・賃借権などの用益権や抵当権・質権などの担保権の設定を目的とするものなどがあるが，不動産の売買が不動産取引の代表であることは言うまでもない。不動産の売買では，売買契約を締結する場合にどのような点に注意したらよいか，契約の履行についてはどうか，また，相手方が契約に違反した場合にはどのような法的手段をとることができるかなどが問題になるが，これらの点については「第4章　取引と契約」で取り上げられているので，以下では不動産の売買と登記，取引業者の規制について述べる。

1．不動産の売買と登記
(1)　公示手段としての登記

私たちは，特定の土地や建物が誰の所有であるかをどのようにして知ることができるであろうか。たとえば，建物の表札にAと書かれていれば，その建物はAの所有と考えてよいであろうか。Aはその建物を借りて住んでいるかも知れないから，そのように断定することはできない。また，土地や建物を購入した場合，その土地や建物にはすでに抵当権が設定されていて，抵当権が実行されると，買主はその土地や建物の所有権を失ってしまうおそ

れがある。そこで，土地を購入するに際しては，その土地の所有者は誰であるか，その土地に抵当権が設定されているかどうかについて土地登記簿で確かめる必要がある。

(2) **登記の第三者対抗力**

不動産に関する物権の得喪および変更は登記がなければ第三者に対抗できない（民177条）。たとえば，Bが，A所有の土地を購入するためAとの間で売買契約を締結したが，Aがその土地をCに二重に譲渡してしまい，しかもCのほうが先に移転登記を済ませてしまったとすると，Cが最終的に完全な所有者となる。したがって，不動産を購入した場合は，できるだけ早く登記を済ませる必要がある。

(3) **登記の公信力**

不動産の取引にあたっては，登記簿を調査するだけでは十分でなく，登記名義人が真の所有者であるかどうかという実体的権利関係をも調査しなければならない。なぜなら，わが国では，登記簿上の所有者（登記名義人）を真の所有者であると信用して取引しても，登記には公信力が与えられていないために保護されないからである。なお，動産の占有には公信力が認められるから，善意で動産の占有を始めた者は，前主が無権利者であっても動産の所有権を取得できる（民192条，善意取得制度）。

(4) **不動産登記簿の仕組み**

不動産登記簿には，土地登記簿と建物登記簿の二種類があって，誰が所有者であるか，その不動産に抵当権や地上権が設定されているかについて帳簿に記載されており，閲覧できることになっている。また，一筆の土地または一個の建物ごとに一用紙が用いられ，登記用紙は，表題部，甲区，乙区に分かれている。

①表題部には，土地または建物の現況の表示に関する事項が記載されている。土地については，土地の所有地番・地積・所有者の氏名・住所，建物については，建物の所在地番・家屋番号・種類・構造および床面積・所有者の氏名・住所，などである。

②甲区・乙区

　甲区には，所有権に関する事項とその順位が記載されている。乙区には，所有者以外の権利に関する事項とその順位が記載されている。したがって，所有者が誰かを確かめる場合には甲区を，抵当権や地上権が設定されているかどうかについては乙区を調査する必要がある。

(5) 不動産の取引業者に対する規制

　宅地，建物などの不動産は，国民にとって貴重かつ高額な財産である。したがって，不動産の取引にあたっては公正の確保が重要になる。そこで，宅建業法などで，不動産取引の業務が正しい実務上および法律上の知識を持った者によって適正に行われるように，営業資格の限定（免許制度，宅地建物取引主任制度）や営業上の各種の規制（営業保証金制度など），さらには監督等の措置などを定めている。

第5節　不動産の担保制度

　民法は，債権者に，債権の効力として，債務者から任意の履行を受ける資格（債権の請求力）と債務者が任意に履行しない場合に強制的履行を受ける資格（債権の訴求力と執行力）とを保証している。そして，これらの債権によって債権者が把握できる債務者の財産は，債務者の総財産（一般財産）である。しかし，債権には債権者平等の原則が存在し，各債権は，その発生原因・発生時期・金額などに関係なく，すべて原則として平等という取扱いを受ける。したがって，一人の債務者に対して数人の債権者がいる場合には，債務者の総財産が全債権者の共同の担保ということになるから，債務者の総財産が総債務額を上回っているときには問題はないが，それを下回るときは，各債権者は債権額の割合に応じて分配を受けることになってしまう。そこで，債権者平等の原則に対する制限が要請され，特定の債権が優先的に弁済を受けることができる債権担保（物権担保）の制度が創設されることになる。

　民法が定めている不動産を担保にして融資を受ける制度（物的担保制度）と

しては，不動産質権と抵当権がある。また，民法上の典型担保に対して非典型担保といわれるものに譲渡担保，仮登記担保，所有権留保などがある。

1．抵当権と不動産質権

　抵当権は，前述したように，債務者または第三者が目的不動産（ときには地上権・永小作権）を債権者に引き渡さないで債務の担保に供し，債務が弁済されないときは目的物から他の債権者に先だって優先弁済を受ける権利であり（民369条），約定担保物権の代表である。不動産質権は，目的不動産の占有を設定者から奪い（民263条），その留置的効力によって債務の弁済を間接的に強制するとともに，弁済のない場合にその目的不動産から優先的に債権を回収することができる権利である（民342条）。このように，抵当権と不動産質権の違いは，目的不動産の占有を設定者に認めるか否かにあるといってもよい。そのため，不動産質権を設定した債務者などは目的不動産の使用・収益ができず，特に企業の生産手段や生産資材などは質権の目的物としてふさわしくない。それに対して抵当権は，目的不動産を債務者または第三者のもとにおいて，目的物をそのまま使用・収益させることができ，目的物の交換価値だけを把握することになる。民法上の抵当権は，質権のような物の留置的効力を回避して，物の交換価値支配権として純化したところに，近代的信用に適合できたといえよう。

2．不動産の譲渡担保

　不動産の譲渡担保とは，担保の目的である不動産の権利（特に所有権）を債務者または第3者が債権者に移転し，債務が弁済されると設定者に復帰するが，債務不履行のときは権利が確定的に債権者に帰属する担保制度である。

3．買戻と再売買の予約

　買戻とは，不動産の売買契約において買戻の特約を同時に行い，売買による所有権移転登記の付記登記によって公示する債権担保の方法であるが，厳

格な要件が要求されることから余り利用されていない。

再売買の予約とは，不動産の売買契約において，たとえばAが不動産をBに売却し，将来，BがAにその不動産を売り渡すことを予約し，仮登記によって公示するものであり，債権担保の目的で行われる。

4．仮登記担保

債務の履行期に弁済がない場合に，不動産の所有権などを債権者に移転することを約束し，この権利を仮登記によって公示する債権の担保制度である。昭和53年に「仮登記担保契約に関する法律」が制定されている。

5．不動産の所有権留保

売買代金を完済する前に不動産の占有を売主から買主に移転する売買において，売買代金債権の担保のために，その不動産の所有権を売主が留保する担保制度である。なお，宅地建物取引業者が自ら売主となって宅地または建物の割賦販売を行った場合の所有権留保は，宅地建物取引業法43条で禁止されている。

第6節　その他の不動産関係法

本節では，これまで取り上げてこなかった不動産に関係する諸法制について，その概要を述べる。

1．土地基本法

土地基本法は，土地に関する憲法ともいうべき法律であり，平成元年12月に制定された。この法律は，基本理念を定めるとともに，国・地方公共団体・事業者ならびに国民の責務を明らかにし，基本的施策となる事項を定め，適正な土地利用の確保，正常な需給関係，適正な地価の形成を図るための総合的土地対策を推進することを目的としている。

具体的には，憲法29条2項を受けて，土地について公共の福祉の優先をかかげ，土地が公共財であることを確認している。また，土地の適正な利用を図るために「土地利用計画」に従った利用，土地利用の規制に関する措置，計画に係る事業の実施その他の措置，地価の高騰を制止するための土地投機取引の抑制，公的な土地評価の適正化などを定めている。

2．国土利用計画法

国土利用計画法は，戦後2回目の地価高騰期の1974年に制定された法律である。この法律は，「国土利用計画」の策定とともに，「土地の取引の規制」を定めているが，なかでも「監視区域」の指定とそれに基づく「取引価格のコントロール」が地価抑制効果を期待された。

3．公有地拡大法

公有地拡大法は，「都市の健全な発展と秩序ある整備を促進するために必要な土地の先買いに関する制度」を整備することなどを目的として，昭和47年に制定されたものである。

4．建築基準法

建築基準法は，第1章の目的に「建築物の敷地，構造，設備及び用途に関する最低の基準を定め」とあるように，建築活動を規制する最も基本的な法律であり，前身の市街地建築物法が昭和25年に建築基準法に改められて現在に至っている。

5．都市計画法

現行の都市計画法は，昭和43年に制定された法律である。無秩序な開発による都市のスプロール化は，過密，公共施設の欠落，公害の発生，農業の荒廃などを発生させるため，それらを防止するために土地利用計画の策定と開発規制によって，計画的で秩序ある都市化を図ろうとするものである。

6．都市再開発法

都市再開発法は,「市街地の計画的な再開発に関し必要な事項を定めることにより,都市における土地の合理的かつ健全な高度利用と都市機能の更新とを図る」ために,昭和44年に制定された法律である。

7．土地収用法

1951年に制定された土地収用法は,「公共の利益となる事業に必要な土地等の収用又は使用に関し,その要件,手続及び効果並びにこれに従う損失の補償等について規定」し,土地の私権制限を表す最も典型的な法律である。

第7節　土地税制

土地を売ったり買ったりした場合や,土地を相続したり贈与したりした場合などには各種の税金がかかる。そこで,以下では,土地を売った場合にかかる税金,土地を買った場合にかかる税金,土地の相続や贈与の場合にかかる税金,土地の保有にかかる税金について,その概要を述べる。

1．土地を売った場合の税金

土地を売って得た所得にかかる主な税金は,売った人が個人か法人か,個人が業として得た所得であるかによって異なる。

(1) 個人に対する税金

まず,国税として,個人が営業としてではなく,所有する土地などを売って得た所得については譲渡所得として所得税がかかる。不動産売買業者のように営利目的で継続的に不動産を譲渡する場合には,事業所得または雑所得として所得税が課税される。次に,地方税として,道府県内に住所を有する個人に対しては,均等割と所得割によって道府県民税と市町村民税の住民税と,事業税が課税される。

(2) **法人に対する税金**

　法人がその所有する土地を売った場合には，譲渡益に対して法人税がかかる。また，地方税としては，法人には均等割のほか，法人税の対象となる所得を基準に法人税割による住民税と事業税がかかる。

2．土地を買った場合の税金

　土地を買った場合にかかる主な税金には，不動産取得税や特別土地保有税などの地方税と，買った土地を登記する際にかかる登録免許税などがある。

3．土地の相続や贈与と税金

　相続・遺贈，または贈与によって土地を取得した場合には，相続税または贈与税がかかる。また被相続人等や贈与者にも，例外的に所得税または法人税がかかることがある。なお，土地を相続してその名義を変更する場合には，登録免許税がかかる。

　農地の相続または贈与については特例があり，相続税または贈与税の納税を猶予する納税猶予制度がある。

4．土地の保有に対する税金

　土地の保有者にかかる税金には，地方税の固定資産税，特定地域にある土地にかかる都市計画税，一定面積以上の土地保有に対する特別土地保有税がある。

第 6 章

損害と賠償

　われわれは物質的に豊かでかつ便利な生活を営んでいるが，反面①食品公害（有毒物が混入している食物を食べて病気になったり），②交通事故（他人が運転する乗用車とぶつかり事故にあったり），③土地工作物による事故（道路を歩いているときに頭上から物が落ちてきて大怪我をしたり），④営造物の設置・保存の瑕疵によって生じる事故（国償法2条），⑤医療事故（医師の誤った治療行為によって，患者の病気が悪化・死亡する），⑥労働災害（従業員が仕事場で機械に挟まれ大怪我をする），⑦学校事故（学校に預けていた子供が授業時間中，教師の不注意で死傷したり），⑧製造物責任（購入した商品に欠陥があって損害を被ったり），⑨マスコミによる人格侵害（名誉・プライバシー権への侵害），⑩公害（大気の汚染，水質汚濁，騒音，振動，悪臭，日照，通風，眺望侵害）等，多くの危険に取り囲まれている。

第1節　事故と責任

1．民事責任・刑事責任・行政責任

　事故が発生した場合，どのような責任が発生するのであろうか。これを自動車事故の場合について考えてみよう。たとえば，Aが運転を誤り，Bを死傷させたとしよう。この場合，Aには三つの法律上の責任が発生する。第一

は，刑事上の責任（業務上過失致死傷—刑法211条），第二は，行政上の責任（運転免許の取消し，停止等—道路交通法103条），第三は，民事上の責任（民709条）である。この第三の責任がいわゆる不法行為責任といわれるものである。

2．刑事責任と民事責任（分化と相違点）

　民事責任といった場合，広く民事上の損害賠償責任一般をさすが，通常，債務不履行責任を除き，それは不法行為責任と同義に解されている。ある人が違法な行為によって他人に損害を与えた場合，刑事上の責任と民事上の責任が発生する。この二つの責任は，近代社会に入って初めて分化したといわれている。

　刑事責任と民事責任の相違は次の点にある。①刑事責任は，犯罪者の反社会的行為に対する制裁を目的とする行為者の社会に対する責任であるのに対して，民事責任は，被害者に生じた損害を填補することを目的とする行為者の加害者に対する責任である。②刑事責任は行為者の悪性を追求し，その道義的責任を問うことから行為者の主観的事情が重視される。だから，刑法では原則として故意犯だけが処罰の対象となり，過失犯が処罰されるのは例外である。これに対して，民事責任は被害者の受けた損害の填補を主たる目的としていることから，行為者の主観的容態（故意・過失）はそれほど重視されない。③刑事責任は，国家が個人の責任を刑罰という強力な制裁でもって追求するものである。よって，国家権力の恣意から個人の自由を保障するため，その適用に当たっては厳格でなければならないが，民事責任は，民法709条にみるように，構成要件は穏やかなものになっている。④刑事上の過失は刑罰に値する過失となるのに対して，民事上の過失は，損害の公平なる分担という指導理念に基づいて判断されるので，刑事過失より認定されやすい。⑤裁判上，両者は完全に分離される。すなわち，刑事責任を追求するのが刑事裁判であり，民事責任を追求するのが民事裁判である。

第2節　不法行為法の構造と被害者の救済

1．不法行為法の構造

　民法709条は，加害者が故意または過失によって，他人の権利を侵害し，その結果，損害が発生したときには，加害者は被害者に対してその損害を賠償しなければならない，と規定している。この規定をみると，不法行為によって責任を負うのは，過失によって他人に損害を与えた直接加害者に限っているように思われる。しかし，直接行為者以外の者が自己の過失として，他人の加害行為，物による行為について，不法行為責任を負わなければならないこともある。たとえば，責任能力のない未成年者・心神喪失者等が他人に損害を与えたとき(民714条)，被用者が第三者に損害を与えたとき(民715条)，加害者の行為を媒介としない土地工作物責任(民717条)，動物責任(民718条)等の場合には，それぞれ監督義務者および代理監督義務者，使用者，所有者・占有者，保管者等が責任を負わなければならないことになっている。前者を一般的不法行為といい，後者を特殊不法行為という。

2．過失責任主義から無過失責任主義へ

　過失責任主義というのは，加害者に過失がなければ責任を負わなくてもよいという考え方である。なぜ，民法はこうした過失責任主義をとったのであろうか。その理由は，①原因主義・結果責任主義は市民社会の生活になじまない，②経済活動の自由をできるだけ広く保障するため(権利行使自由)，③個人の意思に重点をおくため，いわゆる意思理論の反映という点にある。この過失責任主義は，予測と計算の可能性を明確にし，私的自治の原則を背面から支える制度として重要な役割を果たしている。かくして，この過失責任主義は，企業の自由なる経済活動を保障し，資本主義社会の発展に大きく貢献することになる。しかし，科学技術の発展に伴い我々の身近に危険物(たとえば，公害—大気汚染・水質汚濁・騒音・振動，食品，薬品，自動車，航空機，新幹線等)が

増大しており，こうした新しい不法行為類型の場合，従来の「過失」論では，被害者の過失の立証が難しく，被害者の救済が充分に行われないことが起こり得る。そこで，こうした事態を克服するため，過失の解釈上の工夫（過失責任～過失の推定～過失の立証責任の転換）や無過失責任の立法化が行われている。現在のところ，無過失責任立法として，鉱業法，原子力損害の賠償に関する法律，水質汚濁防止法，大気汚染防止法，国家賠償法（同2条2項），独禁法（同25条)，労働基準法（同75条以下）等が制定されている。特殊不法行為においても，無過失責任を実定法上適用し得るという解釈論が展開されている（民717条）。

なぜ，過失のない者が責任を負わなければならないのであろうか。その理由は，①報償責任（利益あるところに損失あり），②危険責任（危険なものを使用して他人に損害を与えた者は自ら責任を負わなければならない）にある，といわれている。

3．被害者の救済

(1) **損害の塡補（金銭賠償の原則）**　不法行為法の目的は，被害者の救済と損害の塡補にある。被害者の救済方法として事後の救済と事前の救済がある。事後の救済というのは，損害賠償（現に発生している損害を償う）のことであり，事前の救済というのは，差止請求（損害の発生を未然に防止したり，現に発生している加害態様を継続させないことも含む）のことをいう。ここでは前者のみを扱う。民法は，損害賠償の方法は，原則として，金銭賠償であるとしている（民722条1項）。損害の回復措置として，金銭賠償と原状回復が考えられるが，なぜ，民法は金銭賠償を原則としたのであろうか。その理由は，①原状回復による被害の救済には限度がある（たとえば，生命・身体等への侵害に適さない)，②金銭賠償には可分性があり，損害の分担に当たって，柔軟に対応することができる，③金銭賠償は最も強制執行が容易な財産権であり，被害者の救済として最も確実な手段であること等にある。しかし，金銭賠償（方式）によると，実際上，金銭の評価が困難であることが多く，また，金銭賠償の請求が卑俗に思われることもあり，原状回復が不可能な場合に金銭賠償をなすべきであ

る，という主張もなされている。

(2) 民事責任→保険制度→社会保障

　民事責任は加害者に賠償資力があるか否かによって左右される。すなわち，加害者に賠償資力があれば被害者は救済されるが，加害者に賠償資力がなければ，被害者は救済されないことになる。支払い方法としては，一時払いと，分割払いがある。しかし，いずれにせよ，加害者に賠償資力がなければ，被害者は救済されないことに変わりはない。たとえば，Aが乗用車の運転を誤ってBを死亡させ，Bに1億円の損害が発生したとしよう。この場合，Aが果たして1億円の賠償を支払うことができるであろうか。通常，Aにはこうした多額の賠償金を支払う能力がないであろう。他方，Bの側にとっても，Bが生活費の主たる担い手であるような場合には，Bの死亡によって遺族は直ちに生活困窮に陥ることになる。こうしてみると，Aの過失によって，Bが死亡した場合，いずれも被害者になるという事態が発生することになる。そこで，被害者の保護と加害者の責任の強化を図るために，保険制度が導入されることになる。保険制度といっても，被害者となるおそれのある者が自己防衛として，自らが保険料を支払う災害保険や生命保険等(任意責任保険―職業上の危険をカバーするものとして，医師，公認会計士，建築家等の賠償責任保険，生産物賠償責任保険，道路瑕疵賠償責任保険等)と他人に危険を与えるおそれのある者が強制的に加入する強制保険(強制責任保険―自動車損害賠償責任保険，原子力損害賠償保険，労働者災害補償保険等)などがある。前者は，被害者の損害の回復に一定の役割を果たすが，賠償資力の確保という点からみると，後者のほうが重要である。こうした保険制度は被害者の保護に寄与するところが大きいのであるが，被害者がそこから支払いを受けるためには，不法行為が成立していることが必要となる。もし，不法行為が成立しない場合には，社会保障のような別の救済方法が必要になってくる。

4．行政上の救済 (被害者救済制度・基金)

(1) 公害健康被害補償制度　これは，公害 (大気汚染・水質汚濁) によって，

被害を被った健康被害者を速やかに救済しなければならない，という社会的要請をうけて，昭和48年に制定された制度である。これは指定区域に一定期間居住し，あらかじめ指定された疾病にかかったとき，当該被害者に対して，一定の補償給付を行おうとするものである。この制度は公害健康被害者の救済に有効な役割を果たしてきた。しかし，近時，大気汚染が改善傾向にあることから，昭和62年に公害健康被害補償法が公害健康被害の補償等に関する法律に改正され，今後大気汚染によって地域住民が健康に被害を受けたとしても，この公害健康被害の補償に関する法律による救済は受けられないことになった。

(2) **予防接種被害救済制度** この制度は昭和51年に制定されたものである。予防接種法は，予防接種によって被害者が疾病にかかり，廃疾となったりまたは死亡したような場合に，それが予防接種と因果関係があると厚生大臣が判断した場合には，被害者は給付を受けることができると規定している（同法16条1項）。

(3) **食品・薬害被害者救済制度** 森永ミルク事件（『財団法人』ひかり協会），サリドマイド（財団法人サリドマイド福祉センター），スモン等の薬害が多数発生してきたのに伴って，昭和54年に医薬品副作用被害救済基金法が制定された。これによって，医薬品の副作用によって疾病・障害・死亡した被害者は，主として製薬会社から拠出された基金によって迅速な救済が受けられることになった。

(4) **犯罪被害者等給付金支給法** この法律は，犯罪被害者がいわれのない被害に会い，悲惨な生活を余儀なくされるのを放置しておくのは人道主義の見地からよくないとして，昭和54年に交付されたものである。

5．不法行為責任と契約責任

不法行為責任・契約責任はいずれも違法な原因で他人の権利（利益）を侵害することによって発生する法的責任である。たとえば，AがBの運転する車（タクシー）に同乗中，Bの不注意によって，怪我をしたとしよう。この場合，

AはBに対して，民事上二つの請求権を取得する。第1は，不法行為責任による損害賠償請求権であり，第2は，債務不履行による損害賠償請求権である。被害者はこのいずれの請求をすればよいのであろうか。これについては二つの考え方がある。一つは，第1・第2のいずれも請求できるとするものであり，他は，契約責任が成立する場合には，第2によるべきであるとするものである。前者を請求権競合説といい，後説を請求権非競合説＝法条競合説という。判例・通説は，前説（請求権競合説）を採用しているが，近時請求権非競合説が有力に主張されている。

第3節　不法行為法の基礎理論

1．一般的不法行為（民709条）の成立要件

　被害者が加害者に対して損害賠償を請求する場合，被害者の方で，1．加害者に故意・過失があること，2．加害者に責任能力があること，3．被害者の権利侵害があること，4．加害行為と損害発生との間に因果関係があることを立証しなければならない。

　(1)　**故意・過失**　故意とは，自己の行為が他人に損害を与えることを知りながら，なおかつそれを敢えてやるという心理状態をいう。たとえば，Aが他人を傷付けようとおもって殴り，他人が怪我をしたような場合である。しかし，運転者がこのまま自動車を運転して行くと人だまりのなかに突っ込むかも知れないと思いつつ，直進したところ，案の定，人だまりの中の1人に怪我をさせてしまったというような場合には運転者に未必の故意があったということになる。こうした故意・未必の故意という区別は民事上意味がない。

　過失とは，行為者が一定の結果の発生することを認識すべきであるのに，不注意のためそれを認識せず，ある行為をするという心理状態のことをいう，と解されている。過失責任の原則の下では，不法行為法における過失（注意義務の程度）は，当該行為者の能力を基礎にして判断されなければならないのである（具体的過失―自己の為めにすると同一の注意）が，不法行為法における過

失は，抽象的過失（一般人・標準人に要求される注意義務―善良なる管理者の注意）で足りると解されている。すなわち，過失の有無は行為者の職業・地位などに応じて，通常期待される程度の注意義務（予見義務・回避義務）を尽したか否かによって判断されることになる。

近時，公害や医療事故訴訟等において，加害者に高度の注意義務を課していることが注目される（この過失は古典的な意味での過失と異なり，「過失の衣を着た無過失」である，といわれている）。

(2) **責任能力** 過失責任主義の下では，故意・過失は行為者の意思活動に対する一種の法的非難原因として考えられるから，故意・過失の前提条件として，行為者に一定の知能ないし判断能力（責任能力）が必要となる。責任能力というのは，自己の行為が違法なものとして，法律上非難されるものであるということを認識しうる能力のことをいう。我が民法は責任無能力について二つの規定を設けている。一つは，未成年者に責任能力がない場合，行為者は不法行為責任を負わないとするものである（民714条）。責任能力の右定義によると，未成年者が責任能力を有しているかどうかの判断は難しいが，それぞれの場合において，種々の事情を考慮して判断されることになろう（たとえば，行為者の年令・教育・家庭環境・行為の態様等がその判断基準になろう）。単に年齢的にみると，通説・判例は，未成年者はほぼ12歳前後で責任能力を取得すると考えているようである。二つは，行為者が心神喪失中に行った行為につき，行為者は不法行為責任を負わないとするものである（民713条）。ここでいう心神喪失とは，最低限責任能力のないことをいい，行為者が行為時に心神喪失の状態にあればよいとされている。その挙証責任は行為者にある。

(3) **権利侵害―違法性** 民法709条は，「他人の権利を侵害」することが不法行為の一つの成立要件であるとしている。立法者はこの「権利」を広く解していたようであるが，初期の裁判例はこの権利を厳格に解し，既存の法律体系で認められている「権利」を侵害しない限り，不法行為は成立しないと解していた。その代表的事例は，雲右衛門事件とよばれる判決である（大判大3年7月4日刑録20輯1360頁）。すなわち，ある者が浪曲師雲右衛門が吹き込ん

だレコード盤を無権限で複製販売した事案において，大審院は，浪曲は低級音楽であって，それは著作権による保護の対象にはならないとして，不法行為の成立を否定した。この判決は，浪曲が吹き込まれたレコードに著作権を否定した点，権利を狭く解した点等が批判されることになる。その後，判例（大学湯事件―大判大 14 年 11 月 28 日民集 4 巻 670 頁）は，右判例の態度を改め，「大学湯」という老舗侵害に対して，厳密には権利（侵害の対象は一つの具体的権利，たとえば，所有権・地上権・債権・無体財産権等）でなくてもそれが法律上保護されるに値する利益であればよいとして，不法行為の成立を認めている。この判決は，「権利侵害」から「違法性」へと不法行為の成立要件を改めた画期的な判決として高く評価されている。この判例の動きに合わせて，学説も権利侵害から違法性へと展開する。それによると，権利侵害というのは違法行為の徴表であり，権利侵害がなければ不法行為が成立しないというほど本質的に強い要件ではなく，加害行為に違法性があれば，不法行為は成立するというものである。これを受けて，その後違法性は被侵害利益（物権的利益・債権的利益・人格権的利益等）と加害行為の態様（刑罰・取り締まり法規違反行為，公序良俗違反行為，権利濫用行為等）との相関関係から判断すべきであるという考え方が支配的となり，それが圧倒的支持をうけて今日の通説となっている。しかし，近時この違法性理論に対して批判がなされている（新違法性理論・権利拡大説）。

(4) **因果関係** 因果関係とは，二つの事象における原因・結果の関係を言う。従来，不法行為において，因果関係は不法行為の成立要件としての因果関係（事実的因果関係）と損害賠償の範囲を確定するための因果関係（賠償範囲）を含むものとして論じられてきた。

 a **事実的因果関係** かつては加害態様が割合明確であったことから，不法行為の成立要件としての因果関係について余り論じられてこなかった。しかし，最近公害をはじめとして，医療事故や薬品事故等による訴訟が増加し，事実的因果関係の有無が裁判上の重要な争点となり，その有無が訴訟に決定的な影響を及ぼすことになる。こうした事案での被害者の因果関係の立証は極めて難しいことから，学説・判例は，被害者の因果関係の立証責任を軽減

するためのいろいろな解釈を展開している（蓋然性説・間接反証・疫学的因果関係等）。

　　b　賠償範囲　判例は損害賠償の範囲について、当初、裁判官の自由心証による判断に委ねていたが、その後不法行為による損害賠償の範囲につき債務不履行による損害賠償の規定を類推して決すべきであるとしている。学説も同様に解している。しかし、最近、通説・判例に対して、相当因果関係説は多義的(成立要件としての因果関係、損害賠償の範囲、損害評価の問題を含む)であり、実務上も損害賠償の範囲を定める基準とはなっていないという強い批判がなされている。

　(5)　**損害の発生**　損害賠償というのは、前述したように、被害者に発生した損害の回復を図ることを目的とする。したがって、不法行為があっても被害者に現に損害が発生していなければ、損害賠償請求権は発生しないことになる。問題は何をもって損害というかである。学説・判例は損害の種類について何等限定を加えていない。通常、損害は大きく財産上の損害（物的損害・積極的損害―治療費・葬式費用・通院費、休業補償等、消極的損害―得べかりし利益）と非財産的損害（精神的損害・慰謝料）に分けられる。

　(6)　**算定の基礎**　損害賠償額を算定するに当たって、積極損害と消極損害および慰謝料が算定の基礎になる。積極損害に対する侵害、たとえば、物が滅失した場合、原則として、その滅失当時の交換価値が賠償されるべき損害の範囲となる。物が毀損した場合には、修理費及び使用不能による逸失利益が基礎となる。人格権に対する侵害(精神的苦痛)の場合には、慰謝料が算定の基礎となる。こうして、損害賠償の対象となる損害項目が確定すると、これを具体的に金銭評価しなければならない。通説は、損害というのは、不法行為がなかったときの利益状態と現に不法行為が行われた時点との利益状態の差をいう（差額説）と解している。しかし、近時損害を財産上損害と非財産上の損害に分けて損害額を算定することに疑問が呈されている。

　(7)　**定額化説**　戦前には損害賠償額の算定に関して見るべきものはなかったが、昭和30年以降、交通事故訴訟が増加してきたのに伴って、損害論（個

別損害項目積み上げ方式）が急速に進歩した。交通事故の深刻さは単に被害者に財産上の損害をもたらすだけではなく，人身自体への侵害（生命・身体・人生享楽権等）をもたらす。そうしたこともあって，近時，人身損害における個別損害積み上げ方式（従来，学説・判例は死傷によって生じた損害を財産上の損害と精神上の損害を分け，なかでも特に財産上の損害（逸失利益）に重点をおいて損害額を算定してきた）に対して，人の死傷に伴う損害は，物の滅失・毀損等と同一にとらえることはできない，という批判がなされている（死傷損害説）。また，逸失利益の算定方法に対して，それは極めて曖昧な基準に基づいており，不正確であるとの批判がなされている。

　定額化理論は，従来の損害賠償算定方法によると，人身損害の算定は被害者の収入を基礎として行われることから，被害者の収入の高低によって，賠償額に著しい個人差をもたらし，それは法の理念である人間の平等や個人の尊厳という点からみて，好ましくなく，人身損害の賠償に当たっては，定型化・定額化すべきであるとするものである。この定額化理論は，人間の価値は平等でなければならないとするところにあり，この基本的発想は是認されるものと思われる。しかし，この定額化理論に対して，定額化理論は個人的事情を無視することになり，反対に公平を失する，という批判もある。その後，定額化理論は，原告数の多い公害訴訟・薬害訴訟（個々の被害者の損害を立証することは困難であり，また，その立証には時間がかかる）等において，一律・一括・包括請求として，その精神が受け継がれている。

　(8)　**損害の算定**　財産上の損害　逸失利益は，死者の年収に労働稼働年数を乗じて，収入総額を算出し，この額からもし被害者が生きていたなら要したであろう生活費を控除して算定される。この純収益は，現実には死者が将来において一定期間ごとに取得するものであるが，これを一括してもらうとなると，その利息分だけ死者が得をすることになるので，この純収益から中間利息が控除されることになる。この中間利息を控除する方法として，単式ホフマン方式，複式ホフマン方式，ライプニッツ方式等がある。判例は，かつて単式ホフマン方式をとっていた（大判大15年1月26日民集5巻71頁）が，近

時は複式ホフマン方式を採るものが多い（最判昭37年12月24日民集16巻12号2368頁）。しかし、この複式ホフマン方式によると、労働稼働年数が長期になる場合、賠償金を元本とした年間利息が年間逸失利益を越えることになり、被害者に利益を与え過ぎることになるとして、最近、判例の中にはライプニッツ方式によるものもある（最判昭53年10月20日民集32巻7号1500頁）。

　(9)　**過失相殺**　過失相殺とは、被害者に過失があった場合、賠償額を算定するに当たって被害者の過失を斟酌することをいう（民722条2項）。たとえば、Aが乗用車を運転中、突然横断歩道でないところを横切ったBをはね負傷させたとしよう。この場合、AはBに対して全損害額につき責任を負わなければならないのであろうか。否である。なぜなら、Bにも事故の発生につきなにがしかの過失があったからである。こうした場合には、公平の観点から、賠償額を算定するに当たって、Bの過失を斟酌することができる。これが過失相殺といわれるものである。

　過失相殺制度をめぐって次のような問題がある。①被害者とは誰かという問題である。当初、学説・判例は722条に定める被害者は直接の被害者でなければならないと解していた、が、最近この被害者の過失は「被害者側の過失」に置き換えられている。②被害者の過失を相殺するには、被害者に過失相殺能力がなければならないかという問題である。かつて、学説・判例は、被害者の過失は民法709条の過失と同様であると解していたが、近時の判例は、被害者の過失相殺能力は責任能力ではなく、事理弁識能力で足りると解している（最判昭39年6月24日民集18巻5号854頁）。判例はおよそ4～5歳前後でこの事理弁識能力を取得すると解している。かくして、被害者が事理弁識能力を有しておれば、被害者の過失は直ちに相殺されることになる。しかし、直接被害者が右能力を有していない場合には、直接被害者の過失は相殺されないことになる。そこで、判例・学説は起こり得る不公平を解消するため、被害者に事理弁識能力がなくても、被害者と身分上・経済上一体関係がある者に監督上の過失があれば、それを被害者側の過失として、過失相殺できると解している（最判昭51年3月25日民集30巻2号160頁）。③②のように解する

と，新たに，被害者側の範囲をどう確定するかという問題が発生してくる。そこで，最近，学説のなかには，被害者に過失相殺能力(事理弁識能力)がなくても，被害者の行為が事故の発生に寄与しておれば，寄与度に応じて減額できる，という見解が有力に主張されている。

(10) **損益相殺** たとえば，生命侵害による逸失利益は，被害者がもし生存していたなら得たであろう利益を算定し，そこから被害者が生存中に要した費用(生活費)を控除して算定される。このように，被害者が一方で損害を受けながら，他方で支出すべき費用の支出を免れるというように，同一の原因で利益を得ている場合には，本来支出すべき費用を損害額から控除して賠償額を算定するのが損益相殺である。損益相殺の対象になる利益は不法行為と相当因果関係にあるものに限るといわれているが，いかなる利益を控除すべきはかなり難しい問題である。生命保険は逸失利益から控除されるのであろうか。生命保険は既に払い込んだ保険料の対価としての意味をもっており，損害填補の意味を有していないので，損益相殺の対象にはならない(最判昭39年9月25日民集18巻7号1528頁)。火災保険も別個の契約であるから，損益相殺の対象にはならない。このほか，恩給法による恩給，見舞い金，香典等も損益相殺として控除されない。労災保険法による保険給付については，その限度で使用者は民法上の賠償責任を免れることができる(最判昭52年10月25日民集31巻6号836頁)。

第4節　一般的不法行為・特殊不法行為

1．死傷事故
(1) 被害者が負傷した場合

a **財産上の損害** 被害者が負傷した場合，被害者は加害者に対して，財産上の損害賠償(治療費・休業補償・通院費・入院費等)を請求することができる(民710条)。また，被害者以外の者が被害者負傷に伴う財産上の費用(治療費・通院費等)を支出した場合には，負担者は加害者に対して支出した部分につき，

賠償請求ができる。

b 慰謝料 被害者が負傷した場合，被害者は負傷に伴う慰謝料請求権を行使することができる。しかし，被害者が負傷した場合に直接被害者以外の者が加害者に対して慰謝料請求権を行使することができるであろうか。原則として，直接被害者以外からの慰謝料請求は認めるべきではないと思うが，直接被害者が被った障害の程度が重大な場合(たとえば，「死亡に匹敵するような被害を被ったとき」)には，直接被害者以外の者からの慰謝料請求が認められることもあろう。しかし，生命侵害とのバランスもあり（民711条，親・子・配偶者)受傷による慰謝料請求権者の範囲は広く解すべきではないと思う。

(2) **被害者が死亡した場合**

a 財産上の損害 被害者が死亡した場合，被害者は加害者に対して財産上の損害賠償を請求することができるのであろうか。財産上の損害は積極的損害（たとえば，休業補償・治療費・入院費等）と消極的損害（得べかりし利益＝逸失利益)に分けられる。積極的損害については，直接被害者が当然請求することができる。他方，消極的損害は被害者がもし生きていたなら得たであろう利益（逸失利益）として算定され，それが遺族に相続されると解されている。しかし，逸失利益は極めて不確かな基準の下で算定されていること，被害者によって算定額が異なること，更には相続を肯定する理論構成に無理があることなどから，逸失利益の相続という形をとらないで，扶養請求権一本でいくべきである，とする見解が有力に主張されている。

b 精神上の損害 被害者が死亡したとき，被害者の遺族は遺族固有の慰謝料請求権を取得するといわれている(民709条，710条)。ところが，民法711条は生命侵害による慰謝料請求権者として，親・子・配偶者をあげている。そこで，この規定をどう解するのかが問題となる。見解は二つに分かれている。一つは，死亡による慰謝料請求権者の範囲を限定したものであるとするもの，他は，被害者死亡により，右三者は法的に保護されるに値する精神的苦痛を被ったか否かを立証することを不要とするものである。通説・判例は，遺族に対して被害者死亡による慰謝料請求権の相続をも認めている。

これ（相続肯定説）に対して，理論的側面および実質的側面（慰謝料請求権の発生時期，相続の時期および法律構成，両請求権の併存関係・公平等）から多くの批判がなされている。

2．未成年者の監督義務者の責任

(1) **責任能力のない未成年者の不法行為**　責任能力のない未成年者が他人に損害を与えた場合，被害者は誰に損害賠償を請求することができるのであろうか。過失責任主義の下では加害者に過失の前提としての責任能力がなければ，加害者は責任を負わなくてよいことになっている（民712条）。しかし，責任無能力者が他人に損害を加えた場合には，責任無能力者の監督義務者が被害者に対して損害賠償の責任を負わなければならないことになっている（民714条）。もっとも，責任無能力者の監督者が絶対的責任を負っているのではなく，自らが監督義務を怠らなかったことを立証すれば，責任を負わなくてよい（民714条但書）。その意味では，監督義務者の責任は過失責任を崩したものではない。通説はこの監督義務者の責任は中間責任であると解している。しかし，監督義務者の責任は実際上ほとんど免責されておらず，実質上無過失責任に近いものとなっている。

(2) **責任能力のある未成年者の不法行為**　責任能力ある未成年者が他人に損害を加えた場合，加害者に責任能力があり，その他の不法行為の成立要件を満たしておれば，加害者自身が被害者に対して不法行為責任を負わなければならないことになる。しかし，通常，責任能力のある未成年者には支払い能力がないことが多く，被害者は保護されないことになる。このように，責任能力の有無が被害者保護に決定的な意味をもつことから，責任能力の取得時期が重要なポイントになる。もし，被害者保護に重点を置くとするなら，責任能力の取得時期をできるだけ高めればよい（遅くする）。しかし，実際上責任能力の取得時期を高めるにしても，それにはおのずと限界がある。また，責任能力を高めたとしても，責任能力の有無による不公平は解消されない。そこで，こうした不公平を解消するため，次のような工夫がなされている。

すなわち，責任能力のある未成年者が他人に損害を与えた場合，直接加害者が責任を負い，それと同時に，法定監督義務者が未成年者に対する監督義務を怠り，その監督義務違反と損害発生との間に因果関係があれば，法定監督義務者（親権者ら）は民法709条の不法行為責任を負わなければならないとするものである。法定監督義務者の監督義務の範囲をどのように判断するかという問題は残るが，これによって責任能力の有無によって生ずる不均衡は概ね改善されるものと思われる。

3．使用者責任

(1) 使用者責任の法的性質

民法第715条は，他人に使用されている者が使用者の事業執行中，第三者に損害を与えたとき，使用者又はそれにかわる代理監督者は被害者に対して責任を負わなければならないと規定している。これがいわゆる使用者責任といわれるものである。しかし，使用者・代理監督者は，被用者の選任・監督上の過失がなく，事業の執行につき相当の注意をなすも損害が発生するような場合には，使用者責任を免れることができる（同条1項但書）ので，使用者責任は無過失責任ではなく中間責任であるといわれている。最初，使用者責任は，他人の不法行為による責任ではなく，使用者の自己責任（被用者の選任・監督上の過失）であると解されていたが，その後，使用者の過失責任にかえて，他人の行為に対する代位責任であると解されている。近時の学説は，使用者の責任を代位責任と解しつつ，使用者の免責をできるだけ認めるべきではないとしている。他方，判例も使用者の免責をほとんど認めておらず，実際上，使用者の責任は一種の無過失責任に近いものになっている。

(2) 使用者責任の成立要件

① 被用者の有責性　使用者が責任を負うのは，被用者が事業の執行につき，第三者に損害を加えたときである。その際，被用者の行為が違法性のほか，故意・過失，責任能力などを具備していることが必要かが問われる。学説・判例は必要であると解している。これは使用者責任を独自の企業者の責

任としないで，補充的責任と解する思想が根底にあるからだと思われる。この考え方は理論的に検討の余地があるが，民法は企業から被用者への求償権を認めており，解釈論としては，被用者の故意・過失が必要であると解せざるを得ない。しかし，学説の中には，715条の解釈論として，被用者の有責性の要件は不要であるとするもの，ある種の事業活動から生じた損害については，715条を適用せず，企業自体の709条責任にすべきであるとする見解などが有力に主張されている。

② 事業の執行による加害行為であること　事業の執行とは，民法44条の「職務を行うにつき」と同義であって，被用者の行為が客観的に使用者の事業の範囲に属すると認められる場合をいい，事業の範囲は，本来の事業に限らず，事業に関連する行為を含むと解されている。したがって，事業の範囲は，本来の事業に限定されず，これと適当な牽連関係にある事業におよぶ。被用者の行為は，その担当する職務の範囲内でなければならないが，職務の範囲は，企業の内部的規則によって解すべきではなく，客観的な取引通念によって決定すべきであるといわれている（外形標準説）。

③ 事業のために他人を利用すること　使用者責任が発生するためには，被用者と使用者との間に一方が他方を使用するという関係がなくてはならない。しかし，使用関係は厳格な命令・指揮関係にあることは必要ではなく，事実上他人をして仕事をさせるという関係があればよい。

④ 使用者に免責自由がないこと　使用者は被用者の選任・監督上の過失がないことを立証して使用者責任を免れることができるので，使用者にそうした免責事由がないことが必要となる。

4．土地工作物責任

(1) **土地工作物責任の意義**　土地工作物とは，土地に接着したもの，たとえば，建物，道路，橋，トンネル，堤防，水道施設，砂利採集後の水溜り，造成地，資材置き場などをいう。民法はこうした土地工作物から損害が発生したとき，土地工作物の占有者・所有者に対して重い責任を課している。

(2) **土地工作物の占有者・所有者の責任** 民法はなぜ土地工作物の占有者・所有者に対して重い責任を課しているのであろうか。恐らく、土地工作物は他人に損害を生ぜしめるおそれが高いことから、瑕疵ある工作物の占有者・所有者に対して、重い責任を負わしているものと思われる。

(3) **瑕疵とは何か** 土地工作物の瑕疵とは、当該工作物が当初から不完全であったり（設置上の瑕疵）、後で工作物が腐朽したり、亀裂が生じたり（保存上の瑕疵）して、通常有すべき安全性を欠いていることをいう。この土地工作物の設置・保存上の瑕疵の挙証責任は被害者（側）にある。一見、この瑕疵の立証は被害者側にとって難しいように思われるが、現に事故・損害が発生しておれば、瑕疵の推定が行われやすく、占有者・所有者の方で「瑕疵の不存在」を立証することの方がむしろ難しいように思われる。

(4) **土地工作物責任と失火責任との関係** 土地工作物の瑕疵によって、火災が発生したとき、失火責任の規定が適用されるのか、それとも工作物責任が適用されるのかという問題がある。この点について、見解は分かれているが、失火責任の性質（失火者は重過失がなければ責任を負わなくてよい）をいかしながら、他方、土地工作物責任の適用範囲が拡大されているという流れをも考慮しつつ、直接被害については工作物責任を、拡大損害については失火責任を適用するのが妥当であると思われる。

(5) **土地工作物責任の現代的課題** 現代社会は静的危険物（土地工作物）・動的危険物（自動車・航空機・軌道交通・ガス・原子力・電気等）が氾濫している。危険責任の観点からみれば、後者についてもこの土地工作物責任を適用してもよいように思われる。しかし、民法717条の土地工作物責任は「土地工作物」に限定しており、実際上、土地工作物の拡大には解釈上限界がある。したがって、後者のような危険物に対しては、土地工作物責任を適用することは無理があるように思われる。かくして、動的・静的危険物から発生する損害については、種々の特別法（自動車損害賠償補償法・原子力損害賠償法・工業法・水質汚濁防止法・大気汚染防止法・労働基準法等）が制定され、被害者の保護が図られている。

5．動物責任

(1) **責任主体**　動物が他人に損害を加えたとき，被害者は誰に対して損害賠償を請求したらよいのであろうか。民法は，この点について，動物の占有者又は保管者を挙げている。起草者は所有者を除外したのは，動物の加害を直接制御できる者に動物責任を負わすのが適当であると考えていたことによるようである。占有補助者（妻・子等）は占有者・保管者には含まれないと解されている。

(2) **責任類型**　動物責任は，加害自体に対する故意・過失を要件とせず，保管上の過失が帰責要件とされている。その立証責任は占有者・保管者に転換されている（中間責任）。

(3) **動物責任の成立要件**　動物の占有者・保管者が責任を負うのは，①動物による事故であること，②動物が加えた損害であること，③免責事由がないことが必要である。

①　動物（範囲）とは何か　動物は家畜（牛・馬・鶏等）に限らず，家畜外の動物（たとえば，ペット―犬，猫，鳥のほか，危険動物―ライオン・トラ・猿・蛇・熊等）を含む。

②　動物が加えた損害であること　損害が犬の独立した動作によって生ずることが必要である。犬の動作が自らの動作によるものであってもよいし，他律的なものであっても構わない（車の音に驚いて犬が他人に噛み付いたとき）。しかし，動物をけしかけて他人に損害を与えたような場合は，動物責任としてではなく，けしかけた人の709条の責任となる。損害（種類）については，限定がなく，人損，他人の物を殺傷したり破損したことに伴って発生した損害もその中に含まれる。動物の病気が他人に伝染して被害が発生したような場合に，動物責任を適用すべきかについて，見解は別れているが，動物責任を危険責任として位置付けるなら，動物責任を動物の加えた積極的損害に限定しないで適用してもよいと考える。

③　免責事由のないこと　動物の占有者・保管者は動物の種類・性質に従

って「相当な注意」をもって保管したとき，責任を免れることができることになっているが，一旦事故が発生すると，占有者・保管者の方で「相当な注意」を尽くしたということの立証はかなり難しいようである。

6．共同不法行為

(1) **意義** 共同不法行為とは，数人が単一の不法行為に関与している場合のことをいう。この共同不法行為は，狭義の共同不法行為（たとえば，数人の者が共同してある者を殴打したり，強盗するような場合である）と加害者不明の共同不法行為（たとえば，数人の者が押し合っていて，誰が他人に危害を与えたか不明なとき，あるいは誰の投げた石が当たったかが不明なような場合がこれに当たる），教唆者・幇助者の共同行為に分けられる。

(2) **狭義の共同不法行為** かつて，通説・判例は狭義の共同不法行為が成立するためには，①不法行為者各自の行為が独立して不法行為の成立要件を満たしていること，②各行為者間に関連共同性があることが必要であるとしていた。もし，このように解すると，民法719条は，同法709条の複合と化し，独立した存在意味をもたないことになる。また，関連共同性を客観的関連共同でよいと解すると，それは被害者の救済には役立つであろうが，加害者間の公平が保てるかが問題となる。昭和40年代に入り，加害者が複合する公害問題の解決が迫られるようになり，判例は，要件①を必要と解しつつ，各行為者間に関連共同性があれば，個別的因果関係は推定されると解している。②の要件について，主観的関連共同でなければならない，と解する見解もあるが，通説は客観的関連共同で足りるとしている。しかし，最近719条1項本文の共同不法行為を類型化して捕えていこうとする見解が有力に唱えられている（強い客観的関連共同と弱い客観的関連共同）。

(3) **加害者不明の共同不法行為** 加害者不明の共同不法行為が成立するためには，①各人が共同行為者であること，②共同行為者の誰かによって損害を引き起こされたこと，③各人の行為が因果関係を除き，他の不法行為の成立要件を満たしていることが必要であると解されている。加害者不明の共同

不法行為をめぐって，共同行為とは何かという問題と共同行為者が自己の行為と損害との間に因果関係がないこと，あるいは損害の発生に一部しか原因を与えていないことを立証して，免責・減責を求めることが出来るかという問題がある。かつて，①を広く解し，免責・減責を認めていなかったが，今日の学説は共同行為者を広く解しつつ，共同行為者の免責・減責を認める傾向にある。

(4) **共同不法行為の効果** 共同不法行為の効果をめぐって，具体的には，①損害賠償の範囲，②共同不法行為者間の求償関係，③共同不法行為者間に生じた事由の効力等が問題となる。①については，各共同不法行為者は，不法行為と因果関係のある総ての損害を賠償しなければならないと解されている。②については，共同不法行為者の一人が賠償義務を履行した場合，他の共同不法行為者は責任を免れる。もっとも，賠償義務を履行した者は，他の者に対して各人の負担部分については，求償することができる。負担部分が決まっていない場合には，諸般の事情を斟酌して判断されることになる。③については，たとえば，被害者が共同不法行為者の一人を免除したり，共同不法行為者の一人に時効が完成したような場合，その免除・時効は，他の共同不法行為者に影響を及ぼすかということが問題である。もし，被害者が免除した加害者の負担部分が著しく大きいとき，被害者はそのことを知りつつ，あるいはそのことを知ることができたのに免除したような場合を除いて，他の共同不法行為者は責任を免れることはできないと解すべきであろう。

第5節　各種の不法行為

1．交通事故

(1) **交通事故の現状** 交通事故には，航空機事故，鉄道事故，船舶事故，自動車事故等が含まれるが，ここでは自動車事故に限って考えてみることにする。自動車は我々の日常生活にとって欠かすことができないものとなっている。公共輸送手段の縮減もあって，公共輸送機関が不十分なところでは，

マイカーなしには生活ができない状況にある。乗用車の免許取得者が増加し，乗用車の保有率も高く，一億総ドライバーになる勢いである。そのうえ，最近オートバイの普及率も高く，オートバイによる事故が大きな問題となっている。自動車は我々に利便さ・快適さを与えてくれるが，他方では，自動車事故によって大量の死傷者が発生したり，交通遺児の問題，排気ガスによる大気汚染，生態系の破壊，騒音，スパイク公害など，多くの社会問題を提供している。

(2) **自動車損害賠償補償法の制定**　自動車事故は自動車の生産台数・保有台数の増加に伴って増加してきた。自動車事故は被害者の生命・身体等を直接侵害し，被害者および被害者の遺族のみならず，加害者の生活をも破壊することから，昭和30年に民法の諸原理を修正して，「自動車損害賠償保障法」（自賠法）が制定されることになる。この法律は被害者の保護のため幾つかの重要な制度を設けている。

　a　加害者免責　自賠法三条は，運行供用者に重い責任を課しつつ，但書において，加害者は①自己及び運転者が自動車の運行に関して注意を怠らなかったこと，②被害者又は運転者以外の第三者に故意又は過失があったこと，③自動車に構造上の欠陥又は機能上の障害がなかったことを立証すれば，運行供用者の責任を免れることができるとしている。この規定は，過失の立証責任を加害者に転換していることから，運行供用者の責任は中間責任であると言われている。しかし，運行供用者にとって，これらの免責事由を立証することは実際上殆ど不可能であり，その意味では自賠法は運行供用者に対して実質上無過失責任が課していると同じ結果になっている。自動車事故において運行供用者にこうした厳格責任が課しているのは，自動車事故による人身被害者を迅速に救済しなければならないという政策的配慮によるものと思われる。

　b　運行供用者　人損事故に関して，運行供用者は厳格な責任を負わなければならない。ところで，運行供用者とはいかなる者を指すのであろうか。学説・判例は，運行供用者とは，自動車について，運行支配・運行利益を有

している者，と解している。しかし，実際上具体的事件のなかで誰がこれらの利益を有しているかを判断するのは必ずしも容易ではない。そこで，最近の判例は，運行供用者に当たるか否かは，自動車の所有者・利用者間の諸事情，たとえば，誰が車を利用していたのか，利用者と所有者との関係，管理状況等を総合的に考慮して判断すべきであると解している。

　c　他人とは誰か　自賠法3条は，運行供用者は，その運行によって「他人の生命，身体を害したときに責任を負うと定めている。そこで，他人とは誰かが問題となる。一般的には，「他人」とは保有者および運転者以外の者(たとえば，通行人や乗客)などをさすといわれている。この他人をめぐって問題になるのは，自ら運転する者，運転補助者，同乗中の被用者，近親者などである。これらの者は，事情のいかんによっては他人に含まれないと解される場合もある。

　d　被害者の保護　自賠法は，自動車事故による被害者(人身被害者)を保護するために，強制保険制度を導入している。これにより，自動車の保有者は一定の保険料を支払うことによって，そのみかえりとして，賠償金支払いに伴う生活の破綻から逃れることができる。他方，被害者もこの制度によって容易に賠償請求ができることになり（同法16条），被害者は一定程度確実に保護を受けることができることとなる(もし，仮に加害者が無資力であったとしても泣き寝いりしなければならないという事態は避けられる)。また、同法は，被害者が取り合えずの出費に当てる仮渡金請求（同法17条）も認めている。さらに，引き逃げ事故のような場合や自動車保有者が保険に加入していないような場合，無断運転—保有者でない者が事故を起こしたような場合には，政府が被害者に対して損害を塡補することになっている（同法72条）。これは政府の自動車損害賠償保障事業(同法71条)といわれるものである。この二つの制度は被害者・加害者にとって好ましいものとなっている。しかし，強制保険制度には限界（人損に限定・損害の限度額）がある。また，近時，判例は自動車事故による損害額を多額に算定していることが多いことから，加害者の自己負担額が多額になる可能性がある。そこで，この自己負担額を少しでも軽減するため，保有

者は強制保険の外に任意保険にも加入しておくことが必要となる。しかし，保有者は多様であり，保有者のすべてが完全な任意保険に加入することができないとすれば，被害者は何らかの自己防衛策（生命保険・傷害保険への加入等）を講じておくことも必要になってこよう。

2．公害・環境
(1) 公害問題から環境破壊へ

　公害の定義についてはまだ定説がない。我々は公害という場合，公害対策基本法で定められている公害（大気汚染・水質汚濁・騒音・振動・悪臭・地盤沈下・土壌の汚染）より広くとらえているようである。公害・環境の破壊は，古くから問題になっていた。①昭和30年以降，公害によって地域住民の生命・身体への侵害が顕著となり，公害問題が大きな社会問題となってくる。四大公害事件はすべて産業公害であり，産業公害は重化学工業の発展に伴って発生したものである。②昭和40年の前半頃から，公害類型が増加し，被害の範囲・程度も深刻さを増し，人々の人権感覚が高揚してきたこともあって，公害に関する人々の関心が高まってくる。産業公害の場合，加害者が特定しており，公害対策は講じ易いが，都市公害のような場合には，加害者の特定が困難であり，因果関係の立証も容易でないことから，産業公害とは異なった対策を講ずることが必要になってくる。③1970年には，環境権（①環境は共有の財産であり，②人々は快適な環境を享受する権利をもっており，③快適な環境を保護・保全して行くためには，具体的に被害が発生する前の段階で環境破壊をもたらす諸活動を差し止める必要がある）が提唱されることになる。以降，数年間は環境権優位の下で環境政策が展開されることになる。第一次石油ショック後環境行政は退行するが，典型的公害については，1970年代の前般から諸対策が講じられてきたこともあって，かつてのような公害による深刻な被害は発生していない。しかし，1970年代の後半以降，アミニティの保護を求める意識が高まり，1980年代に入ると，地球規模での環境問題（たとえば，地球の温暖化，酸性雨，オゾン層の破壊，砂漠化等）が重要な問題になってくる。こうした中，1992年には，ブラジルの

リオディジャネイロにおいて，世界の多くの首脳，NGO参加の下「地球サミット」が開催され，いくつかの合意事項が確認された。日本では平成5年に環境基本法が制定され，地球規模での環境問題に積極的に取り組まれている。最近，ゴミ問題，有毒物質の排出に関する問題がクローズアップされており，改めて，大量生産・大量消費・大量廃棄社会から，循環型社会に向けて取組みが求められている(再生資源の利用促進に関する法律—平成三年施行，容器包装に係る分別収集および再商品化の促進等に関する法律—平成九年四月から本格施行)。

(2) 公害問題の解決

　a　古典的汚染物質の排出の抑制　公害問題の根本的解決は汚染をもたらす物質を外界に排出しないことに尽きる。しかし，人類は生きて行く限りそれは不可能である。もし，それはできないとすれば，まず，排出源が公害を発生させないよう十分な注意義務を尽くすことが必要となる。道徳的責務として処理できないときには，古典的な汚染物質の排出基準を設定し，それを遵守することが必要となる。また，PPPの原則(汚染者負担の原則)も必要になってくるものと思われる。

　b　損害賠償から差止へ　従来，公害被害者は損害賠償による救済を求めてきた(四大公害事件は総て事後的救済である)が，事後的救済はあくまでも二次的・補完的救済手段に過ぎない。そこで，近時，差止請求の重要性が論じられている。差止請求の法的根拠としては，物権的請求権説，人格権説，不法行為説，環境権説等が主張されている。

　c　地球的規模での環境問題

　　ア．発生原因　地球的規模での環境問題は，①大気中に大量の汚染物質を排出してきたこと，②開発途上国の人口が著しく増加してきたこと，③技術上の欠陥等から発生している。

　　イ．被害の特徴　地球規模での環境破壊に伴う被害は，山林の枯死，砂漠化，種の減少，健康被害，農作物の減収，国土の沈没，環境難民の発生など多様にわたる。こうした被害は，①広範性，②深刻性，③継続性，④回復困難性，という特徴を有している。

ウ．対策　　地球的規模での環境問題は，先進諸国の企業活動のあり方やライフスタイル，発展途上国の貧困等と密接に関連しており，その解決は極めて難しいように思われる。対策としては，いろいろなこと(たとえば，エネルギー・産業・交通対策等)が考えられるが，被害の広範性，継続性，回復困難性等からみて，速やかにこうした被害の発生を防止するための国際的協力が必要になるように思われる。もっとも，これに先立って，世界の国々が地球的規模での環境問題を自らの問題としてとらえ，それらに積極的にかかわっていく姿勢がなければ問題の解決は困難であろう。

3．学校事故

　学校事故が年々増加している。日本スポーツ・学校健康センターの災害共済給付の対象となる件数だけでも150万件を越えているとのことである。学校事故の件数はその性質上統計資料に現れるのは氷山の一角であり，実際上生じている件数はこの数倍にも及ぶものと思われる。そこで，ここでは学校事故をめぐる法律上の問題について考えてみよう。

　(1)　**学校事故を考える場合の視点**　　学校（幼稚園・義務教育を行う小学校・中学校等）は，親権者から子を預かり（学校・親・子という三者の信頼関係の下で），教育・学習活動を行う場である。こうした中で事故が発生した場合，教育現場や三者間の信頼関係を破壊することなく，いかに問題を解決するかが重要な課題となっている。学校事故は，学校という特殊な組織の中で発生することから，その補償問題を一般的不法行為と同一に考えてよいかが問われるところである。

　(2)　**学校事故とは何か**　　学校事故の定義は確定していないが，学校事故とは，学校における教育活動及びこれと密接不離の関係において発生した事故のこと，と一般的にいわれている。学校事故の定義について，色々な説明がなされているが，それを云々するのは，あまり積極的な意味がない。蓋し，学校事故はその射程の広狭によって，オール・オア・ナッスイングでもって解決するにふさわしくないと考えるからである。筆者は，学校事故の問題は，

学校教育の実情を考慮しながら，学校事故による責任の主体を明らかにし，具体的に妥当な損害額を算定していくことによって，被害者を救済していくのが最も望ましいと考えている。

(3) **学校事故と賠償責任**（法的構成）　学校事故が発生したとき，教師や学校側はいかなる責任を負わなければならないのであろうか。それがここでの問題である。学校事故に関する損害賠償責任に関する法律として民法と国家賠償法がある。しかし，これらの規定は制定当時こうした不法行為類型をおよそ想定していなかったものと思われる。そうしたこともあり，現在裁判所は学校事故の解決に当たって腐心している。法的構成としては次のようなものが考えられる。

　　a　教師が生徒に対する指導監督上の義務を怠った結果，学校事故が発生した場合（不法行為責任）　被害生徒は，教師に対して，民法709条の不法行為責任を追求することができる。この他，教師の使用者である学校設置者に対して，民法715条第1項の責任，さらに，教師を監督する立場にある校長・教頭に対しては，民法715条第2項の責任（使用者代理監督義務者），指導監督を怠った者が国・公立学校の教師であれば，学校設置者に対して，国家賠償法第1条1項による責任を追求することができる。

　　b　生徒間同士の事故（代理監督者の責任）　園児・児童・生徒が他の生徒に被害を与えたとき，場合によっては，教師らは民法714条第2項の親権者代理監督者責任を問われることがある。

　　c　安全配慮義務違反（債務不履行責任）　学校や教師等が生徒に対する安全配慮義務を怠ったことによって事故が発生したような場合には，被害者側は学校側に対して，債務不履行責任を追求することができる。すなわち，これは学校側が親・子らとの間で締結した在学契約（保護監督義務）に違反したことによって，被害が発生したとするものである（民415条）。この理論は教師が国・公立の教師であれ私立の教師であれ等しく適用されるものであるが，これは専ら私立の教師に適用されており，国・公立の教師には国家賠償法第1条が適用されている。

d　学校の施設に欠陥がある（民717条・国賠法2条1項）　学校は教育・学習活動を展開していくうえで必要な色々な施設を設置しており（体育館・プール等），こうした施設・管理の瑕疵によって，学校事故が発生した場合，被害者はこうした施設を安全に管理する義務のある学校設置者に対して，賠償責任を追求することができるとするものである。国・公立の学校の場合には，国家賠償法2条によって国または市町村等に対してこの責任を追求することになる，が，私立の学校の場合には，学校法人や学校経営者に対して，民法七一七条の責任を追求することになる。

e　委託契約に基づく債務不履行責任と構成する考え方　これは，園児の親と幼稚園や保育園の経営者との関係を委任関係とみるものである。したがって，幼稚園・保育園経営者は右委託契約に基づき，その保育時間・在園中，園児を保育し，適当な環境を与えて，その心身の発達を助長することに努め，園児を安全に保護すべき債務を負っているから，保育在園中の園児の事故は，園経営者がこうした債務の履行をしなかったことによって発生したものである，とする考え方である。この他，園児の親と園経営者との関係を準委任とみる考え方もある。「準委任」とは，法律行為でない事務を委託することをいう。一般に「委任」とは，当事者の一方が法律行為をすることを相手方に委託し（委託者），相手方（受託者）がこれに承諾することによって成立する契約をいう（民643条）。他方，「準委任」とは，法律行為でない事務を委託することをいうが，この場合にも委任の規定が準用されることになっている（民656条）。いずれ（委任・準委任）にせよ，園児を預かっている幼稚園・保育園経営者（受任者）は，委任の本旨（園児を安全に保護する等の義務）に従い，善良な管理者としての注意義務を負わなければならない。もし，園経営者がこの「善良なる管理者としての注意義務」を尽くさなかったことによって，園児が被害を蒙った場合には，委託者は受託者に対して債務不履行（民415条）による損害賠償請求を行うことができる。

(4)　**学校事故の問題点**　学校教育は，心身共に未熟な児童生徒を対象にしており，その内容からして児童・生徒の生命・身体に危険を及ぼすことが少

なくないので，教師に特別の注意義務が課されることになる。これを教師の監督義務という。教師の監督義務は親権者の監督義務と異なり，学校における教育活動及びこれと密接不離の関係にある場合に限るとされている。しかし，学校事故が発生すると，どうしても被害者の保護が優先されがちであるが，学校側の過失を否定するものも多い。事故が発生した場合，被害者を保護・救済することが必要ではあるが，学校側の監督義務を高度化することによって，学校の教育活動が萎縮するようなことがあってはならない。

4．製造物責任

(1) **製造物責任の意義** 製造物責任とは，製造物の欠陥によって，人の生命・身体，財産等に損害が発生した場合，製造者は過失の有無を問わずその責任を負わなければならないとするものである。

(2) **製造物責任の生成** 日本では，かつて医薬品・食品等の事故（たとえば，森永ヒ素ミルク事件，サリドマイド事件，カネミ油症事件，スモン事件等）が発生したが，製造者の過失の高度化によって被害者の救済を図るべく努力されてきた。1960年代には欠陥車問題を契機に製造物責任に対する関心が高まり，英米における製造物責任に関する理論が積極的に研究・紹介された。1970年代には，既存の法理では製造物責任の解決には無理があり，立法的解決の必要性が痛感された。この時期に各界から製造物責任に関する試案が発表されたが，財界等の反対もあって，製造物責任の立法化は実現しなかった。しかし，国外的要因（アメリカ，EU，EFTA，アジア諸国等で既に製造物責任法が制定されていること，国際競争条件の標準化等），国内的要因（規制緩和と自己責任の強化，企業意識の変化等）等が相俟って，我が国では平成六年に製造物責任法が制定され，右法は同七年七月一日から施行されている。

(3) **消費者の保護** 今日消費者は大量生産・大量消費，多品種・多様化，複雑化・高度化の中で，提供される商品を安全なものとして信用して購入し利用するしかない。生命・健康被害については，過失の高度化がほぼ確立しているが，その他の場合には製造者の過失の立証が難しく，製造者は報償・

危険・信頼上の責任の一環として，製品事故による被害者を救済することが社会的に要請されている。

(4) 製造物責任法の概要

a 製造物責任法の目的　製造物責任法は欠陥のある製造物によって人の生命・身体又は財産に被害が生じた場合，製造者の責任を定めることによって被害者の保護を図り，もって国民生活の安定向上と国民経済の健全な発展に寄与することを目的としている（同法1条）。

b 製造物　「製造物」とは，「製造又は加工された動産」（同法2条1項）のことをいい，工場製品・手工芸製品・芸術作品・輸血用血液製剤・ワクチン等は製造物に当たるが，不動産や電気等無形エネルギー，サービス，未加工農水畜産物等は製造物に当たらない（同法2条1項）。

c 欠陥　「欠陥」とは，当該製造物が通常有すべき安全性を欠いていることをいう（同法2条2項）。製造物の欠陥は，製造工程の欠陥，設計段階での欠陥，指示・警告上の欠陥に分けられる。被害者にとってこの製造物の欠陥を立証することは必ずしも容易ではない。そこで，制定に当たって，推定規定をおいた方がよいのではないかという見解もあったが，製造物責任法は欠陥の推定規定をおかないこととした。

d 責任主体　製造物責任の責任主体は，当該製造物を業として製造加工又は輸入した者（同法2条3項1号）と表示製造業者（同法2条3項2号・3号）である。販売者・賃貸業者ら等は自ら製品を設計・製造に関与していないのでここでいう製造者には当たらない。

e 損害賠償の範囲　同法は損害賠償の範囲について，製造物の欠陥によって，「他人の生命，身体又は財産を侵害したときは，それによって生じた損害を賠償しなければならない」としている（同法3条）。同法は，損害賠償の範囲を広く認められているが，その損害が製造物の欠陥によって発生したものでなければならない。

f 製造物業者の免責　製造物責任法は製造者の責任を強化すると同時に製造者に開発危険の抗弁（同法4条1号），部品・原材料製造業者について免責

を認めている（同法4条2号）。

　g　期間の制限　欠陥のある製品によって被害が発生した場合，被害者は損害・賠償義務者を知ったときから三年以内に損害賠償を請求しないと時効にかかるとし（同法5条前段），同法五条後段は製造業者は当該製造物を引き渡してから一〇年経過すると訴えることができないとしている。

(5)　**立法化による影響**　製造物責任の立法化までに多くの年月を要したが，製造物責任法が制定されたことによって次のような効果が期待される。①製造者は危険コストおよび保険料の高騰に伴う費用を商品価格に上乗せしなければならなくなり，危険な商品は生産されにくくなり，安くて危険な商品は淘汰される。②被害者は製造物の欠陥さえ立証すればよく（立証責任の軽減）製造者の責任追及がし易くなる。③これまで製造物責任としてあいまいな解決方法が採られてきたが，積極的に法的解決への道を開くことになる。④交通事故及び労働災害の一部が製造物責任として登場してくることが予想される。⑤製品の設計思想の変化及び商品の品質・使用に関する表示が詳細に行われることになる。⑥国際社会での共通な競争ルールに参入することによって，国際的信用を獲得することができる。

5．プライバシーの権利

　プライバシーとは，かつて「一人にほっておいてもらう権利」（消極的な権利）と解されていたが，近時は「自己に関する情報をコントロールする権利」と解されている。我が国においてこのプライバシーの権利が法的正面から論じられた最初の判決は「宴のあと」事件（東京地判昭和39年9月28日下民10巻9号2317頁）である。

(1)　**プライバシー侵害の成立要件**　プライバシー侵害が成立するためには，①公表・報道された事柄が私生活上の事実又は私生活上の事実らしく受け取られるおそれのあること，②一般人の感性を基準として，当該私人の立場に立った場合，公開を欲しないであろうと認められる事柄であること，③一般の人に未だ知られていない事柄であることが必要である。しかし，過去

の事実の公表がプライバシー侵害になることは有り得るし、また、仮にこの三つの成立要件が満たされていたとしても、公表された事柄が違法性阻却されるような場合（違法性の有無は、ニュース・ソースの保護、公表された事実の報道・教育的価値の有無、公表された当該者の立場・地位＝公の存在、被害者の承諾の有無、作品の芸術性、公表主体の姿勢、表現の自由等を総合評価して判断される）には、プライバシーの侵害にはならない。

(2) **救済方法** プライバシーを侵害された者は加害者に対していかなる請求ができるのであろうか。一般の不法行為と同様、損害賠償・原状回復を請求することが出来る。これらの救済方法はいずれも事後の救済である。プライバシーが侵害された場合、事後的救済では被害者の保護に限界がある。そこで問題になるのは被害者がマスコミ等によって、プライバシーが侵害されようとしているとき、あるいはまさに侵害されているような場合に、事前の予防、停止・排除が認められるかである。事前の妨害予防措置を認めることは、表現の自由を制限することにもなり慎重を帰す必要がある。その他、名誉毀損に認められている謝罪広告がプライバシー侵害の場合に認められるかという問題もある。「宴のあと」判決（第一審）は「私生活（私事）がみだりに公開された場合に、それが公開されなかった状態つまり原状に回復させるということは、不可能なことであり、名誉の毀損、信用の低下を理由とするものでない以上は、民法723条による謝罪広告等は請求し得ないものと解するのが正当である」として、謝罪広告の請求を棄却している。確かに、プライバシーの侵害の場合に、謝罪広告を認めることは、改めて真意のいかんを問わず、公表することになり、救済方法としては適切ではないと思われる。しかし、原状回復措置として、謝罪広告を広く認めて行こうとするのであれば、プライバシー侵害の場合と名誉毀損とを特に区別する必要もないものと思われる。

第7章

家族と福祉

第1節　家族と法

1．家族法

(1) **家族**　「人は社会的動物である」といわれるように，人は集団を作り，社会を形成し，そこで生活する。この社会生活の内で最も基本的集団は家族である。家族は婚姻（性）と血縁（血）を基礎として結合する共同体であって，人類の歴史と人間の本性に根ざしているからである。

しかし，家族の形態や機能は，その置かれた社会の政治的・経済的・習俗的要因などによって影響を受けるために一様ではない。一般に，家族は大家族から小家族へと推移し，制度的家族から友愛的家族になったとされる。それにともなって，家族の機能は縮減し，分化・社会化されていった。

大家族とは，夫婦・親子のほかにそれらの近親者を構成員とする共同体である。大家族は，消費団体であるとともに生産団体でもあり，家族員の物質的精神的生活に必要なものは，すべて家族の中に有していた。たとえば，家族が生産の場であるために，その生産に従事する家族員の生活は家族自体が責任をもって保障した。しかし，近代における資本主義の発展は，家族員を企業の賃金労働者とし，その賃金によって各個人が自己の生活をまかなって

いくようになるにつれて，大家族は解体していった。

小家族とは，一組の夫婦と未成熟子を構成員とする共同体であり，核家族とも呼ばれる。通常核家族は，性的機能・生殖機能・人格形成とその安定化機能を有している。しかし，生産団体性を喪失し，単なる共同消費団体となった核家族では，かつて大家族が有していたような包括的機能は保持できず，家族の諸機能は社会化・専門化されて，社会福祉に昇華されていった。たとえば，家族員であっても労働者，生活困窮者，高齢者などの生活保障は，基本的には広義の社会福祉が担っている。

(2) **家族の法**　「社会あるところに法あり」というように，ひとつの小社会である家族にも法が生じるとともに，家族の維持・安定のために法が作られる。とりわけ国家は，国を構成する基本単位としての家族に関心を抱き，国家政策に適う家族像を実現するために法律を用いる。

そこで，法律は家族の理念的典型形態を定め，それにしたがった一定の行動を家族員に要求する。また，法律は家族の紛争について，理念的典型形態を実現する行為を保護し，これに反するものを排除しようとする。いわゆる定型的紛争解決を行うのである。しかしながら，定型的紛争処理の方法が，家族の問題解決に親しまないことも事実である。家族の問題は，独立主体者間の利害対立関係から起こるというより，むしろ共同関係にある人間の愛憎から生じるのであり，家族関係の実体に応じた個々具体的に妥当な解決をしなければならない。そのためには，法律といえども家族問題に対して当事者間の協議による自律を尊重し，家族の多様化に適合する弾力的解決を許容するのである。「法律は家庭に入らず」といわれるゆえんである。

(3) **家族法の理念**　旧法（明治民法）は，封建時代における武士階級の家制度を理念とし，儒教的家父長制を法制化したものである。すべての家族員は「家」に所属し，家長である戸主は家族員を統制し，男子たる夫は妻を支配し，父は子を服従させた。旧法の基盤である「家」制度は，日本社会の原型を構築した。政治的には，忠孝一体の思想によって天皇制支配体制の支柱となり，経済的には，戸主が支配権の裏面として負っていた扶養義務によって，

低賃金・低福祉をカバーし，日本型資本主義を固めていった。また社会的には，戸主と家族員との支配服従という上下関係が社会的人間関係全般に反映し，家族的には，夫による妻子の支配という家族関係を導いた。

第二次大戦終結後，新憲法が施行(1947年)された。そして，民主主義の根本原理によって，家族関係を規律する法律も定められねばならないことが宣言された。これを受けて，旧法は全面的に改正された。新しい家族法(1948年施行)は，個人の尊重と両性の本質的平等を基本として，家庭の平和と健全な家族共同生活の維持を図ることを理念とする(憲24条，家審1条)。ここに夫婦と未成熟子を中心とする近代的家族法が誕生したのである。

しかし，歴史上立法は妥協の産物であり，改正された家族法も例外ではない。旧「家」制度の残骸とみられる規定もある。家族法上親族とは，六親等内の血族，配偶者，三親等内の姻族をいうとする規定（民725条）である。これは現実の共同生活とかけ離れ過ぎているというばかりではなく，親族関係から生ずる法的効果は，家族員と家族員との関係として個別的に定められており，無用の長物である。また，直系血族および同居の親族は互いに扶け合わなければならないとする規定（民730条）は，精神的訓示に過ぎない。そのため，法制審議会では削除の仮決定がなされている。

ところで，家族法が施行されてから半世紀を迎えている。その間，家族法の基本理念は一応浸透している。しかし，家族員の1人1人が個人として尊重されているか，男女の実質的平等が確保されているかについて批判も少なくない。家族法は，明治の旧法と対比する議論を昭和で完了し，平成では家族法の制度的オーバーホールをする時を迎えている。すでに，婚姻及び離婚並びに嫡出でない子の相続分に関して「民法の一部を改正する法律案要綱」（以下改正案要綱と称する）が決定されている。その際，家族法は平等な立場にある家族員の相互関係法として構築されねばならないし，家族の安定という名の下に，家族員の個人としての権利性を埋没させてはならないであろう。

(4) **基本設例** ある女性が妻子ある男性と性関係をもち，同棲したために男性の家庭を破壊してしまった場合，妻と未成年の子は，その女性に対して

慰藉料の請求ができるであろうか。

夫と不貞関係にある女性は，妻としての権利を侵害しており，慰藉料請求が認容されるが，子については，その女性が父親の子に関する監護を積極的に妨害するような事情がない限り，認められないとされている (最判昭54年3月30日民集33巻2号303頁)。

しかし，男と女は婚姻によって夫または妻としての地位を取得し，子を監護教育することによって家族を形成する。この家族は法的存在であって，婚姻共同生活の平和的安定は法的保護に値する。そのため，第三者が婚姻共同生活を破壊したとき，共同生活のメンバーである配偶者と未成年子は，慰藉料請求が認められると考えられる。ただし，このような問題を不法行為に基づく慰藉料として処理すること自体に疑問があり，家族法内部における家族間紛争として解決 (同居請求，生活費請求，離婚，財産分与等) すべきであろう。

2．渉外家族法

(1) **渉外家事事件** 日本社会の国際化という波は家族にもおよび，日本人と外国人との婚姻，離婚，親子関係，相続等の渉外家事事件が増加し，しかも複雑な紛争となっているのが今日である。その際，どこの国の法律を適用するのかという，いわゆる準拠法の問題がある。これを規定するのが「法例」という名の法律である。従来，夫または父の本国法中心主義であったが，男女平等化と国際的統一の観点から改正された (1989年)。

(2) **準拠法** 婚姻の成立要件は各当事者の本国法により，婚姻の方式は婚姻挙行地の法律によるが，一方の本国法によった場合も有効である (法例13条)。婚姻の効力と離婚については，第一に夫婦の本国法，それがない場合第二に共通常居所地法，これもない場合第三に夫婦に最も密接な関係のある地の法律 (密接関連法) によるとされ，いわゆる段階的連結の決定方法が採用されている (法例14条から16条)。

親子関係の成立は父または母の本国法により (法例17条, 18条)，養親子縁組の成立は養親の本国法による (法例20条)。親子間の法律関係は子の本国法ま

たは常居所地法による（法例21条）。親族間の扶養は権利者の常居所地法によると規定する（扶養準拠2条）。そして、相続は被相続人の本国法による（法例26条）。遺言の成立と効力は遺言者の本国法による（法例27条）が、遺言の方式は行為地法、本国法、住所地法、常居所地法のいずれかに適合すれば有効である（遺言準拠2条）。なお、当事者の本国法によるとする場合、その国の法律が日本法によると定めているとき、いわゆる反致によって日本の法律が適用されるが、段階的連結方式に反致は認められない（法例32条）。

(3) **基本設例** 日本人女性が、外国人男性と国際結婚をした場合、その女性の戸籍と氏はどうなるのであろうか。

戸籍は、日本国民の身分関係を登録し、証明する制度である。戸籍の編製は、一組の夫婦およびこれと氏を同じくする子ごとになされ、一夫婦一戸籍、同氏同戸籍、三代戸籍の禁止が原則である。日本人が国際婚姻をしたとき、その日本人について新戸籍が作成され、その戸籍の身分事項欄に婚姻の事実が記載される。

その際、日本人の氏は原則的にはそのままであるが、外国人配偶者の氏に変更を希望する場合、婚姻の日から6か月以内に市区町村長に届出ることによって、氏の変更ができる（戸107条2項）。ただし、その氏は欧文字ではなく、日本文字でなければならないから、相手の氏が日本と同じ漢字を用いるときは漢字、そうでないときはカタカナ表示となる。婚姻の日から6か月を経過したときは、家庭裁判所の許可を得なければならない（戸107条1項）。なお、国際婚姻によって氏を変更した日本人が、離婚して婚姻前の氏に復したい場合、離婚の日から3か月以内に届出ることによって変更することができる（戸107条3項）。

3．家庭裁判所

(1) **家事事件の特色** 家事事件は、一般の公開対審構造による訴訟手続に基づいた合理的打算的解決には親しまない。それは家族間紛争の中核にあるのが愛憎の感情をもつ人間であり、しかも紛争によって情緒的破綻を生じて

いる人間関係そのものだからである。紛争の真の解決には、人間関係の回復が伴わなければならない。このような特色を家事事件の非合理性ともいう。

そこで、家事事件を解決するためには、家庭裁判所が積極的に事実調査を行い(職権調査主義)、その調査は人間関係諸科学を活用すること(科学調査主義)によって、紛争の真の原因を正確に把握すること(真実発見主義)が必要である。また、家庭内の問題であるから秘密を守り(非公開主義)、事態の時間的変化に対処できなければならない(力動主義)。そして、裁判手続は簡易で、方式にとらわれないことが要請される。このような非訟手続を採用して、司法的解決機能とともに、人間関係調整機能を備えた家庭裁判所の存在意義がここにある。

(2) **家事調停** 調停は、広く家庭に関する一切の紛争を対象とする(家審17条)。また、訴訟や審判に優先して行われる（調停前置主義・家審18条)。調停の機関は、家事審判官1名と民間から選出された2名の調停委員で構成され、法的に公正妥当な紛争解決案を当事者に提示する。その解決に当事者双方が合意し、調停調書に記載されると調停が成立し、その対象事項が訴訟事項のときは確定判決と、乙類審判事項のときは確定審判と同一の効力を有する(家審21条)。このように、家事調停制度は、当事者間の合意による自主的解決に基づいた家事紛争の処理を許容するものであり、調停委員会の作成した調停案を当事者に強制するものではないから、調停の本質は調停裁判ではなく、和解斡旋である。

(3) **家事審判** 審判は、甲類審判事項および乙類審判事項(家審9条1項)、並びに民法以外の法律(たとえば戸籍法、生活保護法、児童福祉法)が審判事項と定めているもの(家審9条2項)を対象とし、またこれに限定される。甲類審判事項は、当事者間の合意解決が許されず、そのため調停の対象から除外されており、公共の福祉という立場から判断するものである。たとえば子の氏の変更、特別養子縁組、親権喪失などがある。乙類審判事項は、紛争性が高く、当事者間の合意による解決が期待されるが、審判によっても解決されるものである。たとえば婚姻費用の分担、財産分与、子の親権者や監護者の指定、

親族扶養などがある。審判は1名の家事審判官が原則として民間の参与員を立ち合わせ，その意見を聴いて合目的な判断を下すものである。いわば非訟手続による裁判の一種である。審判に不服があるときには，2週間以内に即時抗告のみをすることができる（家審14条）。

(4) **基本設例** 家庭裁判所に，調停や審判を申し立てるには，どのくらいの費用がかかるのであろうか。

家事調停，家事審判の申立をするには，手数料を納めることが必要である。この申立手数料は，一件について，調停と乙類審判が900円，甲類審判が600円である。手数料は，書面で申立をするときには，上記金額の収入印紙を申立書に貼布し，書面が作成できないときに認められる口頭の申立には，家庭裁判所に差し出せばよいとされている。調停や審判が手続を進めていくうちに，通信，呼出，事件によっては鑑定などが必要となった場合，その費用は負担しなくてはならない。なお，家事紛争などについて弁護士に相談したとき，弁護士相談料は，一般法律相談で30分につき5,000円から25,000円程度である。

第2節 婚姻と法

1. 婚姻制度

(1) **婚姻の形態** 婚姻は，本質的には人間の自己保存本能に基づく男女の結合関係である。その社会的意義は，社会に承認された性的結合によって性秩序を維持し，種の再生産によって社会を存続させることである。すなわち，婚姻は社会的制度として存在する。

婚姻の歴史的形態については，最初乱婚状態から集団婚，一夫多妻制を経て一夫一婦制へと発展してきたとする学説（モルガン，エンゲルス）がある。これに対して，婚姻の形態は一夫一婦制を基本とし，そのほかの形態は一夫一婦の複合的形態であるとする見解（ウェスターマーク，マリノウスキー）がある。ともかく，婚姻の形態は家父長制社会における一夫多妻から，近代的一夫一

婦制へと推移した。わが国では明治の「新律綱領」(明治3年)が妻妾二親等を規定し，妾の生んだ子を庶子と称して，父との間に三親等の親子関係を認めていた。一夫一婦制が原則として規定されたのは旧法であるが，それは妻に対する一婦一夫の強要という色彩が濃く，事実上の一夫多妻は黙認されていた。そうして，新法となってから一夫一婦制度が確立し，今日に到っている。

(2) **婚姻の方式** 婚姻の方式は事実婚と要式婚に大別され，要式婚には法律婚(民事婚)と儀式婚の二者がある。そして，法律婚主義とは，法律上の手続をしなければ婚姻が成立しないとする立法であり，婚姻の成立を戸籍管掌者への届出にかからせるものを届出主義という。わが国では，旧法以来法律婚主義・届出主義が採用されている。これは当事者の婚姻意思の確保，適法性の証明，婚姻の公示という点で優れた立法主義である。

2. 婚姻の成立

(1) **形式的要件** 婚姻成立の形式的要件は届出である。この届出は，当事者双方および成年の証人2人以上によって，口頭または署名した書面でしなければならない(民739条)。

届出書の作成は，理由を付記すれば代署代捺が許される。届出書の提出は，郵送しても他人に委託してもよい。また，戸籍吏は署名捺印その他法令に違反していないかを審査して受理する(民740条)が，形式的審査権しか有しないために，外見上明らかに違反した届出のみしか拒否できない。このように，届出の手続は簡単であり，本人の出頭を必要としないことから，法律婚主義の浸透には奉仕したが，反面真実の婚姻意思の確認に欠けるところがある。なお，戸籍吏が届出の受理を不当に拒否したときは，家庭裁判所へ不服の申立ができる(戸118条)。

(2) **実質的要件** 婚姻成立の実質的要件は，婚姻意思があること，および婚姻障碍事由(婚姻阻止条件)に抵触しないことである。

婚姻が両性の合意のみに基づいて成立することは憲法の定める(憲24条)ところである。家族法は当然のこととして正面から規定せず，当事者間に婚姻

をする意思がないときは，婚姻が無効であるという形で定める(民742条)。婚姻は，両性間に成立するから，同性間の婚姻は許容されない。また婚姻は当事者の自由意思を尊重し，代理に親しまないために，成年被後見人であっても後見人の同意を要しない(民738条)。ただし，婚姻の意味を理解する能力があることを証すべき医師の診断書を添附しなければならない(戸32条)。婚姻の合意には，特定の条件を付けることはできない。たとえば，別居結婚とか3年間だけ婚姻するという場合，条件部分は無効である。また婚姻の合意は，婚姻届作成時に存在するとともに，婚姻届出時にもなければならない。ただし、内縁が先行する場合、意識不明時の届出が有効とされる。

つぎに，婚姻障碍事由には以下の五種があり，これに抵触する場合は公益的見地から婚姻が取消される。第1に，男は満18歳に，女は満16歳にならなければ婚姻することができない(婚姻適齢・民731条)。精神的，肉体的，社会的に未成熟な者の婚姻を防止するという理由による。改正案要綱では，男女ともに満18歳に統一している。第2に，配偶者のある者は，重ねて婚姻することができない(重婚の禁止・民732条)。重婚とは，法律上の婚姻が重複することであり，これは一夫一婦婚主義を宣言するものである。第3に，直系血族の間，三親等内の傍系血族の間，直系姻族の間，養親または養親の直系尊属と養子，養子の配偶者，養子の直系卑属，養子の直系卑属の配偶者との間では婚姻することができない(近親婚の禁止・民734条・735条・736条)。ただし，養子と養方の傍系血族との婚姻は禁止されない(民734条但書)。優生学的配慮と家族倫理観念の尊重を理由とする。第4に，未成年者が婚姻するには，父母の同意を得なければならない(父母の同意権・民737条)。子の利益を保護するためのものであるから，父母一方のみの同意でも足りる(民737条2項)。

第5に，女は前婚の解消または取消の日から6か月を経過していなければならない(再婚禁止期間・民733条)。これは，たとえば離婚後直ちに再婚して子が生まれたとき，父が前夫なのか後夫なのか明らかでなくなるために，父性推定の重複を回避する立法趣旨である。しかし，女性のみに関する制限であることから，廃止論や制限期間の短縮論が展開されている(広島地判平3年1月

28日判時1388号192頁)。子に真実の父を与えることは子の福祉にとって必要である一方で、女性のみの再婚制限は婚姻の自由という観点から疑問がある。改正案要綱では、制限期間が6か月から100日に短縮されており、前婚の解消または取消の日以後に出産したときは、再婚制限が適用されないとする。

(3) **基本設例** 男女関係から生まれた子 (非嫡出子) を、夫婦から生まれた嫡出子とするために、婚姻届出後直ちに離婚するという念書のもとになされた婚姻届は有効であろうか。

婚姻届出があっても、婚姻する意思を欠く婚姻は無効である(民742条)。婚姻意思とは、社会観念上夫婦共同生活関係を形成する意思をいうから、子の嫡出性付与のためだけになされた婚姻は、仮装婚姻であって無効であるとされている (最判昭44年10月31日民集23巻10号1894頁)。

この判例態度を肯定する学説を、実体的意思説という。これに対して、婚姻意思とは婚姻届出意思であるとする見解(形式的意思説)が対立している。法律上婚姻とは、夫婦共同生活という事実そのものではないと同時に、婚姻届自体でもない。婚姻意思とは、法律上の婚姻効果を受容する意思である(法的意思説)。婚姻の基本的効果は同居、協力、扶助義務であるから、これを拒否する意思のある婚姻は無効とするほかはないと解される。なお、生活保護を受給するための仮装離婚について、判例は形式的意思説を採っており(最判昭57年3月26日判時1041号66頁)、仮装婚姻との統一性に欠けるといわれる。しかし、法的意思説によれば、たとえ離婚後共同生活をしていたとしても、婚姻効果の消滅を受容する意思があれば、離婚意思は存在するのであって、離婚は有効である。判例態度の整合的把握ができることになる。

3．婚姻の効果

(1) **一般的効果** 婚姻締結の際に、夫婦はどちらか一方の氏を協議で選択し、それを各自の氏としなければならない(民750条)。夫婦別氏や第三の氏は認められない (夫婦同氏の原則)。しかし、実際には婚姻によって氏を改めるのは女性が多く、男女の実質的平等の観点から夫婦別姓論が叫ばれている。氏

は旧法上血統を表示する「家」名であったが，現行法上は個人の呼称であるとの建前がとられているから，別姓論は理念的には是認できる。ただ，氏は社会的には婚姻共同体の名称という性格をもち，夫婦別姓とした場合の戸籍の編成や子の氏の問題がある。改正案要綱では，夫婦別氏選択制を導入し，子の氏は婚姻の際に夫または妻の氏に定めるとしている。

夫婦は同居し，互に協力し扶助しなければならない(民752条)。婚姻は夫婦の肉体的・精神的・経済的共同生活関係であって，この婚姻の本質から導かれる婚姻倫理を宣言している。なお，夫婦間の貞操義務について正面から規定するものはないが，夫婦間の性的排他性は同居義務に包含されるものとされている。

未成年者が婚姻したときは，成年に達したものとみなされる(民753条)。したがって1人で有効な法律行為ができ，親権に服することはなく，訴訟能力もある(民訴49条)。また，婚姻後離婚しても，成年擬制の効果は消滅しない。しかし，成年擬制は民法の範囲内に限られ，たとえば公職選挙法，未成年者喫煙禁止法等では未成年者として取扱われる。

夫婦間で契約したときは，一方の意思表示によって婚姻中いつでも取消すことができる(民754条)。夫婦間の契約は，円満な夫婦においては協議に委ねればよく，厳格な法的強制をするまでもないからである。しかし，婚姻関係が破綻の状態にあり，夫婦の利害が対立しているときは，契約取消権の行使が制限される(最判昭42年2月2日民集21巻1号88頁)。改正案要綱では，この規定自体が削除されている。

(2) **財産的効果** 婚姻中における財産上の権利義務を総称して，夫婦財産制という。夫婦財産制には夫婦財産契約と法定財産制がある。夫婦財産契約は，厳格な法定手続を婚姻届出前にしなければならない(民755条から759条)から，わが国ではほとんど行われていない。

法定財産制は，夫婦別産制度を採用している。夫婦の一方が婚姻前から有する財産，婚姻中に自己の名で得た財産は，その者の特有財産であり，どちらの所有に属するか明らかでない財産が，共有財産であると推定される(民

762条)。たとえば、夫が労働の対価として夫名義で得る賃金は夫の特有財産であり、いわゆるヘソクリは帰属不明の財産として共有になる。このような別産制は、財産を形式上取得しない一方の配偶者の保護に欠け、通常家事に従事する妻の家事労働を財産的に評価しない。そのため、別産制は婚姻解体の場面でその裏面である不備を補っており、離婚における財産分与および死亡における配偶者相続権を認めている。しかし、婚姻継続中の問題は残されたままであり、これを解決するには、婚姻中取得した財産は持分平等な夫婦の共有にするという所得共同制が注目される。

　夫婦別産制の下では、婚姻共同生活の経済的側面である生活費は、夫婦双方が分担すべきものとなる。すなわち、夫婦はその資産、収入その他一切の事情を考慮して婚姻から生ずる費用を分担する義務を負う(民760条)。家事労働は、一切の事情に含まれるから、それも婚姻費用分担の一形態である。婚姻費用分担が問題となり、婚姻費用が請求されるのは、夫婦が円満な同居生活をしているときではなく、婚姻関係が破綻に瀕したために別居している場合である。別居中の婚姻費用分担額の算定方式は、労働科学研究所が実態調査から算出した労研方式を基本として、標準生計費方式、生活保護基準方式が用いられる。法律上の婚姻が存続する限り分担義務が消滅することはないが、同居中の婚姻費用が共同生活の維持費用であるのに対して、別居中のそれは婚姻当事者間に生ずる扶養関係であろう。このように把握できれば、夫婦別居によって、実際の婚姻費用分担は相互に軽減されるとともに、正面から社会的扶養の対象になると考えられる。

　夫婦別産制は、家事債務についても別債務の原則を導くが、婚姻共同生活に日常必要とされる家事は夫婦共同の事務であるから、それより生ずる債務は夫婦連帯して責任を負う(民761条)。日常家事の範囲は、通常衣食住の費用や子の養育費であるが、資産、収入等それぞれの婚姻共同生活の実態に応じて個別的に決定される。ただ、夫婦一方の特有財産の処分や高額な借財は日常家事の範囲外とされている。日常家事範囲外の行為が、取引の相手方において範囲内の行為であると信じるにつき正当の理由があるときは、表見代理

の趣旨を類推して第三者保護がはかられる（最判昭44年12月18日民集23巻12号2476頁）。なお，第三者に対して免責の個別的予告をしていた場合は，連帯責任が排除できる（民761条但書）。

(3) **基本設例**　夫婦関係が不和であるために，夫が妻と別居している場合，妻は夫に対して同居請求をすることができるであろうか。

夫婦間の愛情の冷却，一方の同居意思の欠如などによって，円満な同居生活が期待できない状態にあるときは，夫婦いずれもから同居拒否ができるとされている（大阪高判昭49年6月28日家月27巻4号56頁）。

同居とは，単に場合的意味ではなく，協力関係を保った夫婦としての同居である。そのため，単身赴任，病気治療，子の教育など正当の理由がある別居は同居義務に違反しない。また同居義務は，夫婦共同生活の維持向上に寄与するものであり，弾力的判断を必要とする。そのため，婚姻関係が破綻に瀕している場合，同居を強制することはできない。同居請求は，形式的に同居を命ずる段階から，正当理由による同居拒否の認容を経て，同居期待可能性という実効性の観点から同居拒否の範囲を拡大してきた。婚姻関係が破綻段階にあるとき，婚姻関係を調整するための暫定的別居を認容することにこそ，同居義務の機能的存在意義があると解される。

4．婚約・内縁

(1) **婚約**　婚約は，将来婚姻するという契約である。婚約は婚姻の前段階であり，家族法は婚姻成立時の関係から法的対象としているところから，当初は法的保護に値しないとされていた。しかし，社会的に存在する婚約関係について紛争が生じているならば，法が放置するわけにはいかない。

婚約は，男女の誠心誠意な合意によって成立し，特別な方式は必要ではない。婚姻している者が，離婚を条件として婚約するという重婚的婚約は，公序良俗および一夫一婦制秩序に反するから，基本的には無効である。しかし，既存の婚姻関係が事実上破綻している場合，婚姻していることを知らずに婚約した場合は有効である。婚約が正当の理由なくして破棄されたとき，損害

賠償請求権を認めることによって救済がはかられる。また結納の返還義務が生ずるが、婚約破棄について有責な結納授与者からの返還請求は認められない。このように、婚約は家族法の範中に属するというよりも、男女間の債務不履行または不法行為の問題として処理される。

(2) **内縁** 内縁とは、婚姻意思をもって夫婦共同生活を営み、社会的には夫婦と認められているにもかかわらず、婚姻の届出手続をしないために、法律上は婚姻といえない関係である。いわゆる事実上の夫婦のことである。内縁の法的性質は、全く法外な関係として理解された段階から、婚姻の予約とされた段階を経て、今日準婚関係であるとされている（最判昭33年4月11日民集12巻5号789頁）。内縁の本質が準婚であるところから、夫婦共同生活の実体を前提として認められているものは、婚姻と同様に内縁にも準用される。たとえば同居協力扶助義務、婚姻費用分担、日常家事債務の連帯責任であり、そのほかに財産分与も準用される。この反面、婚姻届出を前提とするものは準用されない。たとえば夫婦の氏、嫡出子の推定であり、そのほかに配偶者相続権も否定される。このように、内縁は婚約と異なって、家族法の一部として組み込まれている。

法律上婚姻している者が、同時に内縁関係にもあるとき、重婚的内縁と称される。法的保護の対象となるのは、法律上の婚姻関係が破綻し、実質的に形骸化していることを必要とする。いわゆる事実上の離婚と競合する内縁に限定される。重婚的内縁が法的に保護されてきた場面を挙げると、不当破棄に対する慰藉料、財産分与、交通事故死における損害賠償、死亡後の居住権がある。これらの場合は、重婚的内縁関係自体は解消されており、事後処理の問題である。そして重婚的内縁の妻の氏を夫の氏に変更することを認め、別居中の法律上の妻からの婚姻費用分担請求における額の決定について、重婚的内縁配偶者と未成熟子の生活費を考慮することもあるのが現状である。

しかし、法律婚主義の浸透によって内縁は減少・変質しており、また離婚によって重婚的内縁の解消が可能であるから、準婚的保護の拡大は限界に達している。個別的処理をしながら、内縁という家族法の範中が発展的に解消

されることを指向すべきであろう。

　(3)　**基本設例**　法律上の妻は夫と別居しており，夫は内縁の妻と共同生活に入って11年後に死亡した場合，夫の遺族年金受給権者は，どちらの妻であろうか。

　配偶者とは，社会通念上夫婦として共同生活を現実に営んでいた者であり，戸籍上届出ある配偶者であっても，事実上離婚状態にある場合には，遺族給付を受けるべき配偶者ではないとされている(最判昭58年4月14日民集37巻3号270頁)。

　社会法の分野では，一般内縁配偶者は法律上の配偶者と同視され(健保1条，国年37条の2，厚年59条，国公共済2条，労災16条)，社会法上の地位を確立している。重婚的内縁については，法律上の婚姻関係が実体を失っているときは，重婚的内縁配偶者が法律上の配偶者に優先する。ただ，法律婚が実体を失っているとは，離婚合意の存在，婚姻共同生活の廃止とその長期化・固定化が必要である。社会法は，現実の生活事実自体を個別的に保護する性質を有しており，それを前面に出した結果である。また，家族法における内縁準婚理論の発展と軌を同じくする結論である。重婚的内縁配偶者に社会法上の権利を，法律上の配偶者に相続権を中心とする家族法上の権利を与えるということになろう。

第3節　離婚と法

1．婚姻解消制度

　(1)　**死亡解消**　婚姻は配偶者の死亡および離婚によって解消する。婚姻解消の効果は，婚姻効果が消滅するとともに，再婚の自由を手にすることである。

　同じく婚姻解消の事由であっても，死亡と離婚とでは差異がある。姻族関係は，離婚では当然に終了するが，死亡では姻族関係終了の意思表示をしてはじめて終了する(民728条)。また，婚姻によって氏を改めた配偶者は，離婚

では 3 か月以内に届け出ることによって離婚の際に称していた氏を使用できるが，この手続をしなければ婚姻前の氏に復する（民 767 条）のに対して，死亡では復氏せず，復氏することができる（民 751 条）だけである。離婚では，子の親権者や監護者を決定することが重要な問題となるが，死亡では生存配偶者が親権者である。そして，離婚では財産分与請求権が発生し，死亡解消では相続権が発生する。

(2) **離婚法の推移** 法が婚姻破綻という事実に対していかなる態度をとるかは，宗教的婚姻非解消主義と人間的離婚自由思想との闘いの内にあり，この両者の妥協がはかられた制度として，婚姻破綻から夫婦を解放するのが離婚である。欧米の離婚制度に大きく影響を与えたのは，キリスト教の婚姻非解消主義という教義である。すなわち「神の合せ給える者，人これを離すべからず」とされる。しかし，教会の権威によっても婚姻破綻事実の防止はできず，また婚姻事件の管轄権は教会の手を離れて，裁判所へ移っていった。そして裁判離婚は，有責原因のみに基づいて制限的に離婚を許容する有責主義から，婚姻関係が破綻したときに離婚を認める破綻主義へと推移していった。すなわち，離婚禁止を出発点として，離婚を容易にするコースを歩んだ。

わが国では「合わせものは離れもの」といわれ，古くは"七出三不去"という離婚原因に基づいて，夫の専権離婚を認めていた。その後，武士階級では双方熟談による願出離婚によって，また庶民は"三くだり半"なる離縁状によって夫からは離婚できた。しかし，妻は縁切寺に駆け込むほかはなかった。ただ，通常は媒介人の調整がなされたから，実質的には協議による離婚が行われていたともいえる。ともかく，制度上妻の離婚請求が許されるようになったのは明治以降（明治 6 年太政官布告）である。旧法において，協議離婚および有責主義に基づく裁判離婚を設置した。そして今日，協議離婚，調停離婚，審判離婚，破綻主義による裁判離婚の制度を有している。すなわち，夫の単意離婚を出発点として，離婚を困難にするコースを歩み，裁判離婚の到達点は欧米と同じく破綻主義である。

2．協議離婚・調停離婚・審判離婚

(1) 協議離婚　夫婦は，その協議で離婚することができる（民763条）。協議離婚は，婚姻当事者間における離婚意思の合致，および届出により成立する。届出は，婚姻と同様に当事者双方および成年の証人2人以上からしなければならない。また，夫婦に未成年の子がいるときは，子の親権者を定めて（民819条），これを届出書に記載することが必要である（戸76条）。比較法的にみて極めて簡略な制度であり，離婚総数の9割程度を占める方式である。

協議離婚は，当事者の意思に基づく自主的解決を尊重する制度であり，夫婦の独立と平等が実質的に実現されている社会では，合理的な離婚方法である。しかし，その実態には夫による勝手な離婚届，夫による妻の追出離婚が含まれている。また，妻子の経済的放置という側面も有している。そこで，家庭裁判所の関与による離婚意思の確認，離婚後の経済的処理を届出の付帯事項とする提言がなされている（厚生省離婚制度等研究会報告）。

(2) 調停・審判の離婚　協議離婚ができなかったとき，家庭裁判所に離婚または夫婦関係調整の調停を申し立て，調停委員会の援助によって離婚の合意が形成され，調停調書に記載されたときに離婚が成立するのが調停離婚である（家審17条・21条）。離婚総数の8パーセント程度を占める方式である。調停離婚は，離婚と財産および子の措置をめぐる離婚問題の自主的解決，妥当な解決，一括解決に適した制度である。さらに，家事調停手続において，相手方の財産隠匿や処分を防止する保全処分，および調停で定められた金銭の支払などを実現する履行確保の制度（家審25条の2，家審規133条）を活用することができる。

調停において離婚自体の合意はあるが，財産や親権者の指定等の問題で調停が成立しなかったとき，家庭裁判所が職権で，当事者双方の申立ての趣旨に反しない限りで，離婚の審判をするのが審判離婚である（家審24条）。この審判に不服があるとき，2週間以内に異議申立をすることによって，審判は効力を失う（家審25条）。こうして，夫婦間の合意も調停も成立せず，審判がなされないか，あるいはなされたとしても異議申立によって失効した場合，

最後の手段として，裁判離婚の訴訟を提起することになる。

(3) **基本設例** 離婚話を切り出した夫が，勝手に離婚届をすることも予想される場合，離婚意思のない妻はどうしたらよいであろうか。

婚姻当事者間に離婚意思の合致がない届出は無効である。しかし，届出手続の簡便さ，戸籍吏が実質的審査権を有しないことから，一方の意思のみに基づく離婚届が受理されることがある。受理された離婚届を無効とするには，審判ないし判決を得てから戸籍の訂正をすることになり，手間と時間を要する。そこで，戸籍実務上，離婚届不受理申出制度が確立している(昭和51年法務省通達)。申出人の本籍地の市町村長に対して，不受理の申出を書面をもって行うと，申出人が記載した6か月以内の一定期間は，離婚届の受理が拒否される。申出を取下げる場合，期間の延長を希望する場合は，改めて取下書または申出書を提出しなければならない。この不受理申出制度は，離婚ばかりではなく，たとえば婚姻届のような創設的届出全般に広く認められている（最判昭34年8月7日民集13巻10号1251頁）。

3．裁判離婚

(1) **破綻主義** 世界の離婚法地図は塗り替えられ，しかも接近したと語られる。欧米の離婚法が相継いで改正され（ニューヨーク州，カルフォルニア州，イギリス，フランス，ドイツなど），その方向性は破綻主義の採用と徹底である。そこにみられる代表的形態は，婚姻破綻を唯一の離婚原因として破綻の判断は裁判所に委ねる破綻認定型，有責事由と別居事由を離婚原因とする混合型，ならびに法定期間継続した夫婦別居によってのみ離婚を認容する別居型である。

わが国は，有責離婚原因と破綻主義離婚原因を並列的に列挙し（民770条)，離婚原因の拡大史を図示するような規定形式を採っている。しかし，有責原因は婚姻破綻の典型的例示であって，全体として破綻主義を体現しているのである。破綻主義の下では，婚姻関係におけるすべての事情が考慮され，離婚の許否は究極的には裁判官の自由裁量に委ねられる。そこでは，夫婦双方

における有責行為の比較衡量が離婚の許否を決しているような状況である。そのため，当事者達は互いに相手の有責行為を暴きたて，裁判官は夫婦のプライバシーを害する危険を侵しながら，婚姻関係の全過程を露呈せざるをえず，有責主義さながらの離婚裁判となる。それは，もはや破綻主義離婚ではなく，擬似破綻主義であるとの批判ができよう。

(2) **離婚原因** 裁判離婚は，法定の離婚原因に基づいて，通常の裁判所が離婚許否の判決を下す。離婚総数の1パーセント程度を占めるにすぎない離婚方式であるが，離婚制度全体のあり方に影響を与える重要性を有している。

第一の離婚原因は不貞行為である。不貞とは，夫婦間の貞操義務に反する行為であって，配偶者のある者が，配偶者以外の者と自由意思によって性的関係を結ぶことである（最判昭48年11月15日民集27巻10号1323頁）。第二は悪意の遺棄である。遺棄とは，夫婦の同居・協力扶助義務に反する行為であって，悪意とは，行為の結果を認容する意思である（最判昭39年9月17日民集18巻7号1461頁）。第三は3年以上の生死不明である。3年の起算点は最後の音信があった時であり，生死不明については，裁判離婚による以外離婚の方法はない。第四は回復の見込みのない強度の精神病である。精神病配偶者の看護に努めることは道徳的に美しい姿であるが，法律が健康配偶者に犠牲を強いることはできない。ただ，精神病者の療養・生活について具体的方途を講じる必要性はある（最判昭33年7月25日民集12巻12号1823頁）。また，老人性痴呆症は精神病ではないが，離婚後の経済的見通しが要請される（長野地判平2年9月17日判時1366号111頁）。

第五の離婚原因は，婚姻を継続し難い重大な事由である。これは，婚姻関係が破綻し，婚姻共同生活の回復見込がないことを意味する。すなわち，破綻主義を宣言するものであり，破綻主義離婚の一般規定である。重大な事由の具体例としては，暴行，虐待，性格の不一致，愛情喪失などがある。しかし，具体的事由の列挙は参考程度に過ぎない。なぜなら，婚姻関係は夫婦相互の無数の行為の連鎖反応の過程であるから，婚姻破綻の原因を特定することは神技にひとしい。また，個々の婚姻関係は千差万別であって弾力性も有

するから，暴行や性格不一致の結果として必然的に婚姻破綻となるわけではないからである。このように考えてくると，婚姻破綻の事実上の原因を追求することではなく，破綻主義に適した婚姻破綻の認定基準を設定することが要請される。婚姻の本質が，精神的肉体的経済的共同生活関係であるならば，婚姻の破綻とは，そのような共同生活関係の廃止である夫婦別居が一定期間継続したこと自体に求められよう。改正案要綱では，離婚原因として精神病事由を削除して，5年以上継続する夫婦の別居事由を追加する一方で，離婚請求棄却事由として苛酷条項および信義則条項を導入している。

(3) **基本設例** 夫が妻以外の女性と同棲生活に入ったために，夫婦関係が破綻した場合，夫からの離婚請求は認められるであろうか。

有責配偶者からの離婚請求であっても，夫婦の別居が当事者の年齢および同居期間との対比において相当長期間であり，その間に未成熟子が存在せず，相手方が離婚によって極めて苛酷な状態となるような特段の事情がない限り，離婚が認容されるとしている（最大判昭62年9月2日民集41巻6号1423頁）。

破綻主義離婚法下において，明確な規定がないにもかかわらず，有責配偶者の離婚請求を拒否する態度が確立されていたが，一定の要件に基づいて離婚が許容されるようになった。有責配偶者の離婚請求を拒否する態度（消極的破綻主義）は，国民の倫理的道徳感情および離婚後の妻の経済的境遇への妥協をはかる立場である。これに対峙するのは，婚姻破綻という事実現象と離婚という法的現象を合致させることによって，破綻主義の趣旨を貫徹しようとする立場（積極的破綻主義）である。

破綻主義の思想は，婚姻の維持と離婚の自由という背反する2つの概念を止揚したものであり，これは離婚権および離婚拒否権を婚姻破綻の存否によって保障するというものである。したがって，婚姻関係の破綻が存在するとき，裁判所は離婚判決を下すように拘束されるのが理倫的帰結である。また，未成熟子および相手方配偶者の保護は，形骸化した婚姻を法律上維持することによってはたされるものではなく，子の監護者指定および財産分与の確保によって実現できる。したがって，有責配偶者からの離婚請求問題は，破綻

主義の特殊領域を形成するものではなく，婚姻破綻の認定および離婚の効果という問題に解消されるのであって，破綻主義離婚の一般問題であると解される。

4．離婚の効果

(1) **財産分与** 離婚した者の一方は，相手方に対して財産の分与を請求することができる（民768条・771条）。財産分与は，婚姻中および離婚後における一切の事情を考慮して決定されるが，その内容はつぎのとおりである。まず，夫婦財産関係の清算的要素である。婚姻共同生活において蓄積された財産は，夫婦いずれの名義となっていようとも，実質的には夫婦の協力によって得た共同財産である。しかし，夫婦別産制によって形式的には名義人の特有財産となっている。そこで，この実質と形式のズレを清算し，財産における夫婦平等をはかるのである。通常家事労働の財産的評価がなされる。

つぎに，離婚後の扶養的要素である。夫婦財産の清算をした後，それでも離婚によって一方配偶者が生活の低下を招くとき，経済的余力のある他方配偶者は扶養しなければならない。個人としての経済的独立を援助するためにである。そして，夫婦一方の有責行為によって，離婚せざるをえないようになった他方配偶者は，それによって被った精神的損害の賠償を請求でき，これが離婚慰藉料の要素である。財産分与と慰藉料とは性格を異にするが，別々に請求することも，財産分与に含めて請求することもできる（最判昭46年7月23日民集25巻5号805頁）。さらに，婚姻中一方配偶者が過当に負担した婚姻費用を，財産分与によって請求することができる（最判昭53年11月14日民集32巻8号1529頁）。なお，財産分与請求権は，離婚の時から2年の除斥期間で消滅する。改正案要綱では，離婚当事者間の財産上の衡平を図るために，財産分与の有無・額・方法について考慮事情を明確にするとともに，婚姻財産の清算については双方の協力または寄与の程度は相等しいとする，いわゆる2分の1ルールが採用されている。

(2) **子の監護** 夫婦が離婚するとき，子の親権者（民819条）あるいは監護

者（民766条）を協議によって父母の一方に定めなければならない。協議が調わない場合，協議ができない場合は家庭裁判所が定め，裁判離婚の場合は裁判所が判決によって定める。婚姻中に父母の共同親権および共同監護にあった未成年子が，離婚という事態によって，父母から放置されることを防止するためにである。しかし，父母が離婚して別々の生活を営むからといって，親と子とは離縁するわけではないから，単独親権ないし単独監護となる必然性はなく，離婚後も共同監護によって，子の福祉を確保すべきであろう。改正案要綱では，監護者の決定・親子の面接交流・監護費用の分担等について，子の利益が最優先することを定めている。

(3) **母子家庭** 子のいる夫婦が離婚すると，母子家庭または父子家庭となる。離婚総数の7割近くが有子夫婦の離婚であり，有子離婚の8割近くを母子家庭が占めている。母子家庭では，母の就労による経済的独立が社会的に困難な側面があり，経済的独立をする程に就労すれば子の監護養育に欠けるという矛盾を抱えている。

家族法は，財産分与および子の養育料請求の制度を有しており，離婚による母子家庭に対する生活援助を用意している。しかし，その実態は貧弱である。たとえば，財産分与の取決めをする離婚は6割程度であり，その額は低いといわれる。また，養育料の取決めをするのは8割程度あるが，その額は不十分であるとともに，時の経過につれて支払われなくなる。これらは家庭裁判所における離婚の場合であって，協議離婚では一般にそれにも達しないことが容易に想像される。

離婚母子家庭の福祉には，その事実上の中心である児童扶養手当（児扶手4条・5条），家庭育児支援の児童手当（児手4条・6条），本来母子福祉の基本であるべき母及び寡婦福祉法の貸付金制度（母福10条），児童福祉法による母子寮（児福23条）があり，最終的には生活保護法が保障する。しかし，母子家庭の生活実態は，勤労者世帯の平均年間収入に比して，その半分程度に止まっている。

このようにみてくると，財産分与および子の養育料請求の積極的活用，母

子福祉の体系的充実，家族法と社会福祉法の連携が急務である。なお，父子家庭は，財産分与や養育料，ならびに福祉の面において母子家庭の陰に隠れており，家庭介護人派遣事業や税制における寡夫控除があるものの，家族法と社会福祉法の谷間に落ちている。父子家庭における子の利益が忘れられてはならない。

(4) **基本設例** 夫婦が離婚し，母が子の親権者となった場合，法律上親権者でも監護者でもない父は，子と会うことができるだろうか。

未成熟子に対する面接交渉は，親としての最低限の要求であり，子の福祉を害することがない限り，制限されたり，奪われることはないとされている（東京家審昭39年12月14日家月17巻4号55頁，最判昭59年7月6日判時1131号79頁参照）。

子が健全に成育するには，精神分析学上父母の愛情に包まれていること，適度な刺激が与えられること，心理的親子関係の継続性が保持されることが重要である。離婚後であっても，父親と母親の役割がバランスをもって共同ではたされることが要請される。親と子とが面接交渉によって交流を深めることは，子と共同生活ができない親にとっては，自然的権利であるとともに子の福祉に貢献する親の義務である。子にとっては，親に対する権利である。また現実に監護している親には，他方の親と子との交流によって子の利益をはかる義務があろう。ただし，離婚夫婦間の感情的財産的対立が，子との面接交渉の場面に影を落さないように配慮する必要がある。

第4節　親子と法

1．親子制度

(1) **親子法の推移**　親子制度は「家のため」から，「親のため」の段階を経て，「子のため」へと推移した。「家」制度の下では，家族員を統制する権限が家長に集約されていたから，親子の関係も家長に支配され，親子制度は独立して存在しえなかった。ここでは家系の継続と家産の維持のための道具と

して家長により子が支配された。その後，家族の生産団体性が稀薄化して家長権が衰退してくると，親子という個別的関係が家長権から遊離・独立してくる。ここでの親子関係は，親の利益が優先し，子は親の老後の生活を担当するものであった。

やがて，近代的婚姻家族が出現すると，未成熟子の福祉を中心とする親子法が形成される。ここでの親子関係は，親が子に対して監護教育の義務をはたすというものである。そのため，親は義務の範囲内において子を監督する権利が認められ，子は独立した人格を有する人間として尊重される。また，子が成人すると，法的親権関係から離れて，通常の親族関係となるのであるから，親子法は未成年子の福祉を実現するための経過的制度でもある。

(2) **基本理念** 児童の権利に関する条約 (1994年) は，子どもが単なる保護の対象ではなく，権利の享有主体および権利の行使主体であるとしている。そこでの親子関係は，家庭的環境において成長する子どもの権利を確保すること，親の権威の絶対視を否定すること，子どもの意見尊重と子どもの精神的自律ないし市民的自由を承認すること，子ども間の差別を禁止することが重要であるとする。これらを実現するには，わが国において血縁主義の見直し，養子制度の再編成，親権後見統一論の検討，嫡出子と非嫡出子の平等化などが必要となろう。

2．実子

(1) **嫡出子** 嫡出子とは婚姻から生れた子である。妻が婚姻中に懐胎した子は夫の子と推定される。そして，婚姻成立の日から200日後，または婚姻の解消もしくは取消の日から300日以内に生まれた子は，婚姻中に懐胎したものと推定される(民772条)。夫婦は共同生活を営むものであるから，妻が婚姻中に懐胎した子の父は夫であろうとすることは一般社会通念である。200日ないし300日というのは，医学的経験則に基づいた婚姻中の懐胎期間である。

嫡出推定を受ける子は，嫡出否認の訴によらなければ，嫡出子という身分

第4節　親子と法　187

を奪われない。この訴を提起できるのは，原則として夫のみである（民774条，人訴28条・29条）。また，嫡出否認権は夫が子の出生後に嫡出性を承認したとき（民776条），夫が子の出生を知った時から1年を経過したとき（民777条）に消滅する。したがって，夫が嫡出子と承認した場合，また夫が嫡出否認の訴を提起しないで1年間が過ぎた場合，真実の血縁関係がなくとも親子関係が擬制され，その反面真実の父は自己の子を認知することができなくなる。血縁を重視する限り，嫡出否認権者を妻および子に拡大し，出訴期間制限を緩和する立法を考慮する余地がある。しかし，それは親子関係の安定性が早期に確保されることが子の利益に適うという考え方に反する。

　妻が婚姻中に懐胎した子であっても，夫の長期不在や生殖不能などによって，妻が夫の子を懐胎することが不可能なときには，嫡出推定が及ばない（推定の及ばない子）。他方，婚姻成立後200日以内に生れた子は，夫の子であることが明白なときでも，嫡出子の推定を受けないことになる。従来は認知準正によって初めて嫡出子になるとしていたが，今日では当然に嫡出子である（推定されない嫡出子）。推定の及ばない子，推定されない嫡出子については，嫡出否認の訴ではなく，親子関係不存在確認の訴が許され，利害関係人はいつでも嫡出の身分をくつがえす請求をすることができる。

　(2)　**非嫡出子**　非嫡出子とは婚姻外から生れた子である。非嫡出親子関係は，認知によって発生する（民779条）。しかし，非嫡出母子関係の発生については，最初認知を必要とするとしていたが，少くも出生届を要するとし，ついで扶養義務関係のみは分娩によって是認するとの態度を経て，今日では，原則として分娩の事実により当然に発生する（最判昭37年4月27日民集16巻7号1247頁）となっている。

　非嫡出父子関係は，任意認知および強制認知により発生する。任意認知は，父子間に親子関係を形成する父の意思表示であり，父の意思が尊重される。しかし，成年の子を認知するには子の承諾（民782条），胎児を認知するには母の承諾（民783条）が必要である。任意認知は戸籍上の届出によってなし（民781条），届出がなければ法的親子関係は成立しない。

父が任意に子を認知しないときは，子，直系卑属またはその法定代理人は，認知の訴を提起することができる（民787条）。これが強制認知であり，裁判認知とも呼ばれる。認知の訴は，父の生存中出訴期間の制限はないが，父の死亡後は3年に限られる（民787条但書）。また，父が金銭を与えて子や母がする認知請求権の放棄は無効である（最判昭37年4月10日民集16巻4号693頁）。

　認知訴訟において，証明されるべき事実は生物学的父子関係の客観的存否である。これを完全に立証することは困難であり，また法は証拠法則を定めていないから，総合的に判断するしかない。通常，母が子を懐胎した期間中に被告男性と継続的情交関係があったこと，その期間中に被告男性以外の男と情交関係のあった事情が認められないこと，血液上の背馳がないことなどによって父子関係の存在が推認される（最判昭32年6月21日民集11巻6号1125頁）。今日，当事者の協力があれば，DNA鑑定によって父子関係が判定でき，裁判所での利用が進んでいる。

　(3)　**人工生殖子**　夫婦間の自然的性結合によらず，人為的に精子と卵子を結合させて生れた子を，人工生殖子と総称する。人工的生殖は，婚姻夫婦の1割以上が不妊夫婦であるところから，不妊治療技術として発達してきた。人工生殖の方法には，人工授精および体外受精がある。そして，これらの方法は，第三者女性に出産行為を委託する代理母を出現させた。また，精液および授精卵の凍結保存技術は，受精と出産との時間的ズレを可能とした。

　人工授精は，女性の体内に精液を送り込んで，精子と卵子を結合させる方法である。夫に不妊原因，たとえば精子数不足や心因性不能などがあるときに用いられる。夫の精液を使用する配偶者間人工授精（AIH），および第三者の提供した精液を使用する非配偶者間人工授精（AID）がある。前者は，嫡出子の出生が性関係によらなければならない必然性はないから，推定される嫡出子である（東京高判平10年9月16日家月51巻3号165頁）。後者は，夫の同意があるとき，嫡出子の承認をしたものと推定して夫は嫡出否認権を失い，また夫の同意がないときは，夫の子の懐胎が不可能な場合に準じて嫡出推定の及ばない子であると考えられる。そして，夫が第三者女性に人工授精を依頼

して出産する代理母の場合，夫は生まれた子を認知し，妻は養子とすることになろう。

体外受精は，精子と卵子とを試験官内で受精させ，受精卵を女性の胎内に移植し着床させる方法である。妻に不妊原因，たとえば卵管閉塞などがあるときに用いられる。夫または提供者の精子と，妻の卵子を結合させて妻が出産する場合には，人工授精における親子関係と同様である。しかし，夫と妻との受精卵を代理母の胎内に移して出産する場合，出生子の父は夫であり，母は分娩者というよりも，卵の母である妻であろう。ところで，夫と精子提供者が分離し，妻と卵子提供者と出産者が分離し，その相互の組合せが可能となったことによって，複雑で困難な問題が発生する。生命の尊重や子の親を知る権利の問題があるとともに，親子関係の問題がある。遺伝学上の親は，精子および卵子の提供者である。しかし，法律上親子関係を有する親を決定することは，血縁主義を基本とする実子法では限界がある。根本的には，人工生殖を夫婦間に限定する予防的措置とともに，立法的解決によって子の地位を安定させることが子の利益である。

(3) **基本設例**　未婚の母の承諾を得て，事実上養子として3年間にわたり子を養育していたところ，実母が実力で子を奪って返してくれない場合，事実上の養親は子の引渡請求をすることができるであろうか。

幼児を監護するときは，当然身体の自由を制限する行為を伴うから，監護権者による監護かどうかにかかわりなく，子の拘束を回復するために，人身保護法による子の引渡請求ができるとされている（最判昭49年2月26日家月26巻6号22頁）。ただし，夫婦間の請求は，拘束者の監護が他の配偶者の監護に比べて，子の幸福に反することが明白な場合に限定される（最判平5年10月19日民集47巻8号5099頁）。

子の奪い合い紛争は，愛情と愛情の対立であって，解決困難な問題である。子の引渡請求を認めるか否かの判断基準は，紛争当事者の権限の有無ではなく，紛争の渦中にある子の利益である。未成熟子にとっての母の必要性とともに，実質的親子関係の形成を重視しなければならない。そのほかに，養育

環境や養育能力などが考慮される。このような総合的裁量判断は，人身保護法に基づく一般訴訟手続には親しまない。家庭裁判所の専属管轄として，科学調査や後見的機能を発揮した妥当な解決をはかるべきであろう。

3. 養子

(1) **養子縁組** 養親子は法定親子関係であり，縁組によって発生する。縁組の形式的要件は，婚姻と同じく届出であり(民799条)，実質的要件は縁組意思の合致であって，これらがないときに縁組は無効である(民802条)。そして，養親は成年に達していること(民792条)，養子は養親の尊属または年長者でないこと(民793条)，後見人が被後見人を養子とするとき(民794条)，および未成年者を養子とするとき(民798条)は，家庭裁判所の許可を受けることが必要である。ただし，自己または配偶者の直系卑属を養子とする場合には許可を必要としない。また養子となる者が15歳未満のときは，その法定代理人が縁組の承諾をすることができる(代諾縁組・民797条)。これらに違反した縁組は取消すことができる。

配偶者のある者が成年子を養子にするとき，あるいは配偶者のある者を養子にするときは，配偶者の同意を得て，単独で縁組をすることができる(民796条)。配偶者の同意がない場合は取消の対象となる。しかし，配偶者のある者が未成年者を養子にするときは，夫婦共同縁組をしなければならない(民795条)。ただし，配偶者の嫡出子を養子とする場合は単独縁組ができる。

(2) **縁組の効果** 養子は，縁組の日から養親の嫡出子たる身分を取得する(民809条)。親権，扶養，相続権などにおいて，嫡出実親子関係と同一である。また，養子は原則として養親の戸籍に入り(戸18条)，養親の氏を称する(民810条)。ただし，婚姻によって氏を改めた者が単独で養子となる場合，夫婦の氏が優先する(民810条但書)。そして，養子と養親およびその血族との間に親族関係が発生するが，実親およびその親族との関係も終了せずに維持される。なお，養子縁組は家庭裁判所の許可を得た死後離縁，協議離縁，調停離縁，審判離縁，裁判離縁をすることができる(民811条・814条，家審17条・24条)。

しかし，裁判上有責当事者からの離縁請求は，養親子関係が破綻していても認められていない（最判昭39年8月4日民集18巻7号1309頁）。

(3) **特別養子** 特別養子は，要保護児童の積極的福祉を図る制度である。要保護児童の福祉としては，児童福祉法において，養護施設収容および里親委託などがある（児福27条）が，ここに家族法上特別養子が加わったものと位置づけられる。したがって，多様な目的を許容する契約としての一般養子とは勿論，子の福祉に反しない限り容認される一般未成年者養子とも区別される。また，幼児を引取って自分の嫡出子として育てる"わらの上からの養子"にみられる養親の実子願望を満足させる手段でもない。さらに，再婚の際の連れ子特別養子，一般養子から特別養子とする転換特別養子は，認容されることもあるが，本来的には特別養子の対象とはいえない。

特別養子縁組は，家庭裁判所の審判によってのみ成立する（民817条の2，家審9条1項甲類8号の2）。審判の判断基準は，父母による監護が著しく困難または不適当である場合において，子の利益のために特に必要があるか否かである（要保護要件・民817条の7）。審判にあたっては，家庭裁判所調査官による調査（家審規7条の2）とともに，児童相談所に調査・判定の嘱託をすることができる（家審規8条）。また，養親となる者が養子となる者を6か月以上監護した状況が考慮される（民817条の8）。

縁組の成立要件について，子は6歳未満の者に限られるが，里子のような場合は8歳に達するまで認められる（民817条の5）。養親は，配偶者のある25歳以上の者が，夫婦共同縁組をするときに限られる。ただし，一方配偶者の嫡出子の養親となる場合は単独縁組ができ，また夫婦の一方が25歳以上である場合は他方が20歳に達していればよい（民817条の3・4）。そして，特別養子となる者の父母の同意が必要とされるが，同意ができない場合，子の利益を著しく害する事由がある場合には同意を要しない（民817条の6）。

縁組の効果は，いうまでもなく養親夫婦の嫡出子たる身分を取得することである。そして，養親の血族との間に親族関係が発生すると同時に，実親およびその血族との親族関係は終了する（民817条の9）。ただし，近親婚の制限

は残る。また，戸籍の記載は，養親の戸籍に父母として養親の氏名のみが書かれ，続柄欄には長男や長女と表示される。このように，特別養子は養親と子の年齢差，実親子関係の終了，戸籍の記載，また原則として離縁を認めないことなどの面において，実親子に接近した養子制度である。

(4) **基本設例** 夫婦間に子がいないため，児童相談所に，特別養子縁組の斡旋を依頼しましたが，実現するでしょうか。

児童相談所長は，要保護児童対策の一環として，保護に欠ける児童に適当な養親を見出し，適当な養子縁組を結べるよう務めなければならない（児発138号）。養親になろうとする者から相談を受けた場合，養親希望者およびその家族に関して，たとえば経歴，健康状態，養育の方針などについて調査し，また養子になろうとする者に関しても調査をする。そして適当であると判断するとき，里親として6ヵ月以上養育することを勧める。その養育状況を考慮して，家庭裁判所が特別養子縁組の成立要件を満たしているかを審判することになる。このように，児童相談所を経て特別養子の申立てをすることが要保護児童の養育制度として望ましい姿である。

4．親権

(1) **親権者** 親権者には，父母が婚姻中のときは父母が共同してなる（民818条3項）。子の監護教育は，父母が協議して行い，共同の責任をもつということである。他方，父母の一方が親権を行使することができないときは，単独親権者となる（民818条3項但書）。たとえば，父母の一方が失踪宣告や親権喪失の宣告を受けた場合，および死亡した場合である。また，離婚後は協議で親権者を一方に定めなければならない。そして，非嫡出子の親権者は父の認知によって父と特に定めない限り母である（民819条）。親権を行う者がいないときは後見が開始する（民838条）。養子縁組のときは，養親が親権者となり実父母は親権を失う（民818条2項）。

親権に服するのは子である。婚姻していない未成年の子に限られる（民818条1項）。しかし，児童福祉法の対象は18歳に満たない者となっており（児福4

条)，両者の統一が望まれている。

(2) **親権の内容** 親権とは，その文言にもかかわらず，子の健全な発達を保護するという親の義務である。そこには，子の人権保障が横たわっている。親権の内容は，大別すると身上監護権および財産管理権である。親権者は子の監護および教育をする権利を有し，義務を負う(民820条)。監護とは身体の保全育成行為であり，教育とは精神の発達行為である。しかし，両者は現実の生活の中で厳密に区別されるものではなく，心身の社会的育成をはかる行為のすべてを総括するものである。

監護教育を実のあるものにするために，いくつかの権利が規定されている。子は親権者が指定した場所に居所を定めなければならない（居所指定権・民821条）。子の発達に適した住居環境を設定する親の義務である。親権者は監護教育に必要な範囲で子を懲戒することができる（懲戒権・民822条）。いわゆる叱る権利であり，子のしつけや非行の矯正をしなければならない親の義務である。子は親権者の許可を得なければ職業を営むことができない（職業許可権・民823条）。職業を営むとは他人に雇用される場合を含むが，親権者が本人に代ってする労働契約や賃金受け取りは禁止される（労基58条・59条）。

親権者は子の財産を管理し，その財産法上の行為について子を代表する(民824条)。管理とは財産の保存，利用，処分行為を含む。子の財産から利益があれば，それを監護教育費用と財産管理費用にあてることができる（民828条）。しかし，親権者自身が子の財産を取得することは許されない。また，親と子の間における売買のような利益相反行為については，親権者は代理権や同意権を行使できず，子のために特別代理人を選任するよう，家庭裁判所に請求しなければならない(民826条1項)。子の1人と他の子との利益相反行為についても同様である（民826条2項）。

(3) **基本設例** 親権を有する寡婦が，生活の安定と子の教育費を作るために，妻子ある男性の妾となった場合，その母は親としての資格があるのだろうか。

母親の行為は非難すべきものであるが，その行為をした事情を考慮し，そ

の行為によって子の利益が害されたときでなければ，親権の喪失は認められないとされている（大判昭4年2月13日法律新聞2954号5頁）。

　親権は，子の福祉を確保するために認められる親の義務であるから，その目的に反する行使は許されない。そのため，親権者から親権を奪う親権喪失の制度がある。親権喪失は子の親族，検察官，児童相談所長の請求によって，家庭裁判所が宣告する（民834条，児福33条の6）。親権喪失の原因は，親権の濫用および親権者の著しい不行跡である。たとえば子の虐待や遺棄は監護教育権の濫用である。また，放蕩や賭博癖は著しい不行跡である。性的不品行も不行跡であるが，それが子に悪影響を与えて，他の者に親権行使させたほうが子の利益に適うと判断されるとき，はじめて親権喪失が宣告される。

第5節　福祉と法

1．社会福祉制度

(1)　**社会福祉**　資本主義社会では，自己の資産および収入等の私有財産を活用して，自己の生活を維持する自己責任の原則が支配する。しかし，国家は，国家という組織体の維持発展のために豊かな構成員を必要とし，また資本主義経済は，自由競争による富の偏在という裏面を修正するために所得の再分配を行い，そして人間は安定した生活をする権利を有する。そこで，資本主義経済を採用する国家の義務として，国民の健康で文化的な最低限度の生活を営む権利を保障することになる。これが憲法に定められている生存権の保障である（憲25条）。

　生存権を基盤として，広い意味の社会福祉が構築されている。生存権を直接保障する生活保護，および社会保障，社会福祉，社会手当がある。社会保障は，生活困窮の原因となる社会的事故に対して，保険方式により経済的給付をするものである。傷病には医療保険，老齢・障害・死亡には年金保険，労働災害には労働災害補償保険，失業には雇用保険がある。他方社会福祉は，各階層の生活ニーズに対応して，公費により生活サービスをするものである。

児童福祉法，母子及び寡婦福祉法，身体障害者福祉法，精神薄弱者福祉法，老人福祉法がある。社会手当は，無拠出制による所得保障であり，家庭育児支援の児童手当，生別母子家庭を対象とする児童扶養手当，障害児に支給する特別児童扶養手当などがある。このように，社会福祉の体制は一応整備されている。しかし，その形成過程は，国家指導によるモザイク模様の塗り重ねであり，今日法制度の見直しを含む大系化および少子高齢社会に対応した制度構築がなされている。すなわち，社会福祉制度は再編成転換期の渦中にある。

(2) **日本型福祉論** 西欧型社会福祉は高福祉高負担または低福祉低負担である。日本型福祉は高福祉・低負担を理念とする。しかし，転換期に際して展開されている日本型福祉論は，自助努力および受益者負担の強化によって低福祉を実行し，財政上の理由から高負担を強い，その肩代りとして家族などへの依存を高めることを内容としているというのが実像である。

自助努力および受益者負担の強化は福祉国家責任の回避であり，財政的理由づけは人の最低限度の生活まで国の財政に左右されることを物語っており，社会福祉を崩壊の道に導く。また，現在の核家族は夫婦と未成熟子の通常の生活保障が限界であり，家族への過重依存は家族を解体の道に歩ませることになる。基本的には，プログラム規定説による生存権の空洞化を止め，生存権の基本的人権としての性格を再評価することが必要である。そして，社会福祉と家族とが担うべき役割りの適正配分が確立されるとともに，国家の基礎単位である家族を支援する社会福祉が発展しなければならない。

2．私的扶養

(1) **私的扶養と公的扶助** 今日の社会では，自然的原因（幼年，高齢，病気，障害等），社会的原因（失業，労働災害等），現代的原因（住宅費や教育費の高騰，公害や交通事故による傷病と障害等）によって，生活困窮者が発生する。これらの者の経済的生活を援助するのが扶養である。扶養の制度は，私的扶養と公的扶助に区分される。

私的扶養は，家族法が規定し，婚姻および血縁を基礎とする家族による扶養である。公的扶助は，最終的には生活保護法が規定し，生存権を基礎とする国家による扶養である。家族扶養は，理念的には婚姻共同生活を営む夫婦および未成熟子間に限定され，そのほかの扶養は家族から国家へ移行すべきものである。しかし，その過渡的形態として親族扶養がある。

(2) **親族扶養** 親族扶養とは，扶養を必要とする者と，その一定の親族関係にある者との間の経済的援助関係である。扶養は，その性質によって2つの類型に分かれる。夫婦間および親と未成熟子間の扶養は，婚姻共同生活を前提として必然的に存在するものであり，配偶者または未成熟子の生活を自己の生活の一部として同一程度に保障する扶養である。いわゆる生活保持義務と称される。これに対して，夫婦および未成熟子以外の親族関係を前提として偶発的に課せられる扶養は，扶養義務者が自己に相応な生活水準を保ってなお余力があり（扶養可能状態），扶養権利者が扶養を必要とするときに（要扶養状態）発生する義務である。いわゆる生活扶助義務と称され，これが親族扶養である。しかし，現実の扶養料算定は，生活保持義務と生活扶助義務を結んだ連続線上の一地点にあり，具体的場合に応じて決定される。ただし，親族扶養の起算点が，生活扶助義務であることを見失ってはならないだろう。

扶養当事者の範囲は，直系血族および兄弟姉妹であり，特別の事情があるときに限って，家庭裁判所は三親等内の親族にも扶養義務を負わすことができる（民877条）。扶養の順位，程度，方法など扶養の内容については，当事者間の協議に委ねられており，協議が調わないときは家庭裁判所が定める（民878条）。そして，扶養請求権は一身専属性を有するから，処分できない権利である（民881条）とともに，相続の対象とはならない（民896条）。そのため，扶養請求に関する訴訟の承継は認められず，生活保護受給権の訴訟も本人の死亡によって終了する（最判昭42年5月24日民集21巻5号1043頁）。

(3) **基本設例** 姉が身体障害で長期入院している妹の生活費を負担し，弟が全く援助しなかった場合，姉は弟にこれまで支出してきた妹に対する扶養料を請求できるであろうか。

兄弟姉妹間の扶養料は，共同で負担するものであり，本来他の扶養義務者が負担すべき額を現実に支出してきた者は，その者に扶養料の求償ができるとされている（東京高決昭61年9月10日判時1210号56頁）。

扶養の目的は，扶養を必要とする時点の生活需要を充足することであり，過去に必要であった扶養料を現在において支出するというのは論理的矛盾である。しかし，この論理を貫くと，扶養義務の履行を怠った者は扶養義務を免れる結果となる。そこで，この不公平を是正するために，扶養分担額を過去に遡って形成決定しうることとなった。どの時点まで遡って，どの程度の求償を認めるかは，家庭裁判所が扶養期間，出費額，資力等の事情を考慮して定める。

3．生活保護

(1) **保護の要件**　生活保護法は，生存権保障(生保1条)，保護の無差別平等(生保2条)，最低生活保障(生保3条)，保護の補足性(生保4条)を基本原理とする。ここから保護の受給要件を抽出すると，つぎのようになる。第一は，日本国民であることである。ただし，人道上の配慮から外国人にも準用される。第二は，国の定める健康で文化的な生活水準を維持できないことである。この水準は，動物としての生命を保持できる最低生活ではなく，人間としての尊厳に値する最低限度の生活である。第三は，自己の資産，労働能力，そのほかあらゆるものを活用することである。これは自助手段を活用し，それでも最低限度の生活に不足があるとき，不足分を生活保護が補うとするものである。

ところで，保護の受給要件ではないが，生活保護に優先して行われるものに，家族法が定める扶養義務者の扶養がある(生保4条2項)。いわゆる親族扶養優先の原理である。その根拠は，生活保護が生活困窮者の最終的保護手段であるという性格にある。「優先」とは，家族法上扶養能力のある扶養義務者が存在するときは，保護が受けられないということ(受給要件説)ではない。扶養義務者が現実に扶養を行ったときには，その限度で保護が受けられないと

いうこと（事実上の順位説）である。また，優先する「親族扶養」とは，家族法が範囲・程度を定める扶養義務者の扶養であって，協議，調停，審判において具体的に確定した扶養義務である。したがって，扶養を期待できる扶養義務者がいても，具体的扶養義務に基づいて現実に扶養を受けていない場合，生活困窮者は生活保護を請求することができる。保護を先行した後，具体的扶養義務の履行義務者がいた場合，その者から費用を徴収できるだけである（生保77条）。

(2) **保護の実施** 生活保護は，原則として申請に始まり（申請保護の原則・生保7条），要保護者の実際の必要に応じた保護費の決定（必要即応の原則・生保9条，基準及び程度の原則・生保8条）を経て，具体的に実施される。

ところで，保護は世帯を単位として，その要否および程度を定める（生保10条）。いわゆる世帯単位の原則である。その根拠は，同一世帯では1人当りの生活費が逓減するという世帯の利益があるから，現実の生活単位について判定・実施するのが合理的であるということにある。世帯とは，居住と生計を同一にすることである。しかし，世帯単位の原則は，世帯員の総収入を世帯の生活費に充当することを要求し，世帯の中に世帯員相互の扶養義務関係を埋没させる。そのため，扶養義務者でない世帯員に扶養を負担させ，また生活扶助義務の世帯員に生活保持義務を課すことになる。生活保護が，例外的に許容する個人単位（生保10条但書）を原則として活用すべきであろう。

(3) **基本設例** 生活保護を受けるために訴訟を必要とした場合，訴訟費用は，生活保護費として認められるであろうか。

訴訟は，一般人の日常生活に属するものではないから，生存権が保障する最低生活に含まれず，保護を受けるための経費は，保護費で出す必要はないとされている（最判昭63年4月19日藤木第二次訴訟）。

生活保護の種類は，生活扶助，教育扶助，住宅扶助，医療扶助，出産扶助，生業扶助，葬祭扶助である（生保11条）。訴訟費用は規定されていない。しかし，保護実施機関の誤った処分によって保護が受けられず，それを是正するために提起した訴訟は，要保護者の最低生活維持にとって必要不可欠なもの

である。また法治国家において，権利侵害の回復を訴訟により行うことは社会生活の重要な一側面であり，生活保護申請者も例外ではない。これを否定することは，訴訟費用を援助する制度（訴訟救助，法律扶助）が不十分である状況において，裁判を受ける権利（憲32条）および生存権（憲25条）に違反し，生活保護受給権の権利性を侵害するものであろう。

4．高齢者福祉

(1) **高齢社会**　人生50年で子沢山という「多産多死」から，「多産少死」を経て，人生80年で子1人という「少産少死」の社会となった。1人の女性が生む平均子ども数（合計特殊出生率）は，2.1人でなければ世代の単純再生産を可能としないが，出生率はそれを大きく下廻っており，人口推計では2007年をピークにして以後減少に転じていく人口減少社会が到来する。また，65歳以上人口の割合である高齢化率は，2018年に25パーセントを超えて，国民の4人に1人以上は高齢者という状況が一世紀近く継続すると推計されている。さらに，要介護高齢者は80歳で10パーセントを超えて，85歳以上では24パーセントになると見込まれている。このような少子高齢社会は，社会保障および社会福祉の国家財政を圧迫し，家族への過重依存を強化するおそれがある。

しかし，知識と経験の豊富な高齢者が多い社会は，安定した国家である。高齢者の存在が問題なのではなく，高齢者は社会と家族の負担であるという視点の設定が，高齢社会を老人問題化するのである。高齢者の労働力活用，社会参加の促進，地域環境の整備，トータルな生活ニーズを援助する総合的施策によって，世代間の協力体制を構築しなければならない。

(2) **高齢者の生活保障**　高齢者にとって医療保障，年金保障，福祉サービスが基本的に重要である。医療保障は，国民皆保険の実現によって，本人についてはサラリーマンなどを対象とする健康保険において8割給付（2割負担，健保43条の8・健保附則4条），自営業者などを対象とする国民健康保険において7割給付（3割負担，国保42条）が行われ，家族（国保19条，健保1条）につ

いては7割給付（3割負担，ただし健保の入院は2割負担・健保59条の2）がなされている。また，高額療養費支給制度（国保57条の2，健保59条の4の2）がある。

そして，原則として70歳以上の者については，老人保健法により公費負担医療が実施されている。しかしながら，公費負担医療というにもかかわらず，負担額ゼロから，一部負担金の導入を経て，上限付き定率制（1割負担）になっている（老保28条）。また，差額ベッドや付添人の費用は，高齢者であれば一層必要となるにもかかわらず，保険の対象から除外されており（国保36条，健保43条，老保健17条），"医療あれども保険なし"といわれる。同時に，待ち時間の長さに比べて診療時間の短さ，日曜祭日や夜間救急体制の不備などから"保険あっても医療なし"ともいわれている。

年金保障は，国民皆年金の実現によって，すべての国民が新国民年金（基礎年金）に加入し，20歳から60歳までの40年間保険料を完納して，65歳から満額の老齢基礎年金を受給することができる（国年26条・27条）。サラリーマンなど厚生年金にも加入するとき，老齢基礎年金の上に，老齢厚生年金が加算されて受給できる（2階建年金方式，厚生42条・43条）。しかしながら，老齢基礎年金の低額固定化，基礎年金のみの者と厚生年金も受給する者との格差，定年から年金支給開始までの空白期間，そして老齢年金が個人としての経済的独立を保障するものではなく，夫婦2人世帯を前提とした保障であることなど解決すべき問題を抱えている。

高齢者の福祉サービスには，施設福祉および在宅福祉があり，今日では在宅福祉が重視される傾向にある。施設福祉の中心は老人ホームへの入所であり，原則として65歳以上の者を対象とする。常時介護を必要とするも居宅介護が困難な者を収容する特別養護老人ホーム，居宅での生活困難な者を収容する養護老人ホームがある（老福11条）。また，公的措置としてではなく，契約に基づいて低額な料金で入所させ，日常生活の便宜を供与する軽費老人ホームがある（老福20条の6）。そして，在宅福祉としては，家庭奉仕員の派遣（ホームヘルパー），日帰り介護（デイサービス），老人ホームへの短期入所（ショートステイ）などがある（老福10条の4）。しかしながら，高齢者の施設入所および

利用の権利は反射的受益権とされているために権利性が弱く，また施設は快適な生活の場としては質的量的に不十分である。これらの改善とともに，施設費用徴収制度の見直し，介護人員不足の解消など，高齢者の世紀に向けた制度的対応が急務である。

(3) **基本設例** 高齢者が自分の資産や年金などによって一応経済的生活を維持している場合，成人の子に対して，同居して身辺の介護をするように請求できるであろうか。

親族間の扶養義務の履行方法として，引取扶養および身辺の介護が含まれるが，身上監護扶養は，直接強制はもとより間接強制も認められないとされている（大阪家審昭59年3月31日家月37巻1号129頁）。

家族法上の扶養義務は金銭扶養が原則であり，同居および介護という扶養の形態は当事者間の意思に反しては強制できない。確かに，今日においても成人した子が親と同居し，介護する姿は望ましいものである。しかし，それを実現する力を核家族は有さず，実現しようとすれば妻であり娘である女性に犠牲を強いる結果となる。介護者は女性が9割，高齢者が5割を占めており，女性の高齢者が高齢者を介護するというのが実情である。

家族員による介護は限界があり，そのため介護保険制度がスタートした（平成12年）。保険者は市町村と特別区であり（介保3条），被保険者は40歳以上の者であり（同法9条），保険料は所得段階に応じて市町村ごとに決定される（同法129条）。加入者が要介護状態（常に介護が必要な状態）または要支援状態（日常生活に支援が必要な状態）になった場合，在宅または施設の介護サービス（同法40条）が受けられ，利用者の自己負担は原則として1割である。しかし，要介護認定の方法や年金からの保険料天引きなど問題が残されており，全般的検討と必要な見直し措置をすることになっている（同法附則2条）。

第8章

相続と遺言

第1節　相続法の仕組み

1．相続とは

　人が死亡すると，誰かが遺産(死者の財産に関する権利義務)を受け継がなければならない。それが相続であり，相続は私有財産を認める社会には必ず存在する。しかし，誰が何をどのように相続するかという相続の仕組みは，時代や社会によって異なる。

　今日では，相続といえば遺産相続のことだが，かつては遺産相続のほかに家督相続(戸主の地位の相続)という制度があり，そちらのほうがより重要な意味をもっていた。すなわち，戦前の「家」制度の下では，土地や建物など主要な財産はすべて家長である戸主の財産となっていたから，戸主が死亡した場合，通常は長男が新しい戸主となって，財産をひとりで相続したのである。

　かつては，国民の大多数が農業に従事しており，農業は家族共同体によって営まれていた。すなわち，家族がみんなでひとつの土地を耕し，そこからの収穫物をもとに共同生活を営んでいたのである。したがって，家族共同生活を維持するためには，家の財産は細分化することはできず，誰かひとりに受けつがれる必要があった。しかしやがて，工業の発達とともに，農業を離

れて都会で生活する人々が増え，家族共同体はしだいに崩壊していく。そうなると，財産は個人のものとなり，個人が自由に処分できるというように変わっていった。

わが国の場合，個人の自由と平等を基調とする憲法(昭和21年制定)の下で，「家督相続」制度は廃止され，「配偶者の相続」と「子の均分相続」を基本とする現在のような近代的な相続制度が誕生した。

2．相続法の原則

(1) **相続法の原理** わが国の相続法は，つぎのような相反する三つの原理が互いに複雑にからみあって成り立っている。

① **法定相続主義** 相続人と相続分は，あらかじめ法律で定められている(民887条，民900条)。これを法定相続という。裁判所は，相続をめぐる紛争があった場合，法定相続の規定にしたがって処理する。ただし，被相続人は遺言で相続人や相続分を変更することができる(民893条，民902条)。

② **遺言相続主義** 遺言がある場合には，原則として，遺言にしたがう。私有財産の所有者は，自分の意思で自由に財産を処分することができるからである。もっとも，遺言は絶対ではなく，法定相続人には一定の割合で，相続分が保障されている。これを，遺留分という(民1028)。

③ **自由相続主義** 被相続人が死亡すると，その遺産はいったん相続人の共有に属することになるから，共有者である相続人は協議で自由に分割することができる。ただし，協議が調わないときは，家庭裁判所で分割する(民907条)。

(2) **包括承継** 相続人になると，土地やお金などなんらかの財産がもらえるというのは誰でも知っている。ところが，相続人はそのような財産上の権利を相続するだけでなく，財産上の義務もまた相続する。つまり，相続人は被相続人がのこしていった借金の返済や代金の支払，あるいは登記の移転な

どといったすべての義務も承継するのである。このように，被相続人の権利義務をいっさい承継することを，「包括承継」という（民896条）。

（3）**遺産の共有**　被相続人の権利義務は，相続が開始すると同時に，相続人に帰属するが，通常，相続人は複数だから，相続人全員に帰属することになる。あとでみるように，遺産はいずれ，この土地は誰，この株は誰というように，それぞれの相続人に分配されることになるが（遺産分割），遺産分割がおこなわれるまでは，遺産は相続人全員の共有ということになる（民898条）。

3．相続の開始

相続は，死亡によって開始する（民882条）。かつては，親がまだ生きているうちに子に家督を相続させるという制度（隠居）があったが，現在では，生きているうちに相続が開始することはない。もちろん，生きているうちに財産を譲ることはあるが，それは，相続ではなく贈与（民549条）になる。

ところで，「死亡」には，つぎのような問題がある。

（1）**同時死亡**　たとえば，親と子が交通事故でいっしょに死亡したとか，あるいは別々の事故で死亡したのだがどちらが先に死亡したのかはわからないということがある。そのような場合，相続関係はどうなるのか。これが「同時死亡」の問題である。民法は，そのような場合は同時に死亡したものと推定すると定めている（民32条の2）。その結果，それらの者はたがいに相続しないことになる。

つぎの図で考えてみよう。

AとBが同時に死亡したとする。この場合，Aの相続人はAの妻とBだが，Bは死亡しているので相続しない。したがって，Aの遺産は全部Aの妻のものになり，Bの妻にはいかない。もっとも，同時死亡は代襲相続するから（民887条2項），もし，Bに子があれば，その子がBに代わって相続することになる。つぎに，Bの遺産はBの妻とAおよびAの妻（Bの父母）が相続人となるが，Aは死亡しているので，Bの妻とAの妻が相

続する。この場合も，もしBに子があれば，Bの妻とその子が相続し，Aの妻は相続しない。

(2) 失踪宣告　「死亡」の中には，失踪宣告を受けた場合も含まれる。

すなわち，行方不明になった者の生死が7年間わからないとき，また，船や飛行機などの事故で遭難した者の生死が1年間わからないときは，利害関係のある者が家庭裁判所に失踪宣告の申立をすることができる（民30条）。失踪宣告の審判がなされると，宣告を受けた者はその期間の満了時に死亡したものとみなされる（民31条）。したがって，その期間満了時に相続が開始する。

ところで，失踪宣告を受けた者が生存していたり，死亡とみなされた時と違う時に死亡したことが証明された場合には，失踪宣告は取り消されることになる（民32条）。その場合，善意で（生存していることを知らないで）なされた行為は無効にはならないが（民32条1項但書），失踪宣告により財産を得た者は，その財産を返還しなければならないとされている（民32条2項）。したがって，失踪宣告によって財産を取得した相続人や受遺者あるいは生命保険の受取人など（直接取得者）は，その失踪宣告が取り消されると取得した財産を返還しなければならないことになる。

4．相続の承認と放棄

遺産が借金だけという場合は，相続を放棄すれば，相続人は返済義務を免れることができる。ただしそのためには，3か月以内に家庭裁判所にいって必要な手続をしなければならない（民915条）。

相続を放棄しない場合は，相続を承認することになるが，承認するには特別な手続はいらない。もっとも，限定承認をするためにはやはり家庭裁判所にいく必要がある（民924条）。

(1) 単純承認　相続人が期間内に相続放棄の手続や限定承認の手続をしなかった場合は自動的に単純承認したものとみなされる。また，相続人が相続財産の全部または一部を処分したときも単純承認したものとみなされる。これを，「法定単純承認」という（民921条）。

相続人が単純承認をしたときは，被相続人の権利義務をすべて承継する(民920条)。すべてということは，かりに被相続人の遺産が借金ばかりであっても，すべて承継するということである。その場合，相続人は自分の財産でその借金を返済する義務を負うことになる。

(2) **限定承認** 限定承認とは，単純承認のように無制限に責任を負わず，相続によって得た財産の限度においてのみ責任を負うという条件つきの承認である（民922条）。

被相続人の財産が積極財産のほうが多い場合は単純承認すればよく，また明らかに消極財産のほうが多い場合には相続を放棄すればよい。したがって，限定承認は積極財産と消極財産のいずれが多いか不明の場合に行われることになる。

なお，限定承認をする場合は，共同相続人が全員でしなければならないとされている（民923条）。

(3) **相続放棄** たとえば，死亡した人にこれといった遺産もなかったので，相続人たちは遺産分割や相続の放棄など相続に関する手続はなにもしなかった。ところが，ある日突然，金融業者がやってきて，被相続人に貸していたお金を返えしてほしいという。そんな借金があることを知っていれば，相続人たちは当然相続を放棄したのだが，そんな借金があることは誰も知らなかった。このような場合，すでに3か月を経過してしまっていると，いまさら相続の放棄はできないのだろうか。

結論からいうと，3か月を経過した後でも，場合によっては相続の放棄が認められることもある。

この「3か月」という期間は，正確には，「自己のために相続の開始があったことを知った時から3か月以内」と定められている(民915条)。したがって，相続開始の時(つまり，被相続人の死亡時)から起算するわけではない。相続の放棄をする以上は，自分に相続権が発生していることを知っていて，そのうえで放棄することが必要だからである。つまり，この期間は，相続人が相続を承認するか放棄するかを判断するための期間であり，「熟慮期間」とよばれる。

ところで近年，いわゆる「サラ金」などから心当たりのない借金の返済を迫られる相続人がふえた。そこで裁判所は，「熟慮期間が開始するためには，相続開始の事実や相続人となった事実のほかに，相続財産の内容についても何らかの認識が必要である」と判示して，借金のあることを知らなかった相続人を救済するようになった。

最高裁も，「熟慮期間は相続人が相続財産の全部または一部の存在を認識した時又は通常これを認識すべき時から起算する」としている（最判昭59年4月27日民集38巻6号698頁）。

5．相続の時効

親戚のおじさんが死亡し，自分が相続人になったのに，誰もそのことを教えてくれなかった。そればかりでなく，他の人たちは勝手におじさんの遺産を分配してしまった。このような場合，相続のやり直しを請求できるだろうか。

民法は，「相続回復の請求権は相続人又はその法定代理人が相続権を侵害された事実を知った時から5年間これを行わないときは，時効によって消滅する。相続開始の時から20年を経過したときも，同様である」と定めている（民884条）。したがって，相続権を侵害された事実を知った時（つまり，自分に相続権があることを知った時）から5年以内であれば，相続のやり直しを請求できることになる。

第2節　誰が相続するのか

1．相続人

すでに述べたように，相続人と相続分は法律で定められている。

相続人は死亡した人（被相続人）の血族と配偶者であるが，それらの法定相続分は，次のような図にするとわかりやすい。

相続人について，もう少し詳しくみておこう。

順位	法定相続人および法定相続分		
1	子 1/2		配偶者 1/2
2	直系尊属 1/3		配偶者 2/3
3	兄弟姉妹 1/4		配偶者 3/4

(1) **配偶者** 被相続人の配偶者は，つねに相続人になる（民890条）。

配偶者の中には事実上の配偶者（内縁の妻）は含まれない。逆に，事実上離婚し，別居中でも，法的に離婚が成立していなければ相続権がある。

なお，居住用の家屋の賃借権については，内縁の配偶者も賃借権を承継することができるとされているが，しかしこれも，賃借人が相続人なくして死亡した場合に限られている（借地借家36条）。

(2) **子** 被相続人の子は，つねに相続人となる（民887条）。

被相続人の子が数人いれば，全員が相続人となる。もちろん，男女の差別はなく，結婚した娘にも相続権はある。

a．**養子** 養子は，縁組の日から，養親の嫡出子たる身分を取得する（民809条）。したがって，養子は嫡出子である実子と対等の権利をもつ。

なお，普通養子の場合は，養子と実父母との親子関係が継続するので，養子は養父母と実父母の双方の相続人となる。これに対して，特別養子の場合は，養子と実方の父母およびその血族との親族関係は，特別養子縁組によって終了するから（民817条の9），実父母をはじめとする実方の遺産を相続することはなくなる。もっとも，連れ子を特別養子にした場合は，縁組の当事者である一方の親はもとよりその血族とも親族関係は断絶しない（民817条の9但書）。

b．**非嫡出子** 非嫡出子とは，正式に婚姻をしていない（婚姻の届出をしていない）男女のあいだに生れた子であり，認知によって法律上の親子関係が発生する（民779条）。したがって，認知があれば非嫡出子にも相続権が発生する。しかし，非嫡出子の相続分は嫡出子の2分の1と定められている（民900条4

号但書)。非嫡出子に対するこのような差別は，法律婚主義を維持することを目的としているが，子に対する不合理な差別として，撤廃が検討されている。ただし，最高裁は，このような差別も合理性がないとはいえず，合憲だとしている (最大決平7年7月5日民集49巻7号1789頁)。

　　c．人工授精子　人工授精には，夫の精子を用いる方法（ＡＩＨ）と夫以外の精子を用いる方法（ＡＩＤ）の2種類がある。前者の場合，夫の子と推定され (民772条)，嫡出否認の訴え (民777条) も認められず，法的には嫡出子ということになろう。しかし，後者の場合は，法的に夫の子と推定されるかどうかは難しい。夫の承諾がなかった場合は，親子関係不存在確認の訴えによって，親子関係を否定することができようが，夫の承諾があった場合には，民法772条の嫡出推定が及ぶとも考えられる。いずれにせよ，体外受精や代理母などの問題もふくめて「子の利益」を守るための立法的な解決が検討される必要があろう。

　(3)　**胎　児**　胎児は，まだ人ではないので権利の主体になりえない(民1条の3)。したがって，相続人にもなれないはずだが，民法は例外的に，胎児にも相続権を認めている(民886条)。まもなく生まれてくる相続人にも相続権を与えるほうが，被相続人の意思の尊重や遺族の生活保障という相続の意義にも合致するからである。

　なお，胎児が死体で生まれた場合は相続権はなかったことになる (民886条2項)。つまり，胎児の相続権は生きて生まれることを条件(停止条件)に認められているということになる。

　(4)　**直系尊属**　被相続人に子や孫がいない場合には，被相続人の直系尊属が相続人となる(民889条)。直系尊属とは，父母や祖父母のことである。父母にはもちろん養父母も含まれる。

　なお，祖父母が相続人になるのは父母がともにいないときにかぎられ，祖父母が父母を代襲することはない。

　(5)　**兄弟姉妹**　被相続人に子や孫および父母・祖父母がいないとき，はじめて被相続人の兄弟姉妹が相続人となる (民889条)。

兄弟姉妹が相続人になることはあまりないであろうが，人口の高齢化が進むと，そのようなケースはふえるかもしれない。

ところで，今日の家族の実態から考えて，相続人の範囲を兄弟姉妹にまで広げることには疑問がある。さらに，半血のきょうだい（異父母兄弟姉妹）の相続分は全血のきょうだいの2分の1と規定されているが（民900条4号但書），このような差別も，とうてい有意義なものとは思われない。ともに，再検討が必要であろう。

(6) **代襲相続人** 被相続人の子が，相続開始以前に死亡したとき，または欠格・廃除によって相続権を失ったときは，その者の子（被相続人の孫）が代襲して相続人となる（民887条2項）。また，兄弟姉妹の場合も，その者の子（被相続人の甥や姪）が代襲する（民889条2項）。これらを，「代襲相続」という。

代襲相続人の相続分は，親が生きていたら（または，欠格・廃除されなければ）受けたであろう相続分にかぎられる。

なお，相続人が相続を放棄した場合には，代襲しない。

右の図で，Aが死亡し相続が開始。相続人は，妻Bと子C・D・Eだが，Eは相続開始前すでに死亡している。この場合，Eにかわって，Eの子GとHが相続人となる。

法定相続分は，つぎのようになる。

B＝1/2
C＝1/2×1/3＝1/6
D＝1/2×1/3＝1/6
G＝1/6×1/2＝1/12
H＝1/6×1/2＝1/12

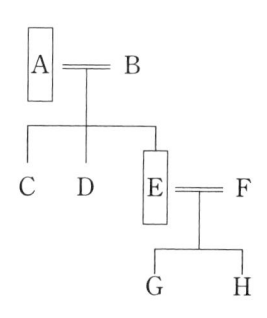

2．相続人の欠格・廃除

(1) **相続人の欠格事由** つぎの5つの事由に該当する者は，相続人になれない。これらを，「相続人の欠格事由」という（民891条）。

①被相続人や他の相続人を殺害した者（未遂も含む）

②被相続人を殺害した犯人を知っていながら告発しなかった者
③詐欺または強迫によって、遺言を妨害した者
④詐欺または強迫によって、遺言を強制した者
⑤遺言書を偽造・変造・破棄・隠匿した者

なお、①については、執行猶予になれば相続できる。また、②についても、殺害者が配偶者や直系血族の場合は、告発しなくても相続欠格にはならない。

ところで、訂正した個所に印が押してない遺言書にあとから印を押した相続人が、遺言書を偽造・変造した者になるかどうか裁判で争われた事件がある。最高裁は、遺言書の偽造・変造にはなるが、「相続欠格」にはあたらないとした（最判昭56年4月3日民集35巻3号431頁）。つまり、違法性がないということであろう。

(2) **推定相続人の廃除** つぎの場合には、被相続人は相続人の廃除を家庭裁判所に請求することができる（民892条）。相続人廃除の請求は、遺言でもすることができる（民893条）。

①遺留分を有する推定相続人が、被相続人に対して虐待をし、もしくはこれに重大な侮辱を加えたとき。
②推定相続人にその他の著しい非行があったとき。

ところで、虐待・侮辱・著しい非行は、いずれも主観的要素が強く、客観的に明確な基準ではない。したがって、慎重に適用される必要があろう。

3．相続人の不存在と「特別縁故者」

人が死んだのに、まったく相続人がいないとか、あるいは、相続人がいるかどうかは探してみないとわからないという場合がある。相続人がまったくいないということは実際にはあまりないことかもしれないが、しかし、相続人全員が相続を放棄すれば、それでも相続人はいないことになる。

相続人がいない場合、遺産は無主物（民239条）になるおそれがあるし、また、被相続人に債務があるような場合には、誰かがそれを清算しなくてはならない。そのため民法は、相続人の存在が不明なときには、相続財産を法人

とすると定めている（民952条以下）。

ところで，相続人のいないことがはっきりし，遺産の清算が行われたあと，なお遺産に残りがある場合，その遺産（残余財産）をどうするかが問題となる。民法は，請求があれば，家庭裁判所の判断で，その全部または一部を特別縁故者に与えることができるとし（民958条の3），特別縁故者がいない場合は国庫に帰属するとしている（民959条）。

「特別縁故者」とは，つぎの者である。
①被相続人と生計を同じくしていた者
②被相続人の療養看護につとめた者
③その他，被相続人と特別の縁故があった者。

具体的には，事実上の妻や事実上の養子などであるが，特別縁故者は相続人と異なり，自然人とはかぎらないから，病院や福祉施設など法人の場合もある。

4．特別受益

相続人のなかに，被相続人から遺贈を受けたり，または生前に特別な贈与を受けた者があるときは，その分をいったん相続財産に持ち戻してから法定相続分にしたがって配分する（民903条）。これを，特別受益者の相続分という。相続人間の公平を図る制度である。

たとえば，右の図で，Aが500万円の遺産を残して死亡したが，Aは生前，長男のCが住宅を購入する際に，100万円を贈与していたとする。

この場合，Aの遺産を600万円とみなし，それぞれの相続人の相続分（これを，具体的相続分という）を，つぎのように算出する。

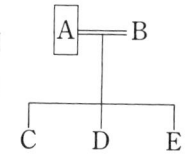

B＝600万円×1／2＝300万円
C＝600万円×1／2×1／3－100万円（特別受益）＝0円
D＝600万円×1／2×1／3＝100万円

E＝600万円×1／2×1／3＝100万円

つまり，Cには具体的相続分はないことになる。

なお，Cへの贈与が400万円だったとすると，Cの具体的相続分はマイナスになるが，Cはマイナス分の持ち出しはしなくてよい（民903条2項）。

その場合の具体的相続分は，つぎのようにして算出する。

まず，遺産を900万円とみなして計算する。

B＝900万円×1／2＝450万円

C＝900万円×1／2×1／3－400万円＝－250万円

D＝900万円×1／2×1／3＝150万円

E＝900万円×1／2×1／3＝150万円

ついで，実際の遺産500万円をこの具体的相続分で按分したものが，それぞれの相続人の取り分になる。

B＝500万円×（450／450＋150＋150）＝300万円

C＝0円

D＝500万円×（150／450＋150＋150）＝100万円

E＝500万円×（150／450＋150＋150）＝100万円

5．寄与分

相続人のなかに，被相続人の財産づくりに特別に寄与（貢献）した者がいる場合，その者を他の相続人と，まったく同等に扱えば，実質的には不公平な結果になる。

そのため民法は，遺産のなかから，その者の寄与した分（これを，寄与分という）を差し引き，残りを法定相続分にしたがって配分するという制度を設けた（民904条の2）。これが，「寄与分の制度」であり，ちょうど，特別受益と対称的なしくみになっている。

特別な寄与とはなにか，民法はつぎのように定めている（民904条の2）。

①被相続人の事業に関する労務の提供または財産上の給付

②被相続人の療養看護

③その他

「その他」には，たとえば，被相続人を扶養していたとか，宅地建物を購入するときに費用を提供したとか，さらには家事労働を提供したといったような場合が含まれる。ようするに，なんらかの方法によって，被相続人の財産の維持または増加につき貢献をした場合に寄与分が認められる。

寄与分の額については，まず，共同相続人の協議で決めるが，協議が調わないときは家庭裁判所で決める（民904条の2第2項）。

右の図で，Aが500万円相当の遺産を残して死亡したが，長男Cは父Aとともに家業（農家や商店など）に従事し，遺産の維持・増加に寄与した。そこで，相続人の話合いで，Cの寄与分を50万円とすることに決めた。

この場合，各相続人の具体的相続分は，つぎのようになる。

まず，遺産である500万円からCの寄与分である50万円を控除した450万円を遺産とみなす。つぎに，それを基礎にして，具体的相続分を算出する。

すると，つぎのようになる。

B＝450万円×1/2＝225万円

C＝450万円×1/2×1/3＋50万円（寄与分）＝125万円

D＝450万円×1/2×1/3＝75万円

E＝450万円×1/2×1/3＝75万円

なお，寄与分を受けることができるのは相続人にかぎられている。したがって，相続人以外の者がいくら寄与をしても寄与分は主張できない。たとえば，長男の妻が夫の父である被相続人といっしょに商店を経営してきたというような場合，長男の妻は相続人ではないため寄与分を主張することはできないのである。もっとも，長男が（妻の寄与分を）自己の寄与分として主張することはありえようが，長男がすでに死亡している場合には問題が残る。

第3節　何を相続するのか

1．相続財産

相続財産とは遺産のことである。

すなわち，被相続人の所有していた動産（家具・絵画・宝石など）や不動産（土地・建物）はもちろん，債権（賃金の返還請求権・賃貸料の支払請求権など）や債務（借金の返済義務・代金の支払義務など）すべてが相続財産である。

ところで，このように相続人が被相続人に属していた権利義務のすべてを承継することを包括承継というが，つぎのような2つの例外がある。

(1) **一身専属権**　たとえば扶養請求権など，本人にしか帰属することのできない権利義務は相続の対象にならない（民896条但書）。このような権利義務を，一身専属の性質をもつ権利義務または単に一身専属権という。

一身専属権には，扶養請求権のほか婚姻費用分担請求権，委任契約による事務処理債務，身元保証契約による保証債務あるいは生活保護受給権などがある。

(2) **祭祀の承継**　系譜（家系図），祭具（仏壇・仏具など），墳墓（お墓）は，相続財産には含まれない。これらは，慣習に従って祖先の祭祀を主宰すべき者が承継する（民897条）。一般には，「喪主」となった者が承継することになるが，争いがある場合は，家庭裁判所できめることになる（民897条2項）。

なお，葬儀の際の香典も相続財産にはならない。したがって，香典は祭祀の主宰者に帰属し，墓や法事の費用などにあてられることになる。

2．遺産の種類

遺産の種類はさまざまだが，遺産に含めるかどうか，争いになる場合も多い。

(1) **生命保険金および死亡退職金**　人が死亡すると，生命保険や死亡退職金が支払われる。これらは，被相続人の死亡を原因として支払われるから，

当然遺産に含まれると考えられがちだが，かならずしもそうとはかぎらない。

a．生命保険金 まず，被相続人が受取人を指定している場合は，その受取人が直接保険金を受け取ることになる。したがって，この場合は，相続財産には含まれない。また，被相続人が受取人を「相続人」と指定している場合も，相続人が受取人となり，この場合も，保険金は相続財産に含まれない（最判昭48年6月29日民集27巻6号737頁）。つまり，生命保険金請求権は保険契約の効果として受取人が直接取得するものであり，相続財産には含まれないのである。ただし，被相続人が自己を受取人に指定している場合は，被相続人の死亡により相続人が保険金の受取請求権を承継するから，その受取請求権は相続財産となる。なお，相続人のうち，特定の者だけが保険金の受取人に指定されている場合は，他の相続人との間で不公平が生じる。この場合，判例は，民法第903条の「特別受益」にあたるとしている（福島家審昭55年9月16日家月33巻1号78頁）。

b．死亡退職金 公務員や会社員が在職中に死亡した場合，遺族に退職金が支払われるのが普通である。ところで，この退職金を賃金の後払いとみるか，遺族の生活保障とみるかによって，相続財産になるかどうか分かれる。判例は，法律（国家公務員退職手当法など）や労働協約（会社の退職金規定など）で受給権者が定められている場合は，受給権者の固有の権利となり相続財産には含まれないとしている（最判昭55年11月27日民集34巻6号815頁）。なお，その場合，受給権者が相続人ではなく内縁の妻という場合もある。

(2) **損害賠償請求権** 人が交通事故などで死亡した場合，被害者の遺族は加害者に対して損害賠償を請求できる。その場合，遺族自身が被った損害（たとえば，生活費がもらえなくなったとか，精神的苦痛を被ったなどといった損害）の賠償を請求できることについては法律上問題がない（民709条および711条）。これは，遺族固有の請求権である。

ところで，問題になるのは，被害者本人が被った財産的・精神的損害の賠償を，遺族が(相続人として)被害者にかわって請求できるかどうかである。常識で考えると，請求できるのは当然ということになろうが，法的には，かな

りやっかいな問題を含んでいる。すなわち，被害者が加害者に対して損害賠償を請求し，その後，死亡したという場合であれば，その損害賠償請求権は当然相続人が承継することになる。だが，被害者が即死だった場合にはどうなるのか。被害者は損害賠償を請求することもなく死亡したのである。この場合は，相続人が承継すべき被害者の権利（損害賠償請求権）はそもそも存在しないのではないか。

わが国ではこれまで，判例・学説ともに被害者の救済という観点から，被害者の損害を大きく見積る努力をしてきた。そのため，遺族の損害よりは被害者の損害のほうがはるかに大きく算定されている。したがって，かりに，即死の場合には損害賠償請求権の相続はなく，遺族固有の賠償請求権しか認められないとすると，重傷後に死亡した場合と均衡がとれなくなる。そのため最高裁も，被害者の損害賠償請求権は当然に相続されるとしている（最判昭42年11月1日民集21巻9号2249頁）。しかし，死亡した者になぜ損害賠償請求権が発生するのか，説明は明確ではない。

近時の学説には，相続性を否定し，遺族固有の賠償請求しか認められないとするもの（否定説）も多くなっている。

(3) **遺骸・遺骨**　すでにみたように，系譜，祭具，墳墓については，祭祀を主宰すべき者が承継するが（民897条），遺骸や遺骨については定めがない。

遺骸や遺骨を承継するのは誰か，意見は分かれている。すなわち，遺骸や遺骨も祭祀財産に含まれ，祭祀を主宰する者が承継するという意見と，遺骸や遺骨は所有権の対象となり，したがって相続財産に含まれるという意見が対立している。判例は，相続財産に含まれ，相続人に承継されるとしているが，その所有権の内容は埋葬・管理および祭祀・供養のためにかぎられるとしている。なお，近時の判例には，遺体ないし遺骨の所有権は慣習上死者を埋葬し，祭祀を行う者に原始的に帰属するとするものもある（東京高判昭62年10月8日判時1254号70頁）。

3．遺産の管理

　遺産分割が終わるまでは，遺産は相続人全員の共有になる(民898条)。この共有の性質をめぐって学説は分かれているが，判例は，民法第249条以下の「共有」と性質を異にするものではないとしている(最判昭30年5月31日民集9巻6号793頁)。したがって，遺産の管理も相続人が全員ですることになる。

　ところで，共同相続人のうちの1人(これを，Aとする)が，被相続人名義の不動産を勝手に自分の名義に変更し，それを第三者に売却してしまった場合，法律関係はどうなるだろうか。

　登記を移転するには，相続人全員の承諾が必要だから(民251条)，勝手に自分の名義に変更したということは，「遺産分割の協議書」を偽造したことになる。したがって，そのような売買は当然無効だと考えるのが常識であろう。ところが，法律論ではそうはならない。なぜなら，遺産分割の結果，その不動産がAのものになるかもしれないし，また，他の相続人のものになったとしても，Aはそれを譲り受け，買主に所有権を移転することも可能だからである。したがって，契約は当然には無効ではない(民560条)。ただし判例では，他の共同相続人は自己の持分については登記がなくても第三者に対抗できるとされているから，買主は，Aの持分についてしか権利を取得できないことになる。

　なお，被相続人が生前すでにその不動産を他人に譲渡していたのだが，それを知らずに，相続人が相続の登記をしてしまったという場合はどうなるだろうか。この場合，相続人は被相続人の売主としての地位(権利義務)も承継するから，買主に登記を移転する義務を負うことになる。したがって，かりに登記をしても，相続人が所有権を取得することにはならない。もっとも，買主が何の請求もしないときは，相続人が時効により所有権を取得することはありうる(民162条)。

第4節　遺産の分け方

1．遺産分割

相続が開始すると，相続財産（遺産）はいったんは相続人全員の共有となる（民898条）。もちろん，このままでも各相続人は相続財産をそれぞれ使用できるので(民249条)，支障がなければこのままにしておいてもよい。しかし，相続が開始してから長期間放置しておくと，たとえば，相続人が死亡して第2の相続が開始した場合に相続関係が複雑になったり，また，相続財産を処分するときに紛争が生じたり，あるいは相続した権利を時効で失ったりといった不都合が生じるおそれがある。そのため，できれば早いうちに共有状態を解消し，各相続人の単独所有にしておくほうがよい。このように，相続財産の共有状態を解消し，各相続人の単独所有にすることを「遺産分割」という。

相続人はいつでも遺産分割の実行を要求できる（民907条）。もっとも，被相続人は遺言で，相続開始の日から5年以内にかぎり，遺産の分割を禁じることもできる（民908条）。

2．遺産分割の方法

遺産分割の方法としては，まず，遺言で分割方法の指定があれば遺言にしたがう(民908条)。遺言がない場合は，相続人の協議で決めるが，協議がまとまらないときは家庭裁判所の調停や審判で決める（民907条2項）。

なお，遺産分割を行うためには，相続人の範囲や遺産の範囲および遺産の評価について争いがないことが前提になる。これらの前提問題について争いがある場合は訴訟をしなくてはならない。もっとも，判例は，確定判決が出るまで待つ必要はなく，家庭裁判所で前提問題について審判したうえで分割をしても差支えないとしている（最決昭41年3月2日民集20巻3号360頁）。

(1) **遺言で指定がある場合の遺産分割**　被相続人は，遺言で，分割の方法を定めることができる（民908条）。これを，「分割方法の指定」という。

分割方法の指定は，遺産を現物で分割するか，それとも換価して分割するかといった指定だけでなく，あの土地は誰に，あの株式は誰に，といった具体的な指定をも含む。したがって，法定相続分と異なる結果になる可能性も大きいが，その場合は，「分割方法の指定」と同時に「相続分の指定」(民902条)もあったとみなされる。つまり，被相続人は遺留分の範囲内であれば，自由に遺産を分配できるというわけである。なお，被相続人は分割方法の指定を第三者に委託することもできる (民908条)。

(2) **相続人の協議による遺産分割** 相続人は，協議で遺産の分割をすることもできる (民907条)。

協議で分割する場合は，かならずしも法定相続分にとらわれる必要はなく自由に分割できる。なぜなら，法定相続分は遺産をめぐって相続人のあいだに紛争が生じた場合の解決基準(裁判における紛争処理基準)だから，相続人全員の合意があれば，別に法定相続分どおりでなくてもよいわけである。したがって，遺留分を侵害しても無効ではなく (遺留分の放棄とみなされる)，場合によっては「特別受益」を理由に遺産を取得しないこともありうる。さらに，遺言がある場合でも，相続人すべての合意であれば，遺言と異なる分割をしてもかまわない。

なお，遺産に不動産が含まれている場合は，登記の必要上，つぎのような「遺産分割協議書」を作成しなくてはならない。

(3) **家庭裁判所の調停・審判による遺産分割** 遺産分割の協議が調わないとき，または協議をすることができないときは，各共同相続人は，その分割を家庭裁判所に請求することができる (民907条2項)。

相続人から請求があった場合，家庭裁判所は遺産分割の審判を行うが(家審9条1項乙類10号)，職権で調停に付すこともできる (家審11条)。

3．遺産分割の効力

実際には，相続が開始すると遺産は相続人全員の共有になり，遺産分割によってはじめて単独の所有になるのだが，民法は，遺産分割の効力は相続開

始の時にさかのぼって発生すると定めている(民909条)。このように効力がさかのぼって発生することを「遡及効」という。相続とは，被相続人の権利義務が相続人に直接承継されることであり，相続人の権利が承継されることではないというのが遡及効を認める理由である。ただし，第三者の権利を害することはできない(民909条但書)。たとえば，相続開始後に相続人のひとりが遺産である不動産を第三者に譲渡したが，遺産分割によって他の相続人が当該不動産の所有権を取得したというような場合，かりに，遡及効を認めるとその譲渡は無効になるが，第三者の権利を保護するため，遡及効に制限をもうけたのである。もっとも，すでに不動産の相続につき記したように，第三者は譲渡をした相続人の持分(法定相続分)についてだけ権利を取得するにすぎない。

ところで，遺産分割が行われ，土地の所有権は相続人のうちのAが取得することに決った。ところが，Aが登記をする前に他の相続人Bがその土地を第三者Cに譲渡してしまった。この場合の法律関係はどうなるだろうか。判例は，「分割により，相続分と異なった権利を取得した相続人は，その旨の登記を経なければ，分割後に当該不動産につき権利を取得した第三者に対し，自己の権利の取得を対抗することができない」としている(最判昭46年1月26日民集25巻1号90頁)。

4．遺産の評価

遺産分割を公平に行うためには，遺産を適正に評価する必要がある。協議による分割や調停による分割の場合は，当事者の合意で行われるため，評価はそれほど厳格である必要はないが，審判による分割の場合は，法定相続どおり分割しなければならないため，とくに客観的な評価が要求される。したがって，遺産が不動産の場合は不動産鑑定士など専門家による客観的な評価が必要になる。

ところで，実際には，相続が開始してから遺産分割が行われるまでのあいだ，かなりの年月が経過している場合が少なくない。その場合，土地や株式・

絵画などは価額が上昇したり，下落したり，かなり変動するのが普通である。そのため，どの時点で遺産を評価するかが問題になる。つまり，評価の時期を相続開始時とするか，それとも分割時とするかという問題である。

特別受益（民903条）や寄与分（民904条の2）の場合は，相続開始時を基準に，具体的相続分を算定することになっている。しかし，遺産分割の場合は，相続人間の公平という観点から考えて，分割時とするほうが合理的であろう。

第5節　遺言の仕方

1．遺言

「遺言は，紳士のたしなみ」という言葉がある。

生きているうちにできなかったこと，たとえば，世話になった人へのお礼とか，教会や母校への寄付など，それらを遺言として託していくのは，まことに「紳士のたしなみ」であるといえよう。また，あとに残される家族の生活のことを考えて，あれこれ指示をしておくのも，立派な行為であるといえよう。

最近では，わが国でも，遺言をする人が増えてきている。

(1) **遺言の種類**　遺言には，つぎのような種類がある。

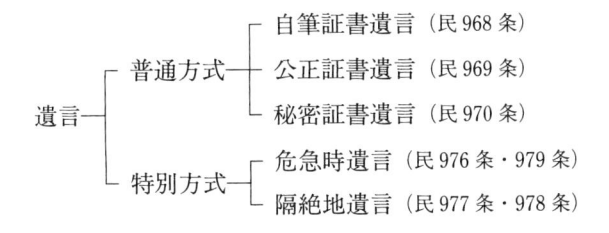

```
                ┌ 自筆証書遺言（民968条）
        ┌ 普通方式 ┼ 公正証書遺言（民969条）
        │        └ 秘密証書遺言（民970条）
遺言 ─┤
        │        ┌ 危急時遺言（民976条・979条）
        └ 特別方式 ┴ 隔絶地遺言（民977条・978条）
```

(2) **遺言できる事項**　遺言できる事項は，つぎのように民法で定められている。

　a．財団法人を設立するための寄付（民41条2項）
　b．妻以外の女性との間に出来た子の認知（民781条2項）

ｃ．未成年者のための後見人の指定（民839条）
　　ｄ．遺言者を虐待したりした相続人の廃除（民893条）
　　ｅ．相続人の相続分の指定（民902条）
　　ｆ．遺産分割方法の指定および分割の禁止（民908条）
　　ｇ．相続人または相続人でない者にたいする遺贈（民964条）
　　ｈ．遺言執行者の指定（民1006条）
　(3)　**遺言をする能力**　満15歳に達した者は，遺言をすることができる（民961条）。未成年者でも法定代理人の同意はいらない（民962条）。また，成年被後見人も，意思能力さえあれば，単独で有効な遺言をすることができる（民962条・973条）。遺言者の意思をできるだけ尊重するための規定である。

　意思能力のない者の遺言は無効だが，意思能力は遺言をするときにあればよく，遺言をした後で意思能力を失っても遺言の効力はなくならない（民963条）。

　(4)　**遺言の撤回**　遺言者は，生存中いつでも遺言を撤回することができる（民1022条）。

　遺言を撤回するためには，遺言の方式にしたがって，撤回の意思を表示してもよいが，そんなことをしなくても，自分で遺言書を破棄すれば，それで撤回したものとみなされる（民1024条）。

　なお，遺言書が2通以上ある場合，どちらも有効だが，内容に抵触している部分がある場合は，後の遺言（日付の新しい遺言）が優先し，先になされた遺言のうち抵触している部分は撤回されたものとみなされる（民1023条1項）。

２．遺言の方式（普通方式）

　民法は，遺言の方式をきわめて厳格に定めている（民960条）。

　遺言は遺言者が死んだあとではじめて効力を生じるため（民985条），遺言に不審な点があっても，それを遺言者に確かめることはできないからである。

　(1)　**自筆証書遺言**　自筆証書遺言とは，遺言者が遺言書の全文・日付・氏名を自分で書き，それに印を押すだけのもっとも簡単な遺言である（民968

条)。遺言者がひとりででき，費用もかからない。しかし，紛失するおそれが大きいし，自分で字の書けない人は利用できないという欠点もある。

　ａ．自分で書かないとだめ

　遺言者がすべて自分で書かなくてはならない。他人が書いた場合は，たとえ本人の依頼でも無効になる。なお，タイプやワープロなどによるものも無効と解されている。ただし，判例は他人の添え手による遺言を有効としている（最判昭62年10月8日民集41巻7号1471頁）。

　ｂ．日付がないとだめ

　日付のないもの，あるいは日付が不明確なものも無効になる。日付によっては，遺言の効力に変動が生じる可能性もあるからである。判例は，「昭和41年7月吉日」と記載された遺言を無効だとしている（最判昭54年5月31日民集33巻4号445頁）。

　ｃ．署名・押印がないとだめ

　氏名は通称などでもよく，遺言者が誰であるかわかればよいとされている。

　印は，実印である必要はなく，認印でもよい。なお，指印でもよいかについては見解が分かれていたが，最高裁判決は指印でもよいとした（最判平元年2月16日民集43巻2号45頁）。

(2) **公正証書遺言**　公正証書遺言とは，遺言者が公証人に遺言の内容を口で伝え(口授)，それを公証人が筆記，遺言者と2人以上の証人に読み聞かせたのち，それぞれが署名押印して作成する遺言である(民969条)。ただし，遺言者が署名できないときは公証人がその事由を付記するだけでよい（民969条4号）。したがって，公正証書遺言は，たとえ字が書けなくてもできるという利点がある。

　ａ．口がきけない者の公正証書遺言

　口がきけない者が公正証書によって遺言をする場合には，遺言者は公証人および証人の前で，遺言の趣旨を通訳人の通訳により申述し，または自書して，前述の口授に代える（民969条の2①）。

　ｂ．耳が聞えない者の公正証書遺言

耳の聞えない者が公正証書によって遺言をする場合には，公証人は筆記した内容を通訳人の通訳により遺言者または証人に伝えて，前条の「読み聞かせ」に代える（民969条の2②）。

(3) **秘密証書遺言**　秘密証書遺言とは，遺言者が遺言書を作成して，それを封印し，その封印したものに2人以上の証人と公証人が署名捺印する遺言である（民970条）。

公正証書遺言では，遺言の内容が証人らに分かってしまうため，遺言者の自由が確保されないという欠点があるが，秘密証書遺言では遺言の内容は遺言者が死亡するまで分からない。しかも，自書できない者，口述できない者でも遺言できるという利点もある。

もっとも，公正証書遺言の場合は，遺言者が署名できないときは公証人がその事由を付記すればよかったが，秘密証書遺言には，そのような規定はないから，遺言者は署名だけは必ず自分でしなくてはならない。

なお，公正証書遺言・秘密証書遺言ともに2人以上の立会が必要とされているが，推定相続人や受遺者およびその配偶者ならびに直系血族は証人にはなれないので注意が必要である（民974条）。

また，口がきけない者や成年被後見人も秘密証書で遺言ができるようになった（民972条・973条）。

3．遺言の方式（特別方式）

遺言は，遺言者があらかじめ元気なうちに準備しておくのが普通である。しかし，準備のないうちに突然訪れる死も多い。そのようなときにまで，厳格な方式を要求するのは合理的ではない。そのため民法は，病気や事故などの特別な場合については，普通方式と異なる特別の遺言方式を定めている。

(1) **危急時遺言（臨終遺言）**　危急時遺言とは，死が迫っているときのための遺言で，臨終遺言とも呼ばれる。一般危急時遺言と船舶危急時遺言とがある。

　a．死亡危急者の遺言

病気や事故によって死亡の危急に迫った者が遺言する場合は，証人3人以上の立会のもとで，遺言できる(民976条1項ないし3項)。この場合，遺言の日から20日以内に証人または利害関係人が家庭裁判所に請求して，確認を得なければ効力がない（民976条4項）。

　b．船舶遭難者の遺言

　船舶遭難の場合において，船舶中にあって死亡の危急に迫った者は，証人2人以上の立会で遺言をすることができる（民979条）。

　(2)　**隔絶地遺言**　伝染病のため隔離されている者は，警察官および証人1人以上の立会をもって遺言書をつくることができる（民977条）。

　また，船舶中にある者は，船長または事務員および証人2人以上の立会をもって遺言書をつくることができる（民978条）。

4．遺言の効力

　遺言者がまだ生きているときに，「私が死んだら，○○の土地はあなたにあげる」という約束をしたのに，遺言では，その土地は他人に与えることになっていた。さて，この場合，どちらが強いのだろうか。

　この生前の約束は「死因贈与」(民554条)であり，遺言による贈与は「遺贈」（民986条以下）である。つまり，両者には契約と相続という違いがある。

　ところで，民法は，死因贈与については遺贈に関する規定にしたがうとしている(民554条)。そのため，死因贈与も遺贈と同じように，遺言によって撤回できると考えることができる。そうなると，「前の遺言と後の遺言と抵触するときは，その抵触する部分については，後の遺言で前に遺言を取り消したものとみなす」（民1023条）という規定が準用されることになる（最判昭47年5月25日民集26巻4号805頁）。したがって，この場合は，後からなされた遺贈のほうが強いということになる。

　つぎに，いわゆる愛人や重婚的内縁の妻に対する遺贈が公序良俗（民90条）に反し無効ではないかと争われる場合がある。判例は，不倫な関係の維持継続を目的とするものであれば公序良俗に反するとするが，遺贈が生活の維持

に必要なものであるかぎり公序良俗に反しないとしている（最判昭61年11月20日民集40巻7号1167頁）。

5．遺言の執行

たとえば，遺言で土地の遺贈がなされると，受遺者にその土地を引渡したり，登記を移転したりしなければならない。また，遺言で認知がなされたような場合は，それを役所に届け出なくてはならない。このように，遺言の内容を実現する行為を遺言の執行という。

遺言を執行するには，つぎのように，遺言書の検認や遺言執行者の選任が必要とされる。

(1) **遺言書の検認・開封**　遺言書の保管者や遺言書を発見した相続人は，相続の開始を知った後遅滞なく，遺言書を家庭裁判所に提出して検認の請求をしなければならない。また，封印のある遺言書は家庭裁判所で開封しなければならないとされている（民1004条）。

しかし，公正証書遺言については検認はいらないし，また，それ以外の遺言についても，家庭裁判所を通さなければ過料に処せられるだけで，遺言の効力そのものに変わりはない。

(2) **遺言執行者**　遺言の執行は，遺言者が指定した遺言執行者が行う。遺言執行者がいない場合は，家庭裁判所が選任する（民1010条）。

遺言執行者は，実質的には遺言者の代理人であるが，遺言者は死亡しているため，民法は相続人の代理人とみなしている（民1015条）。

遺言執行者は，つぎのような任務を行う。

ａ．相続財産目録の調整

遺言執行者は，相続財産目録を作成して相続人に交付しなければならない（民1011条）。

ｂ．相続財産の管理

遺言執行者は，相続財産の管理その他遺言の執行に必要な一切の行為をする権利義務を有する（民1011条）。

6．遺留分

　たとえば，相続人以外の者に全財産を与えるとか，あるいは相続人のうちの1人だけに全財産を与えるという遺言があった場合，他の相続人はまったく取り分がなくなるのだろうか。

　そんなことはない。民法は兄弟姉妹をのぞく相続人にたいして，一定の割合の相続権を保障している。これを「遺留分」という。

　遺留分を侵害された相続人は，その分の返還を請求できる（民1031条）。

　(1) 遺留分権利者と遺留分　民法が定める遺留分は，つぎのとおりである（民1028条）。

　①直系尊属のみが相続人である場合は，被相続人の財産の3分の1

　②その他の場合は，被相続人の財産の2分の1

　③兄弟姉妹には，遺留分はない

　たとえば，相続人が妻と3人の子という場合について考えると，被相続人の財産の2分の1が全体の遺留分であり，それを各自の法定相続分にしたがって配分した額が，それぞれの相続人の遺留分(個別的遺留分)ということになる。つまり，この場合は，妻が $1/2 \times 1/2 = 1/4$，子がそれぞれ $1/2 \times 1/2 \times 1/3 = 1/12$ の遺留分を有することになる。

　(2) 遺留分算定の基礎となる財産　遺留分算定の基礎となる被相続人の財産は，被相続人が相続開始の時において有した財産の価額に，贈与した財産の価額を加え，その中から債務の全額を控除したものである（民1029条）。

　加算される「贈与した財産」とは，被相続人が生前に贈与した財産であり，特別受益に該当するもののほか，相続開始前1年以内になされた贈与をも含む（民1030条・1044条）。

　(3) 遺留分減殺請求　被相続人が多額の生前贈与や遺贈をすると，遺留分を侵害する場合が生じる。

　たとえば，右の図で，Aの相続開始時の財産が900万円で，その中から，Eに500万円相当の宅地が遺贈されたとする。この場合，相続人B・C・D

の遺留分額は，つぎのようになる。

　B＝900万円×1/2×1/2＝225万円
　C＝900万円×1/2×1/4＝112.5万円
　D＝900万円×1/2×1/4＝112.5万円

ところで，Eに500万円相当の遺贈がなされているので，このままでは，相続人の取得額は，つぎのようになる。

　B＝400万円×1/2＝200万円
　C＝400万円×1/4＝100万円
　D＝400万円×1/4＝100万円

したがって，B・C・Dはそれぞれ遺留分を侵害されていることになる。侵害額は，つぎのようになる。

　B＝225万円－200万円＝25万円
　C＝112.5万円－100万円＝12.5万円
　D＝112.5万円－100万円＝12.5万円

このように，遺留分を侵害された相続人らは，その侵害額の分を受遺者であるEに戻せ，と請求できるのである。この請求を「遺留分減殺請求」という（最判平10年6月11日民集52巻4号1034頁）。

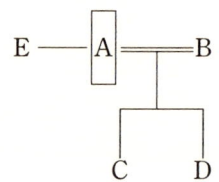

第9章

企業と経営

第1節　暮らしと企業のかかわり

　皆さんが大学に通う際の通学手段はどのようなものか。JRの電車・バス，市営バス・地下鉄等を利用して通っているか，自分の車であるか。昼食は，学食でか，生協食堂か，近くの他の大学の食堂か，学外の食堂か，レストランか。本，パソコン・ワープロ等電気製品類は，生協の購買部で買うのか，スーパーストアー（以下，スーパーとする）か，デイスカウントショップストアーでか。

　私達の日常生活では，私達は目的に合わせて色々な企業とかかわりあって生活している。実は，よく考えてみると，その生活というのは法律ということから見るとほとんどすべてが「契約」という法律関係によって律せられている。通学の際にバス等を利用できるということは運送契約を結んでいる訳だし，車の購入ということは自動車販売会社との間では売買契約があり，また，その支払につきクレジット会社との間にはクレジット契約等の契約がある。自賠法に言う強制保険はともかく任意の自動車保険に入っているということは保険契約を結んでいることになる。

　そして，契約の相手方というのは，実は，株式会社であったり，生協のよ

うに協同組合であったり，近くにある食堂の場合には個人商店であったり，市営バスのように地方公共団体が経営していたり，等々というように誠に様々である。たとえば，スーパーの純利益には何パーセントの法人税がかかるのか。実は，市民生協も法人であるから法人税を払う訳であるがスーパーのそれとは違う。個人商店の経営者は所得税法にもとづき所得税を払うが，所得税法上の税率と法人税法上の税率とは違う。皆さん自身が生命保険に入ることは少ないであろうが，たとえば，日本生命は日本生命相互保険会社，協栄生命はソニー生命保険株式会社であり，法律上は組織が全く異なる。

　私達は，このように様々な企業と関わりを持って生活している。学生，教師，経営者，主婦その他，立場やその人の環境によって関わる法律の種類や質も異なるが，法治国家に生きそして生活している以上，意識するしないに拘らず，法・法律とかかわって生活している。

第2節　さまざまな企業

1．企業形態

　取引活動を行っている経済単位を企業と言う。広辞苑では，企業とは生産・営利の目的で，生産要素を総合し，継続的に事業を経営する存在であるとされている。大まかに，次のように分類できる。

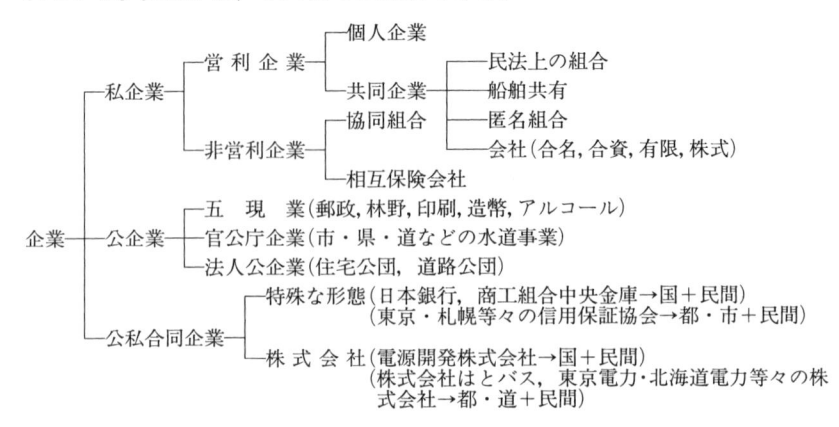

```
                              ┌─個人企業
                ┌─営利企業─┤               ┌─民法上の組合
                │              └─共同企業─┼─船舶共有
       ┌─私企業─┤              ┌─協同組合 ├─匿名組合
       │       └─非営利企業─┤              └─会社（合名,合資,有限,株式）
       │                       └─相互保険会社
企業─┼─公企業─┬─五　現　業（郵政,林野,印刷,造幣,アルコール）
       │       ├─官公庁企業（市・県・道などの水道事業）
       │       └─法人公企業（住宅公団，道路公団）
       │
       └─公私合同企業─┬─特殊な形態（日本銀行，商工組合中央金庫→国＋民間）
                         │              （東京・札幌等々の信用保証協会→都・市＋民間）
                         └─株　式　会　社（電源開発株式会社→国＋民間）
                                          （株式会社はとバス，東京電力・北海道電力等々の株
                                           式会社→都・道＋民間）
```

このように分類することができることを初めて知ったという人もいるかもしれない。たとえば，今のJRは株式会社であるが，前身は日本国有鉄道公社といって法人公企業に属していたし，日本たばこ株式会社も元は専売公社，ＮＴＴも元は電信電話公社（三公社五現業という言い方があった）だったことは知っていても，日本航空は，1989（平2）年3月末までは電源開発株式会社と同様，国と民間人が共同で設立する公私合同企業であったことを知っていたという人は多くはないのではないか。会社年鑑で確認してみてほしい。日本航空の筆頭株主は大蔵大臣（つまり，国）であったことがわかる。

(1) **保険会社の種類・社数・社名** 上の分類でわかるように，相互保険会社は営利企業ではない。しかし，「保険」という商品を売っているのであって保険会社は商人であるというように思っている人がほとんどだと思われる。この想像は法律上はともかく実質上はそう思っても誤りはない。ただ，少し納得がいくように解説してみよう。

日本には，保険会社は50社ある（以下の統計数字は，「2000年版『会社総覧（下巻）』（上場会社版）及び同（未上場会社版）」，日本経済新聞社発行による）。生命保険会社は24社，損害保険会社は23社であり，その他に，損害保険と生命保険の再保険を営むものが1社，損害保険の再保険を営むものが1社，生命保険の仲立営業者が1社ある。生命保険会社には二種類あり，相互保険会社（その数は14社）と株式会社である保険会社（その数は8社）である。14の相互保険会社名は，朝日，住友，大同，太陽，第一，第百，千代田，東京，日本，富国，三井，明治，安田，大和である。10社の株式会社である生命保険会社名は，アイ・エヌ・エイ，ひまわり，オリコ，オリックス，協栄，セゾン，ソニー，大正，ニコス，日本団体，平和である。また，損害保険会社のうち，相互保険会社は第一火災海上，株式会社であるものは東京海上火災，三井海上火災，住友海上火災，日本火災海上，安田火災海上，日産火災海上，日新火災海上，千代田火災海上，同和火災海上，日動火災海上，大東京火災海上，興亜火災海上，富士火災海上，大成火災海上，アリアンツ火災海上，朝日火災海上，共栄火災海上，ジェイアイ傷害火災，セコム東洋損害，セゾン自動車火災，大同火

災海上，太陽火災海上がある。再保険には東亜再保険株式会社(生保＋損保)及び日本地震再保険株式会社（損保）があり，保険仲立業として株式会社ニューファミリー（生保）がある。

(2) **保険業法の改正による生保・損保の相互参入** 1996年（平成8年）10月1日に改正保険業法が施行され，日本においてこれまで認められていなかった生命保険（生保）と損害保険（損保）の相互参入が行われることとなった。これを受けて，10月1日の段階では，生保中6社，損保中11社が各々子会社を設立する等して，生保は損保をも，損保は生保をも業務に含めて加入者を募りまたは営業を行うことができることとなった。また，従来存在しなかった保険仲立業を制度化した。

保険市場は，このような保険制度の規制緩和や自由化により，価格競争や新製品の開発に拍車がかかることとなった。

(3) **保険会社と法律上の取り扱い**

ａ．**相互保険会社である保険会社** 保険加入者間で相互に保険しあうことを目的として，加入者自らが構成員となる相互保険会社を組織し，収支の差額を加入者に帰属させる制度である。一団体は，基金10億円以上であることを要する(保険業法6条)。剰余金は保険加入者に分配するか準備金として積み立てておくことになり，損失は加入者に対する追徴金で埋め合わすか保険金額を減額して処理する(保険業法54条)。自動車事故等といった同種の危険にさらされている者が自ら団体を構成し，この団体がこの構成員のためだけに行う保険である。相互扶助の精神にもとづいて設立されるから，消費生活協同組合(生協)と同様に営利を目的とはしていないから商人ではないことになる。即ち，保険加入者は当該保険団体の設立行為者(団体の共同設立者)であり，保険は売られる存在ではなく加入者は加入によって保険団体を構成する一員となる訳である。

ｂ．**株式会社である保険会社** これに対して，株式会社である保険会社は保険を売り利益を得る商人である。保険を欲する者の他に保険営業者がいて，この者の計算で保険を行う。保険営業者が保険の引受を営業として商人的に

行う保険である(商法502条9号)。それ故,保険を欲する者は会社の客であり,剰余金は株主に配当され,損失は会社財産から埋められる(保険業法54条~58条)。会社は資本金10億円以上で,株式会社としてしか設立できない(保険業法6条)。

ところで,相互保険会社の組織については商法の多数の規定が準用され(保険業法10条・15条・21条・22条・27条・30条・41条・51条等),事業上の行為についても商法の規定が一括準用されていること(商法664条・638条1項等),相互保険会社も収支相償うという原則のもとに保険事業を営んでいるものと言えようから,これを営利保険業と同視してよかろう。

2. 会社の種類・会社数

(1) **資本主義社会と会社制度** ところで,資本主義経済体制をとる日本では,私的所有にもとづき生産活動を行うのが原則である。それ故,生産活動は企業の種類の中でも営利企業が中心となって行い,営利企業の活動が日本経済の源になる。日本法はこのことを前提に立法されている。営利企業は,上述の通り,個人企業と共同企業に分けられるが,何といっても,会社,中でも,株式会社が中心的な位置を占めている。株式会社形態が株主や経営者にとって,また,日本人にとって,最も利用しやすい制度として存在するからであろう。そして,後述するが,いわゆるバブル崩壊とその後の長びく不況や金融ビッグバンの影響から「系列」や「企業集団」として語られることが多かった企業集団や企業グループが,その集団やグループの枠を超えて結合するという未曽有の大変動が起こりはじめている。それは,日本興業銀行,富士銀行及び第一勧業銀行が共同持株会社を設立したことに端的にその萌芽を読み取ることができる。実は,これまで,企業経営の安全弁として機能していたはずの「株式持ち合い」が「リスク要因」に変容したことがこれを如実に物語る。株式会社の中には1998年度の統計(週刊東洋経済『企業系列総覧2000』(1999年12月1日)による。以下の全ての数値はこの統計による)によれば,上場会社が2,432社あり(この中の128社が金融機関),これらは銀行を核にして六大企業集団

を形成しており，これが全会社の総資産の約11％，売上高で約12％，経常利益で約10％，資本金で約13％を占める力を誇っており，日本資本主義の盛衰は，この企業集団の盛衰に懸かっていると言っても過言ではなかった。この点は，改めて述べることにする。

さて，現在，日本にはどの位の会社があるのか。1997年（平成9年）度の会社数は，次の通りである（「税務統計から見た法人企業の実態」（平成9年））。総数は2,465,347社。合名会社は6,300社，合資会社は29,656社，有限会社は1,297,633社，株式会社は1,099,706社，その他が32,052社である。なお，株式会社を資本金別に見ていくと，次のようになる。資本金1,000万円未満は18,941社，1,000万円以上1億円未満は1,047,080社，1億円以上10億円未満は27,436社，10億円以上が6,249社である。

合名会社と合資会社の数が少ない最大の理由は，恐らく，社員（出資者）（以下，社員とする）が債権者に直接無限のあるいは直接有限の責任を負わなければならない（商法80条・147条・157条）という点にあると思われる。つまり，たとえば，会社が倒産し，会社の債務が残り，それを会社に残っていた財産（残余財産）で一部分は債権者に支払ったが，まだ債務が残っている場合に，合名会社の社員（無限責任社員）は自己の私有財産で無限に，合資会社の無限責任社員は自己の私有財産で無限に，有限責任社員は自己の私有財産で責任額までの弁済を債権者に直接しなければならない義務を負う会社制度であって，私有財産と会社財産の実質的区別が設けられていない制度だから，自己の私有財産で弁済したがまだ債務の支払いが終わらないといった場合には，債権者が支払を免除してくれれば払わなくてもよいが，免除してくれない場合には債務を完済するまでは何十年かかっても返済しなければならないということをも意味する訳で，この借金のために配偶者・子供や親戚の人々までも苦しめることになりかねない訳である。ところが，同様の場合について，実は，有限会社の社員（同法17条）および株式会社の社員（株主）（商法200条1項）にはその支払義務はなく，自己の私有財産での弁済ということは全く不要な制度である。いざというときには有限会社，株式会社が有利な企業形態であると私

が言っていることがわかっていただけたと思う。そして，このことは，右会社数において，圧倒的に，有限会社と株式会社が多いことにも裏付けられている。また，後述のように，元来は大規模の会社に適すると考えてつくられた株式会社形態を全く小規模のものが利用しているという問題点も併せて露呈している。

(2) **会社の種類**

 a．種々の基準による会社の分類　商法・有限会社法に規定されている会社を一般法上の会社といい，合名会社・合資会社・株式会社・有限会社がある。この両法以外にもとづいて設立される会社を特別法上の会社と言っている(上記の企業形態に関する図を参照)。このような分類以外の分類の仕方も勿論存在する。たとえば，会社債権者に対する信頼の基礎が会社財産に置かれている会社を物的会社(株式会社・有限会社)，その信頼の基礎が社員である人に置かれている会社を人的会社（合名会社・合資会社）とに分ける。株式会社の監査等に関する商法の特例に関する法律(商法特例法と略称)では，株式会社を，①大会社（資本の額が5億円以上または負債の合計額が2百億円以上の会社），②中会社（資本の額が1億円を超え5億円未満で，かつ，負債総額が2百億円未満の会社），③小会社(資本の額が1億円以下の会社）と分けて，規模に応じた適切な規制をしようとしている。また，親会社(他の株式会社の発行済株式総数の過半数に当たる株式または他の有限会社の資本の過半に当たる出資口数を有する会社）と子会社（親会社によってその株式または出資口数の過半を持たれている会社）という分類もある。

 b．社員（出資者）の責任と会社の種類　社員の会社債権者への直接の弁済責任の有無という点から，ａ．で述べた一般法上の会社につき，簡単に，四会社の違いを述べる。

 (i)合名会社　会社債権者に直接に無限の弁済責任を負う社員でなければ社員になれない(商法80条)。直接無限の責任を負う者同士で会社を設立し経営する組織形態であり，いざという時には私有財産が債権者への弁済対象財産となるから，互いに信頼関係で結ばれていないと成り立っていかない。社員の地位の譲渡は当然に他の社員の承諾がいる（商法73条)。

(ii)合資会社　合名会社と同様の責任を持つ社員（直接無限責任社員）と責任額が一定限度までである直接有限責任社員によって成立している会社である（商法146条）。社員の地位の譲渡は無限責任社員全員の承諾が必要である（商法154条）。有限責任社員は会社の業務執行には参加しないが、いざという時には私有財産が弁済対象財産となる点では合名会社の場合と同様であるから、互いに信頼関係で結ばれていなければ成り立たない会社形態である。

　なお、合名会社と合資会社では、上で述べたように、会社という独立の経済単位が自己の債務を弁済したくとも資金が不足していて支払うことができなかったその債務を社員という別の人格者に責任を負わせるので、会社という人格を認めていることはこの点では意味がない。株式会社と有限会社では会社という人格によって支払ができなければ債権者は支払を受けられないから（社員という別の人格者に責任を負わせられない）、会社という人格を認めた意義がある。四種類の会社は、総て、営利社団法人（商法52条・54条・有限1条）であるが、債権者への社員の弁済責任の有無という点では、合名会社・合資会社では法人格を認められていないのと同じことになる。

　(iii)株式会社　会社債権者に対して直接の弁済義務を負わない社員（株主のこと。以下、株主と言うこともある）から構成されている会社である（商法200条1項）。株主は会社債権者に対して間接有限責任を負っているとも言う。それはどういった意味か。株式会社の場合、会社の債権者に対して会社財産で弁済ができずに債務が残った場合にはこれを株主個人の私有財産で支払うという法律上の責任は全くない制度である（この点は有限会社も同様である）。それ故、株式会社と取引して債権が回収できなかった場合には誰も支払ってはくれないので泣き寝入りになる（ただし、取締役に商法266条ノ3違反があれば別である）。これを株主の側から見ると、会社が消滅すれば株主には自己が出資した金銭が戻ってこない訳であるから、この金額の限度で責任を負担したことになる。このように、有限責任を間接的ではあるがいざという時には負担する仕組になっていることから間接有限責任を負うという言葉が誕生することになった訳である。なお、株主のこの出資義務は会社成立前に完了していなければならな

いという制度になっているので，会社が成立後には株主の出資義務は全くないことになる。

ところで，株式会社の場合には会社債権者に対しては会社財産で弁済できなければ弁済義務を負う者は誰もいないから，債権者にとっては会社財産の有無が弁済を受けられるか否かを決める。それ故，会社に財産が確保されているかいないかが常に不安であれば株式会社とは取引せず，むしろ，個人財産でも弁済してくれる合名会社や合資会社と取引することの方がリスクは少ない訳である。しかし，合名会社や合資会社は社員が直接無限責任を負う制度であったから，どうしても巨大規模のものになると特に巨額の債務が残った場合には個人の資産には限度があり支払を得られる可能性が乏しくなる。そこで，法は，株式会社に，確保しておかなければならない財産額の基準を設け，この基準に従ってこの基準額(資本金と言う)に相当する現実の財産を確保しなければならないという制度を設け，一年に一度は財務・財産の状況を世間に公表させることとした(勿論，この制度によっても，日常の取引における債権者のリスクは残るが，これは資本主義経済体制下では自由競争社会である以上は止むを得ない)。このようにすれば，利益が出せていない会社との取引は避けるであろうから，こういった会社はいきおい消滅していくことになろう。もし，こうした会社とどうしても取引しなければならない場合には慎重に色々な条件設定をして取引するであろう。優勝劣敗の論理が支配する訳である。

他方，会社財産を会社が以上のような理由から会社債権者との関係で支払資金として確保しておかなければならないとすると，出資者である株主は出資金を自由に必要に応じて引き出したくても引き出せないことになる。逆に，株主が出資金をいつでも自由に会社から引き出せることにすると，会社債権者の担保財産が常に変動して会社債権者が不測の損害を被ることになるし，会社の資金状態は常に不安定になる。正に，会社自体が砂上の楼閣になってしまう。そこで，法は，ごく例外的な場合を除き，株主は会社財産から出資の返還(払い戻し)を受けられないものとし，出資した自己の資金を回収したい場合には株主としての地位＝「株式」(株主権)を第三者に売却して回収しな

ければならないとした。投下した資本の回収に当たっては株券という有価証券に株式（株主権）を表彰させ，この株券の売買を通じて回収することができるようにした訳である。株価は，会社の業績等を反映して常に変動する。ここに証券市場が誕生することにもなる。このようにしておけば，一方で，会社財産は，会社経営の元手として運用が可能であり，また，会社債権者の弁済対象の担保財産として確保され，他方で，出資者である株主は株券の売買により投下資本の回収の途を保障される訳である。

株式会社の基本的特質は，実は，今述べてきた，「株主の有限責任」と「株式」そして「資本」にある。この三つを軸にして株式会社の総ての規制内容が展開されている訳である。

なお，株式会社を設立するには，1991年（平成3年）4月1日からは資本金が1,000万円以上であることが必要になった(商法168条ノ4)。当時，1,000万円未満の株式会社は約62パーセント(計約78万社)であった。これ等の会社は，商法改正に伴い，1,000万円に満たない会社は5年以内に1,000万円以上にするか，300万円以上にして有限会社に組織変更するか，どうしても資本金を増額できない場合には合名会社か合資会社にするかを決めなければならなくなった。5年間の右の猶予期間内に何もしないで放置されている会社の場合は，休眠会社整理に関する手続に準じ(商法406条ノ3)，猶予期間満了後の2カ月後にみなし解散をしたものとして扱われ，3年後のみなし解散期間経過後に解散したものとされることになる。それ故，最低資本金に満たない株式会社と有限会社は，改正商法，改正有限会社法が効力を発した1991年（平成3年）4月1日から8年2カ月後に消滅することになった。

また，この商法改正により，株式会社を設立する場合には，発起人は一人でよいことになった（新旧商法165条参照）。

(iv)有限会社　社員は株式会社と同様に間接有限責任社員であり，出資も会社成立前に完了させておかなければならない(有限17条・12条ノ3)。しかし，次の諸点で株式会社とは異なる。

株式会社と異なる主要点は次の通りである。①資本金は300万円以上である

こと(有限9条,対比商法168条ノ4),②社員の人数は50名を超えられないこと(有限8条,対比商法165条),③社員の地位(持分)の譲渡に株券のような有価証券を発行できないこと(有限10条,対比商法226条),④社員の地位(持分)の譲渡については他の社員への譲渡は自由であるが,社員以外への譲渡は社員総会の承諾が必要であること(有限19条,対比商法204条1項),⑤授権資本制度がないこと(有限6条3項,対比商法166条3項),⑥設立や増資に当たって社員を公募することができないこと(有限6条5号・6号・52条1項,対比商法280条ノ6・280条ノ14第1項),⑦取締役の人数に下限がなく,一人でもよいこと(有限25条,対比商法255条),⑧取締役会制度がないこと(商法259条等参照),⑨監査役は置いても置かなくてもよい(任意機関)こと(有限33条,対比商法273条),⑩初代取締役・監査役は社員総会で選ぶ必要がなく,定款に自己の氏名を記述することによって選んだことにすることができること(有限11条・33条,対比商法254条・280条),⑪貸借対照表の公告の必要がないこと(商法283条参照),⑫社債の発行ができないこと(商法296条参照),⑬中間配当・建設利息の配当ができないこと(商法293条ノ5・291条参照),等々である。

株式会社との対比で有限会社を考えると,有限会社は比較的小規模で閉鎖性を有する中・小の規模を思考する経営者に適した会社形態であることがわかるであろう。

第3節 株式会社はなぜ多いか

1. 株式会社形態選択の理由

第2節の2の(1)で述べたように,1991年(平成3年)3月31日までは,資本金が100万円以上1,000万円未満の株式会社は約74万社,資本金100万円未満の会社は約4万社もあったし,法施行時の1996年(平成8年)4月1日現在でも,前者が約20万社,後者が約1.4万社もある。何故,このような小さな存在が株式会社になっているのであろうか。それには理由があるが,主な理由は次の通りである。

①株主有限責任（商法200条1項）により，会社が債権者に債務の支払いができなくなった場合に，株主は，残った会社の債務の支払責任を負うことがないという点である。既に触れたように，株式会社の基本的特質を表す一つである。

②出資単位が小さいために多くの人々からの出資が期待でき，そのため，巨大規模の会社の設立が可能になる。現在，株式会社を設立しようという場合には1株は5万円以上でなければならない（商法166条2項）。なお，昭和56年以前に成立した会社は1株500円，昭和25年前に設立された会社では1株50円であったりする。日本の主要株式会社はほとんど1株50円である。

③出資単位が小さいため，大規模な会社であればあるほど出資者の人数が多くなる半面で株主総会への出席者は減る。株主総会は会社の存立に関する重要事項の意思決定を為す株式会社の最高意思決定機関である（たとえば，解散，合併，資本減少，定款変更や営業譲渡等を決める）にも拘らず，会社の資本規模が大きければ大きいほどこれに反比例して一株主の持ち株比率は低下し，出席への意欲は減退し，いきおい，投機的な意味だけで株を購入することを促進させる。こうして，株主総会への出席もわずかで，株主の意思は分散化され（株主意思の分散化），経営者の意思通りに会社を経営し支配する（経営意思の貫徹化）ことができることになる。所有と経営・支配の分離である。

④株主が当該会社の株主でありたくない（「退社したい」と表現する）と考えたり，株式を売却して投下資本を回収したいと考える場合には，原則として，株式を他に譲渡して退社または投下資本を回収しなければならない。即ち，退社または投下資本を回収したい場合には誰かに株式を買ってもらわなければ（株を買えば買った者が株主となり，株を買った者が会社に「入社」することになる。ただし，株主名簿の書換が必要である），目的を果たせないことになる。株主が退社する場合には入社する者がいることになるから，株式会社では株主（社員）の退社による資本規模の変動ということは生じない。つまり，相対的退社は生じるが絶対的退社ということは生じないので，会社の解体ということがこの点からは起こり得ず，会社の永続性が保障されている形態であると言える。

この点，たとえば，市民生協等の協同組合では，組合員が脱退する時には出資金は返還しなければならない制度(絶対的退社制度)になっている(生協法19条)から，脱退のたびに現実の財産額に変動が生じてしまい，団体の資本的基盤は常に不安定であって，永続性もこの点から見れば保障されていないことになる。

⑤商号(商人がその営業上自己を表すために用いる名称)の選択について，商法は，原則として，商号選定自由主義を採っているため(ただし，四つの会社は各々その種類に応じて株式会社・有限会社等とその種類を会社名に入れなければならない。商法53条，有限3条。その他の制限はある)，小規模のものでも巨大に思わせる商号(たとえば，大札幌運輸株式会社とする)を付けることができる。

⑥1991年(平成3年)3月31日までは，最低資本金の制度がなく，最低35万円のものでも設立できた(旧商法165条・166条)。

⑦節税ができる。次に，詳述する。

2．株式会社と節税

租税負担に関して，法人，特に，株式会社の場合にどのような理由で有利であるとされているのか。以下に考える。

ところで，会社等の法人(以下，会社とする)は，①法人税(国税)，②住民税(地方税であって道府県民税と市町村民税)，③法人事業税(地方税)，④固定資産税(地方税)，⑤その他，を支払う。個人商人の場合には，①事業所得税(国税)，②住民税(地方税であって道府県民税と市町村民税)，③個人事業税(地方税)，④固定資産税(地方税)，⑤その他，を支払う。ここでは法人税と事業所得税を比較する。税率は，2000年(平成12年)度適用のものを使用する。

㈦個人事業主が支払うのは所得税であるが，所得税の課税方式は超過累進税率方式を採り，課税総所得額が多ければ多いほど税率が高くなる方式になっている。所得税法89条が規定している。330万円以下の金額については10％の税率，330万円超900万円以下の金額については20％の税率，900万円超1,800万円以下の金額については30％の税率，1,800万円超3,000万円以下の金額に

については40％の税率，3,000万円超の金額については50％の税率で課税される。

　他方，会社が支払うのは法人税であり，その課税方式は一定税率方式を採っている。法人税法66条が規定している。普通法人（人格なき社団を含む）は課税額の34.5％である。普通法人の中で，資本金もしくは出資金額が1億円以下であるもの（人格のない社団を含む）には，各事業年度の所得の中で，年800万円以下の金額については25％の税率で済む。公益法人（学校法人，公益社団法人ゴルフ場や宗教団体）等が収益事業を行った場合に得た所得（以下，公益法人等と略記する）や協同組合等の所得に対する税率は25％である（ただし，協同組合等は所得が10億円を超える場合には10億円を超える金額については30％が課税される。租税特別措置法68条の3）。なお，宗教法人等が受ける寄付については課税されない。税率25％は公益法人等が収益事業を行った時に得た所得に対するものであるから，公益法人等が収益事業を行わない場合には課税されないことになる。

　このように，法人税が課税総所得金額に拘らず34.5％と一定税率であるのに，所得税は3,000万円を超える所得には50％が課されるため，課税総所得金額が多ければ多いほど会社にした方が有利であるということになる。たとえば，3,000万円を超える金額が1億円あった場合の1億円の部分についての税金額は，会社であれば3,450万円，個人事業の場合には5,000万円となる。この税率・税額は他の会社形態でも変わらないから，他に有利な点を有している株式会社形態が採用される訳である。

　なお，上の所得税の税率は現行のものである。ちなみに，1989年（平成元年）度は，たとえば，5,000万円超は60％，3,000円超5,000万円以下は55％，1,500万円超3,000万円以下は50％と高税率であった。1979年（昭和54年）度は，たとえば，8,000万円超は実に75％，6,000万円超8,000万円以下は70％，4,000万円超6,000万円以下は65％，3,000万円超4,000万円以下は60％の税率が課せられていた。他方，法人税は，1989年（平成元年）度は，普通法人は40％，公益法人等や協同組合等は27％であった。1988年（昭和63年）度以前では，普通法人は42％，公益法人等や協同組合等は27％であった。1979年（昭和54年）度で

は，普通法人等は40％，公益法人等や協同組合等は23％が課されていた。このように，所得税率が高率であったため，会社になる方が断然有利であったから，先を争って，小規模の事業体も節税のために法人化した（「法人成り」と言う）。近時は所得税の最高税率が50％に下げられたので，以前のような法人成りの極端なメリットはなくなったと言えるが，それでも税率は15.5％も違っている。

　ところで，上に述べたような会社と個人事業の税率の極端な差を是正するために，租税特別措置法25条の2を1974年（昭和49年）に設けた。「みなし法人制度」がそれで，これによって，両者の実質的な税負担の格差を埋めることにしてきたので，上に述べたような法律上の税率の開は実質的にはほとんど埋められていると言ってよかろう。勿論，会社の有利性は他にもあり，それが故に，会社形態が選択されていることは既に一部分は述べたところである。

　(イ)個人事業であれば3,000万円超の総所得金額につき50％が課税率であるが，会社の場合には基本的には34.5％であることから，所得税の50％という税率を回避するために会社を設立し，実質的には一つの所得を会社の所得と個人の所得との二つに分け，所得税法の高い税率での課税を避けるできることである。この点も，各会社に共通である。

　(ウ)(イ)とも関連するが，同一所得については法人段階で課税されれば個人の段階では課税されない。このことを利用することができることである。たとえば，法人では事業主の労働に対する報酬は必要経費として認められるので法人段階では課税されないし，事業主個人の財産を法人に賃貸する場合には法人は賃貸料金を貸主である事業主個人に支払うが，この金額は法人の必要経費であるから法人段階では課税されない。事業主個人の賃貸料収入として事業主個人の所得として課税されるだけである。これに対し，個人事業の場合には賃貸関係は生じないから事業主個人の賃貸料収入は生じる余地はない。賃貸に出している場合と否とに拘らず，固定資産税等は事業主個人が支払うが，法人に賃貸している場合にはその賃貸料金（この中に支払う諸税分を含めて賃貸料を設定する等の方法がある）から税金を支払えばよい訳であるが，個人

事業の場合には事業主の収入からこれ等を支払わなければならない。このような利点は，事業主が当該株式会社の株主として受領する配当金に関しても同じであり，法人段階では配当については軽減税率が適用され，個人の段階では配当控除の制度があって，二重課税を避ける措置が講じられている(法人税法68条等・所得税法92条等)。

ただし，個人事業の場合でも，青色申告（所得税法2条40号・143条～151条）を行えば，妥当な額の配偶者や子供等の営業への従業に対する給与（同法28条）は必要経費として認められるようになっている。

㈩交際費等費用が認められ易いことである。具体的な数字には表現しにくい利点である。

第4節　企業集団の成立と実力

1．第二次世界大戦での敗戦と民主化

日本は1945年（昭和20年）8月15日，第二次世界大戦に敗れて，ポツダム宣言を受諾した。アメリカを中心とする占領軍はポツダム宣言の趣旨の実行のために，日本を民主化する政策を実施した。①家族制度(家制度・家督相続制度)の廃止・戸籍法の改正による個人の尊厳と両性の本質的平等の達成，②農地改革による前近代的土地所有を近代的土地所有制度にすること(半面，農民を小所有者として資本主義体制内の存在とすること。資本主義再建のための国内市場を切り開くためでもある)，③労働運動の解放による近代的労働市場への期待・国内市場の狭隘さを切り拓くこと（教育制度の改革＜教育の大衆化＞と③とが相俟って昭和30年以降の技術水準向上のための基礎となる)，④財閥解体による前近代的要素の一掃，が主なものであった。このような基礎構造の上に，カルテル・私的独占・不公正な競争を禁止する独占禁止法(昭和22年4月)等を制定した。これによって，日本は，完全に，資本主義経済体制・自由競争企業体制を採り，独占禁止法は，経済政策立法として，自由競争秩序維持をはかる法として機能することになった。

2．「朝鮮動乱」と資本蓄積

　しかし，形式上の民主化はともかく，実質的に，戦後であるが故の特に物資不足で日本は復興に喘いでいた。ところが，昭和25年6月に始まった，いわゆる朝鮮動乱は隣国日本からの物資の朝鮮への輸出（特需）を可能にし，これによって，日本は急激な資本蓄積を行い，復興自立化の途を一挙に駆け上がることとなった（昭和29年の経済白書では，動乱の始まった昭和25年を基準とし昭和28年の水準は実質国民所得は約3割，実質賃金3割5分，消費水準4割の増大を示したことが記されている。昭和28年のGNPの水準は戦前最高値だった昭和13年の水準に並んでいる）。

　この飛躍的な経済の進展は，他面で，占領権力からの日本の解放を著しく促進することともなった。政府は，資本蓄積のための金融法体制の整備に力を入れた。たとえば，独占禁止法の改正（公正取引委員会の機構縮小・適用除外立法の容認等）（昭和24年・27年・28年），授権資本制度・無額面株式制度の導入による株式会社の資金調達の容易化の達成（昭和25年），各種抵当法（昭和28年・29年）の整備等々である。他方，政府は，国の金融機関や財政投融資による資本蓄積のための諸制度を実施した。たとえば，財政投融資担当の政府金融機関である日本輸出入銀行の設立（昭和25年），電力・海運会社のために設けた日本開発銀行（昭和26年），復興に役立つ重要産業を育成するためにとして立法した「外資に関する法律」（昭和25年）（後の，重化学工業時代の下地となる），外資導入のための「租税特別措置法」（昭和25年）の制定等々がそれである。このように，朝鮮動乱は日本の復興をいち早く達成する重要な役割を果たしたが，他面，国の金融機関の設立や財政投融資，独占禁止法や商法等の改正を通じて，結局は，これに拘った企業と国が容易に一体となり，企業に国の特定の経済政策目的の達成手段として利用される素地を与えるに至った時期でもあった。

3．高度経済成長政策等・産業再編成政策と六大企業集団の誕生

　昭和30年頃からは，低金利政策を伴う高度経済成長政策と重化学工業化政

策を展開する。経済構造の変化の速さと多面性とは，日本の経済史上，例を見ないと言われる時期である。国家主導による積極的な経済規模の拡大・産業構造の高度化が促進され達成されるが，これには経済の番人である筈の公正取引委員会の独占禁止法の運用停止という消極的な対応も相俟って，経済力の飛躍的増大・経済の近代化に拍車をかけた訳である。そして，この頃（昭和35年）から，日本は貿易の自由化や資本の自由化を余儀なくされつつあり，このことを後ろ盾に，日本企業の国際競争力強化の必要性が特にクローズアップされたことから，早くも，財閥解体時に分散・解体させられた諸企業の合併（たとえば，雪印乳業とクローバ乳業の合併。雪印乳業はこの合併によりバター・チーズの全国総生産比率が56.7%から79%になった）や公正取引委員会による勧告操短（行政指導）のようなカルテル的行為の黙認等が行われている。国際競争力に適応するための資本蓄積という大義名分は，産業再編成政策を積極的に推進させることとなり，国内における一層高度の寡占ないし独占体制の確立を志向していくことになる訳である。法の側から見ると，結局，高度経済成長政策や重化学工業化政策の先兵とされた企業が政府の政策を後ろ盾にして経済諸法の制定・運用を支配した（後に述べるように，その企業は金融機関に支配されている）から，法は無力化せざるを得なかったと言えよう。たとえば，商法は資本自由化に伴う外国資本の恐怖から，昭和41年に株式の譲渡制限の規定を設けて乗っ取り防止策を規定化したし，外資規制のための関税政策として外国為替および外国貿易管理法の改正を昭和39年に行っている。また，産業再編成政策をよりどころに，昭和39年頃からは，目立って，大型合併が増え始める。最大の大型合併は昭和45年の八幡製鉄・富士製鉄の合併による新日本製鉄の誕生となって具現化する。

　しかし，高度経済成長政策や重化学工業化政策の実現の先兵とされた多くの諸企業はこれに応えるために設備投資の急速な拡大を余儀なくされた。そして，そのための資金需要を内部資金ではカバーしきれない企業は，どうしてもその資金需要を外部資金に頼らざるを得なくなり，政府がそのために用意した低金利の短期・長期の資金を金融機関から借り入れてその資金需要を

充たすことにならざるを得なかったから、好不況を幾度か乗り越えている間に、これらの企業は金融機関のコントロール下に置かれることとなり、企業の自己資本比率は、否応無しに、低下の一途をたどっていった。たとえば、昭和29年（以下、元号は省略）の自己資本比率（自己資本÷総資本〔他人資本＋自己資本〕）。総資本の中でどれだけが返済を要しない自己資本で賄われているかを見る。比率が高ければ高いほど不況に強く、財務状態が安定していることになる）は、29.7％であったものが、35年には20.7％、45年には16.1％、51年には13.7％と一貫してその比率を減らしている。他方、負債の内、流動負債（1年以内に弁済しなければならない借金）は、29年では57.2％、35年で61.0％、45年で61.0％、51年で58.7％で横ばいであり、流動負債の中の金融機関借入金の比率についても、上記各年毎に、17.1％、17.4％、16.2％、16.5％と横ばいである。しかし、固定負債（1年以上に亘って弁済を要する借金）は、29年では13.0％、35年で18.3％、45年で22.9％、51年で27.6％と29年の2倍に伸び、この内、金融機関借入金については、上記各年毎に、9.1％、11.3％、14.8％、18.0％と2倍に伸びている（大蔵省証券局資本市場課および企業財務課編の「法人企業統計年報集覧」および「法人企業統計年報」による）。なお、ちなみに、51年の自己資本比率につき、アメリカは51.7％、イギリスは41.8％、西ドイツは29.4％であるから、日本企業の財務体質の悪さが良くわかるであろう（通産省産業政策局編の「世界の企業の経営分析」による）。

　日本企業は、上記のように、昭和30年代初頭からの高度経済成長政策と重化学工業化政策そしてその後の産業再編成政策によって、多くの企業が、基本的な自立性を否定され、金融機関のコントロール下に置かれ、また、当然のこととして、金融機関も系列に入れる企業を自ら取捨選択して優良企業を系列に取り込みつつ（その方法は種々様々である。融資、役員派遣、株式取得、合併、営業の買収、カルテル・トラスト・コンツェルン等の契約的結合等々である）、系列支配を拡大していった訳である。世に言う、六大企業集団の誕生であり、金融機関をピラミッドの頂点として存在する。一勧系（第一勧業銀行中心）、三菱系（三菱銀行中心）、三和系（三和銀行中心）、住友系（住友銀行中心）、三井系（太洋・神戸・

250　第9章　企業と経営

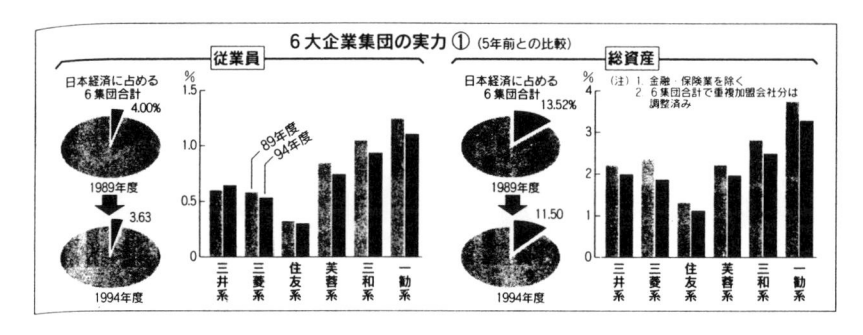

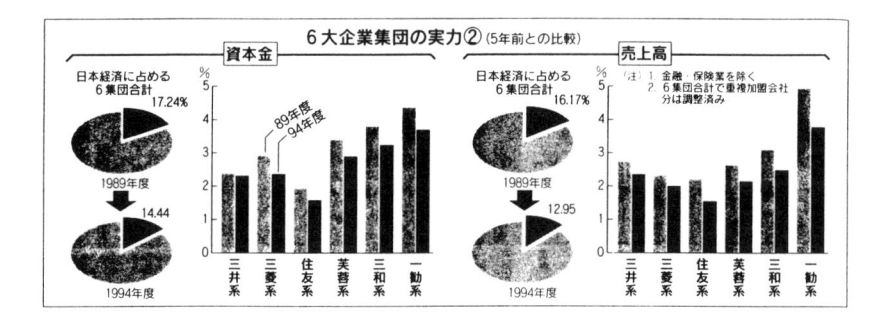

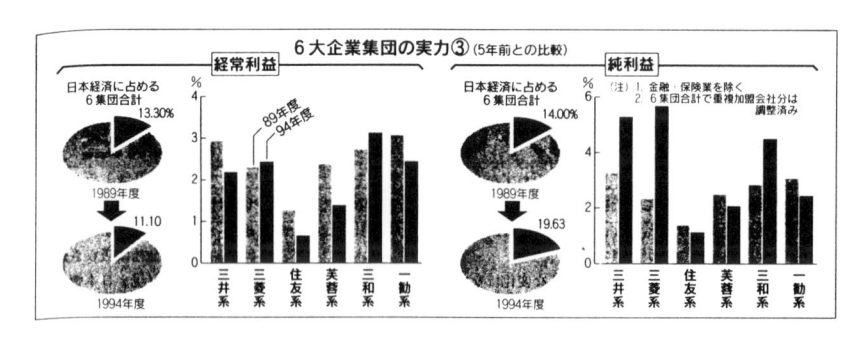

6大企業集団の実力①（5年前との比較）

従業員／総資産

（注）1. 金融・保険業を除く
2. 6集団合計で重複加盟会社分は調整済み

6大企業集団の実力②（5年前との比較）

資本金／売上高

6大企業集団の実力③（5年前との比較）

経常利益／純利益

出典　週刊東洋経済『企業系列総覧・1996』（1995年11月29日）

第 4 節　企業集団の成立と実力　251

三井銀行中心），芙蓉系（富士銀行中心）がそれである。各系列では「社長会」を組織し（三井系は25社で二木会，三菱系は26社で金曜会，住友系は19社で白水会，芙蓉系は28社で芙蓉会，三和系は42社で三水会，一勧系は45社で三金会を形成している），系列の基本的で重要な意思決定をこの社長会で行うから系列の行動は総てこの社長会で律せられ，しかも，後述のように，六大企業集団の規模と実力は日本資本主義を左右する力を有しているから，社長会が日本資本主義の盛衰の手綱を握っていると言っても過言ではないと言えよう（社長会に関してはそのメンバーの一覧表を参照されたい）。

　最近，日本の企業構造に対する諸外国からの不満や圧力が強まっているが，その主な理由は，後述するところの六大企業集団の結束力および40独立系企業グループの結束力が強いが故に，資本の自由化は達成されたものの，日本の市場に外国資本が参入することが事実上制約されているということ等に向けられたものであると言ってよかろう。

4．六大企業集団の規模と実力

①総資産　全産業比11.50％を占める（集団内の企業数は161社〔銀行・保険会社を加えると185社〕）。

②資本金　全産業比14.44％（集団内の企業数は161社〔銀行・保険会社を加えると178社〕）。

③売上高　全産業比12.95％（集団内の企業数は161社〔銀行・保険会社を加えた社数は不明〕）。

④経常利益　全産業比11.10％（集団内の企業数は161社〔銀行・保険会社を加えると178社〕）。

⑤純利益　全産業比19.63％（集団内の企業数は161社〔銀行・保険会社を加えると178社〕）。

⑥従業員　全産業比3.63％（集団内の企業数は161社〔銀行・保険会社を加えると185社〕）。

⑦上場企業（合計2,232社。金融機関を除くと2,100社。銀行は118社，損害保険会社は

6大企業集団 社長会メンバー

(1990年10月1日現在)

産業別	三井系 (二木会27社) 発足1961.10	三菱系 (金曜会28社) 発足1954頃	住友系 (白水会20社) 発足1951.4	芙蓉系 (芙蓉会29社) 発足1966.1	三和系 (三水会44社) 発足1967.2	一勧系 (三金会48社) 発足1978.1
銀行・保険	さくら銀行 三井信託銀行 *三井生命 三井海上火災 (太陽神戸信託銀行)	三菱銀行 三菱信託銀行 *明治生命 東京海上火災 (日本信託銀行)	住友銀行 住友信託銀行 *住友生命 住友海上火災	富士銀行 安田信託銀行 *安田生命 安田火災海上	三和銀行 東洋信託銀行 *日本生命 (大同生命)	第一勧業銀行 朝日生命 *富国生命 日産火災海上 大成火災海上
商社	三井物産	三菱商事	住友商事	丸紅	ニチメン 日商岩井 岩谷産業	伊藤忠商事 兼松 日商岩井 川鉄商事 イトーキ
農林業・鉱業	三井鉱山 *北海道炭礦汽船		住友石炭鉱業			
建設	三井建設 三機工業	*三菱建設	住友建設 住友林業	大成建設	大林組 銭高組 東洋建設 積水ハウス	清水建設
食料品	日本製粉	キリンビール		日清製粉 サッポロビール ニチレイ	伊藤ハム *サントリー	
繊維	東レ	三菱レイヨン		日清紡 東邦レーヨン	ユニチカ	
パルプ・紙	新王子製紙 *日本製紙	三菱製紙		本州製紙		本州製紙
化学	三井東圧化学 電気化学工業 三井石油化学工業	三菱化成 三菱ガス化学 三菱樹脂	住友化学工業 住友ベークライト	昭和電工 呉羽化学工業 日本油脂	トクヤマ 積水化学工業 宇部興産 日立化成工業 田辺製薬 藤沢薬品工業 関西ペイント	旭化成工業 電気化学工業 協和醗酵 日本ゼオン 三共 旭電化工業 資生堂 ライオン
石油		三菱石油				昭和シェル石油 コスモ石油

第4節　企業集団の成立と実力　253

	三井	三菱	住友	芙蓉	三和	第一勧銀
ガラス・土石	☆小野田	旭硝子	日本板硝子	日本セメント ☆住友大阪セメント	東洋ゴム工業 ☆住友大阪セメント	☆秩父小野田
鉄鋼	日本製鋼所	三菱製鋼	住友金属工業	NKK	神戸製鋼所 中山製鋼所 日立金属	川崎製鉄所 神戸製鋼所 日本冶金工業
非鉄金属	三井金属	三菱マテリアル 三菱伸銅 *三菱電線工業 三菱アルミニウム	住友金属鉱山 住友軽金属工業 住友電気工業		日立電線	日本軽金属 古河機械金属 古河電気工業
機械		三菱化工機	住友重機械工業	クボタ 日本精工	NTT	新潟鉄工所 荒井関鉄
電気機器	東芝	三菱電機	NEC	☆日立製作所 沖電気工業 横河電機	☆日立製作所 岩崎通信機 シャープ 京セラ ダイハツ工業	☆富士通 安川電機 富士電機 日本コロムビア
輸送用機器	三井造船 ☆石川島播磨重工業 トヨタ自動車	三菱重工業 三菱自動車工業		日産自動車	日立造船 新明和工業 ダイハツ工業	川崎重工業 ☆石川島播磨重工業 いすゞ自動車
精密機器		ニコン		キヤノン	HOYA	旭光学工業
百貨店	三越			東京建物	高島屋	*西武百貨店
金融					オリックス	勤角証券 オリエント コーポレーション
不動産業	三井不動産	三菱地所	住友不動産	東京建物 東武鉄道 京浜急行電鉄 昭和海運	阪急電鉄 日本通運 ナビックスライン	川崎汽船 渋澤倉庫
運輸・倉庫業	大阪商船三井船舶 三井倉庫	日本郵船	住友倉庫			
その他	*三菱総合研究所					東京ドーム

(注) 社長会メンバー企業数の延数は196社であるが、複数のグループに属する企業(☆印の企業)があるため、その実数は186社である。*印は未上場会社。( )内の会社は社長会メンバーではないが、参考として掲載、三井系では北海道炭礦汽船は休会中。日本製鉄は94年1月に加盟。トヨタ自動車はオブザーバー参加だが、社数に加えている。三菱系では90年6月に三菱モンサント化成が脱会し、90年9月に三菱伸銅、三菱総合研究所が加盟。三井系の電気化学工業、石川島播磨重工業が91年10月に加盟。一勧系のイトーキが92年4月に加盟。

出典　週刊東洋経済『企業系列総覧 1996』(1995.11.29)

14社)への影響力

　株式所有比率で25.533％(この内，銀行の株式所有比率は20.721％)，融資比率で37.84％，融資企業社数は1,837社(金融機関を除く全上場会社数は2,100社であるから六大企業集団と融資関係にない企業数は263社だけであることになる)，派遣役員数は4,936人で派遣役員数に対する全上場企業社外出身役員数は45.96％。

　なお，金融機関の株式所有比率は29.65％である。内訳は，生命保険会社が10.03％，都市銀行が7.49％，信託銀行が7.64％，長期信用銀行が2.41％，損害保険会社が2.07％を持っている(なお，九大商社は0.68％を持つ)。上場企業の借入金融機関と借入率は，都市銀行から26.53％，信託銀行から11.44％，長期信用銀行から10.47％，生命保険会社から11.27％，地方銀行から6.82％，損害保険会社から0.71％，第二地方銀行から0.67％，民間外金融機関から12.10％，その他から20.00％となっている。

5．独立系企業グループ

　ところで，巨大企業が中核となって資本関係・人的関係を通じて関係小会社を系列化・グループ化して独自の展開を図っているものを独立系企業グループという。大企業を頂点とするピラミッド構造を示す，垂直的に統合された独立系企業グループである。企業の一部門を分散・独立させて次々に新しい子会社を作っていく方法とM&A（企業合併・買収）によってグループ化していく方法がある。

　昭和30年頃からの六大企業集団の形成過程で，言わば，金融機関をピラミッドの頂点とはせずに巨大企業が中核になって形成された企業集団である。40の集団があるとされているが六大企業集団とは全く無関係・独立の存在ではないことは企業名を見ればわかるであろう。たとえば，三井物産グループや日立製作所グループのように，六大企業集団のメンバー企業を頂点とする企業集団の場合もあれば，新日鉄グループや松下電気グループのように六大企業集団からは独立した形でグループが形成されている場合もある。また，

トヨタ自動車のように社長会にオブザーバー参加している(トヨタは三井系オブザーバー)という中間的なものもある。なお，たとえば，東芝は三井系，日本電機は住友系，日産は芙蓉系である。

1994年6月期(1993年7月期から1994年6月期まで)の規模を見てみよう(括弧内の数字は連結決算の場合の集団内の会社数を表す)。三菱商事(571社)，トヨタ(215社)，日立(866社)，松下(475社)，三井物産(842社)，日産(282社)，東芝(319社)，新日鉄(254社)，オリックス(89社)，NEC(142社)，三菱重工(114社)，NKK(99社)，富士通(461社)，三井不動産(53社)，ソニー(925社)，本田技研(384社)，大成建設(88社)，日石(15社)，三菱化学(98社)，キャノン(130社)，旭硝子(101社)，ダイエー(162社)，旭化成(76社)，キリンビール(28社)，東レ(178社)，イトーヨーカ堂(43社)，積水化学(82社)，NTT(30社)，東京電力(17社)，富士写真(193社)，ブリヂストン(220社)，三菱マテリアル(118社)，クボタ(182社)である。

(出典は，週刊東洋経済・臨時増刊データーバンク「企業系列総覧・1996」1995年11月29日発行による)

第5節　経済不況と企業集団・企業グループの再編と現状

1．六大企業集団の再編

　第二次世界大戦後に誕生した企業集団は，戦前のそれとは性格が異なり，財閥解体により旧財閥家族の支配はなく，主として系列融資による結び付きであった。それは，過度経済力集中排除法の適用を免れた業種であった銀行(解体されなかった理由は明確ではないが，私の拙い研究では，銀行をも解体すると"復興"も覚束無いとGHQは考えたようである)が，戦後の資金不足の中で間接融資により，また銀行からの役員派遣そして株式の持ち合い等によって強大な権力を握り，戦前の財閥本社が行っていた資金分配システムを銀行が行うというスタイル(いわゆるメインバンク制度であり金融系列である)により，銀行を頂点とした企業集団がその支配を広げていったものであったことは前節で力説した。

しかし，90年代になってからの特に日本経済の不況すなわちおおよそ1989年（平成元年）12月から始まった日本経済のいわゆるバブルの崩壊とその後の長引く不況は，日本に根本的な構造変化をもたらした。バブル崩壊とその後の長引く不況は循環的不況と構造変化が重なってもたらされたと言ってよかろう。構造変化は自由化（規制緩和），情報化及び世界化が，コントロールされた日本経済の方式（護送船団方式）に変革を迫り，「市場経済化」を進展させ，企業に選択と集中を迫り，その再編は日本人のそして人生の価値観や生き方に大変革をもたらしつつある。図表が示すように，集団の収益は著しく低下し，生き残りをかけた再編が，しかも系列を超えた金融機関の再編という未曽有の動きの中で活発化している。もはや六大企業集団は崩壊したという見方もある。

例えば，六大企業集団の合計の赤字は1998年度では前年度の1兆8882億円を大幅に上回る3兆1783億円を記録している。三菱系の主力銀行は集団からかろうじて資金を調達できたが，他の集団の主力銀行は1999年3月に公的資金を注入しやっと不良債権の償却を実施した。その再編は，例えば，三菱系のように集団内の結束を強めるという動きもある一方で，富士銀行・第一勧銀・日本興業銀行のようにかつて系列の頂点にあった銀行が系列を超えた統合を行っている。住友系の中核にいる住友銀行は大和証券と法人向けの証券業務で提携し，共同出資により新証券会社を設立したし，また，住友銀行は1999年10月にはさくら銀行と全面提携・統合した後，合併し，旧財閥の垣根をも超えた結合が進行している。富士信託銀行（芙蓉系）と第一勧業信託銀行（第一勧銀系）は1999年4月に合併し，安田信託銀行（芙蓉系）の証券代行等の業務を譲り受けた。富士銀行と第一勧銀は日本興業銀行と2000年9月29日にみずほホールディングなる持ち株会社を設立した。さらに，系列をまたぐ統合の動きは商社においても活発である。例えば，伊藤忠商事と丸紅の両鉄鋼部門を統合するとの発表が行われた（2000年10月19日。これにより，鉄鋼部門取扱高は三井物産を抜いて日本一になる）。

また，銀行とともに不倒神話のあった保険業界においても倒産が相次いで

いる。更生特例法の適用を申請して2000年8月に倒産した大正生命(その受け皿として大和生命が名乗りを上げている)や2000年10月に倒産した協栄生命(大和生命やアメリカ最大の生命保険会社であるプルデンシャル，アメリカの大手のノンバンクのGEキャピタルが受け皿になることを表明している)がそれである。また，生命保険最大手の日本生命保険（グループ）と損害保険大手で2001年合併予定の三井海上保険（グループ）・住友海上保険（グループ）は商品の相互供給やシステム開発等広範な業務で業務提携することを発表している（2000年10月23日）。損害保険では最大手の東京海上は日動火災海上及び朝日生命が将来の統合を前提に全面提携を打ち出し，また，生命保険第二位の第一生命と損害保険第二位の安田火災とは包括的な業務提携に踏み切っている。住友・明治・三井・安田・大同・太陽・富国の大手・中堅の生命保険会社7社は2001年9月までに，企業年金事務を管理する合弁会社を設立することを発表している(2000年10月22日。これにより管理する年金資産は20兆円で国内最大となる)。

なお，目新しいニュースでは，そごうグループが倒産し，2000年10月25日に再生計画を発表し，西武百貨店及び日本興業銀行が再生のために支援構想を提示している。

このように系列をまたぐ銀行及び金融を中心とした再編の動きは一段と活発化しており，銀行を頂点としていた六大企業集団は大きな曲がり角を迎えている。護送船団方式を柱とする政府主導によりコントロールされてきた企業が市場経済という大海原に解き放たれたためと言ってよかろう。

2．独立系企業グループの再編

経済の不況は独立系企業グループの再編を迫り，日本を代表するトップグループ5社（トヨタ自動車・NTT・日立製作所・松下電器産業・ソニー）をはじめとする企業グループにおいても，不採算事業部門や数百に及ぶ子会社群の整理・見直しが急ピッチで進められている。

例えば，国内1位(連結売上高，経常利益)，世界3位を誇るトヨタ自動車はグループの結束により業界再編に立ち向かい，また高度交通システム（ITS）の

開発により自動車メーカーからの飛躍を期している。日産がフランスルノー主導でグループ解体に向かっている中だけにその結束力は目を見張るものがある。トヨタは持株会社の設立を視野に入れつつ，ダイハツ工業（軽自動車）を子会社化し，トリニティー工業（部品メーカー）の株式を買い増し，グループの連係・結束の強化を計っている。情報通信部門においても，テレウエイ（市外電話）を国際通信のトップのＫＤＤと合併させる一方，国際デジタル通信の持ち株をイギリスのＣ＆Ｗに売却，携帯電話のＩＤＯは補完関係にあるＤＤＩセルラーとの連係を強化している。また，世界戦略も目を見張るものがある。自動車業界の世界的な再編の中で，アメリカトップのＧＭ，欧州トップのＶＷと緩やかな連合をしつつ，グループ独自で生き抜く戦略を立てているし，環境対応ということからハイブリット・カーを世界で初めて商品化し，またリッターカーを新世界戦略車と位置づけ，またオート店を若者向けのネット店に衣替えする等，製販両面で断トツ首位ならではの着実な手をうち再編を達成しつつある。

　トヨタに不安があるとすれば，ＧＭやアメリカフォード等と比べて見劣りする金融部門（現在，千代田火災，トヨタファイナンス，トヨタモータークレジット，豊田中央研究所，国際証券しかもっていない）であろう。

　（第5節の図や表及び記述の多くは，週刊東洋経済臨時増刊／ＤＡＴＡ　ＢＡＮＫ『企業系列総覧2000』1999年12月1日号によっている。詳細は同書22頁以下を参照していただきたい）

第6節　国際関係と日本の企業

１．現代企業と商法

(1) **株主総会の形骸化**　株式会社には，商法は，意思決定機関としての株主総会，業務執行の決定と代表取締役の監督機関としての取締役会，日常の業務執行の決定と実行および会社代表行為を行う代表取締役，監督機関としての監査役を置かなければならないとしている（有限会社では，取締役は１名でも

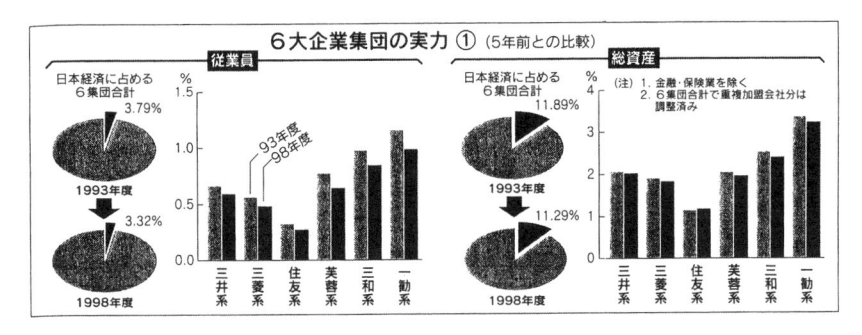

第6節　国際関係と日本の企業　259

6大企業集団の実力 ① （5年前との比較）

従業員

日本経済に占める6集団合計
1993年度 3.79%
1998年度 3.32%

（三井系・三菱系・住友系・芙蓉系・三和系・一勧系　93年度／98年度）

総資産

（注）1. 金融・保険業を除く
2. 6集団合計で重複加盟会社分は調整済み

日本経済に占める6集団合計
1993年度 11.89%
1998年度 11.29%

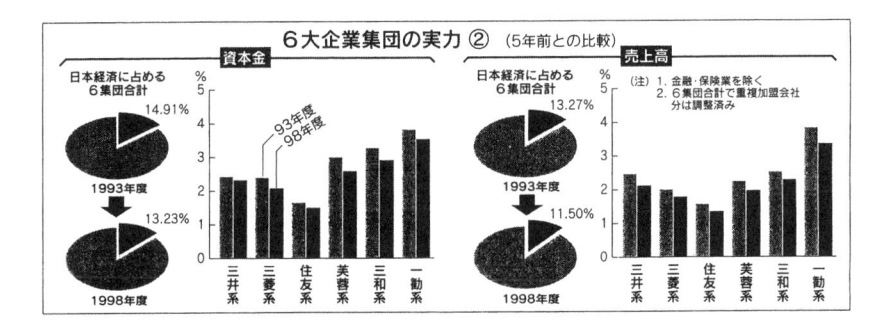

6大企業集団の実力 ② （5年前との比較）

資本金

日本経済に占める6集団合計
1993年度 14.91%
1998年度 13.23%

売上高

（注）1. 金融・保険業を除く
2. 6集団合計で重複加盟会社分は調整済み

日本経済に占める6集団合計
1993年度 13.27%
1998年度 11.50%

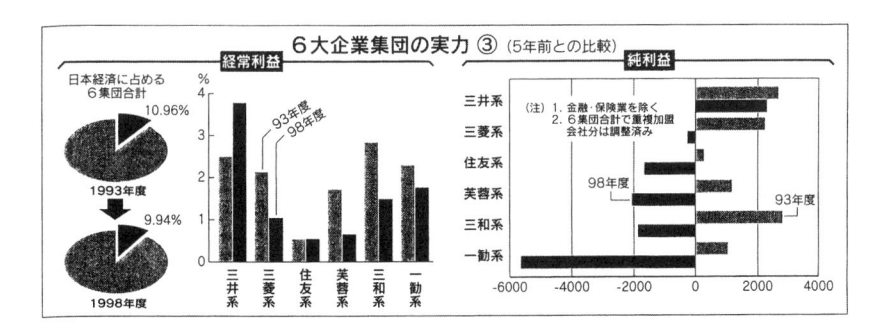

6大企業集団の実力 ③ （5年前との比較）

経常利益

日本経済に占める6集団合計
1993年度 10.96%
1998年度 9.94%

純利益

（注）1. 金融・保険業を除く
2. 6集団合計で重複加盟会社分は調整済み

（三井系・三菱系・住友系・芙蓉系・三和系・一勧系　98年度／93年度）

6大企業集団　社長会メンバー

(1999年10月1日現在)

産業別	三井系 (二木会25社) 発足 1961.10	三菱系 (金曜会28社) 発足 1954頃	住友系 (白水会20社) 発足 1951.4	芙蓉系 (芙蓉会28社) 発足 1966.1	三和系 (三水会44社) 発足 1967.2	一勧系 (三金会48社) 発足 1978.1
銀行・保険	さくら銀行 *三井信託銀行 三井海上火災保険	東京三菱銀行 *三菱信託銀行 *明治生命保険 東京海上火災保険 (日本信託銀行)	住友銀行 住友信託銀行 *住友生命保険 住友海上火災保険	富士銀行 *安田信託銀行 *安田生命保険 安田火災海上保険	三和銀行 東洋信託銀行 *日本生命保険 (*大同生命保険)	第一勧業銀行 *朝日生命保険 日産火災海上保険 大成火災海上保険 (富国生命保険)
商社	三井物産	三菱商事	住友商事	丸紅	ニチメン 日商岩井 岩谷産業	伊藤忠商事 兼松 ☆日商岩井 川鉄商事 キヤノン
農林業・鉱業	三井鉱山		住友石炭鉱業			
建設	三井建設 三井木機工	三菱建設	住友建設 住友林業	大成建設	大林組 高松建設 東洋建設 積水ハウス	清水建設
食料品	日本製粉	キリンビール		日清製粉 サッポロビール ニチレイ	伊藤ハム *サントリー	
繊維	東レ	三菱レイヨン		日清紡 東邦レーヨン	ユニチカ 帝人	
パルプ・紙	☆王子製紙 ☆日本製紙	三菱製紙		☆日本製紙		
化学	三井化学 ☆電気化学工業	三菱化学 三菱ガス化学 三菱樹脂	住友化学工業 住友ベークライト	昭和電工 呉羽化学工業 日本油脂	宇部興産 積水化学工業 田辺製薬 藤沢薬品工業 関西ペイント	☆旭化成工業 ☆電気化学工業 協和醗酵工業 日立化成工業 旭電化工業 三共 資生堂 ライオン
石油		日石三菱		東燃	コスモ石油	昭和シェル石油
ゴム					東洋ゴム工業	横浜ゴム
ガラス・土石	☆太平洋セメント	旭硝子	日本板硝子	☆太平洋セメント		☆太平洋セメント

第6節　国際関係と日本の企業　261

業種	三井	住友	三菱	芙蓉	三和	一勧
鉄鋼	日本製鋼所	住友金属工業 住友大阪セメント	三菱製鋼	☆神戸製鋼所 中山製鋼所 日新製鋼	中山製鋼所 日新製鋼	川崎製鉄 ☆神戸製鋼所 日本重化学工業
非鉄金属	三井金属	住友金属鉱山 住友軽金属工業 住友電気工業 ＊三菱アルミニウム	三菱マテリアル 三菱伸銅 三菱電線工業 ＊三菱アルミニウム	日立電線		日本軽金属 古河機械金属 古河電気工業
機械	日本製鋼所	住友重機械工業	三菱化工機		クボタ 日本精工	新潟鐵工所 荏原製作所
電気機器	東芝	NEC	三菱電機	日立製作所 沖電気工業 横河電機	☆日立製作所 京セラ シャープ 日本電気	☆富士電機 安川電機 富士通 日本コロムビア
輸送用機器	三井造船 ☆石川島播磨重工業 トヨタ自動車		三菱重工業 三菱自動車工業	日産自動車	☆日立造船 新明和工業 ダイハツ工業	川崎重工業 ☆石川島播磨重工業 いすゞ自動車
精密機器	ニコン			キヤノン		旭光学工業
百貨店	三越				高島屋 オリックス	＊西武百貨店
金融					H・O・Y・A	勧角証券 オリエントコーポレーション
不動産	三井不動産	住友不動産	三菱地所	東京建物	東武鉄道 京浜急行電鉄	☆阪急電鉄
運輸・倉庫	☆商船三井 三井倉庫	住友倉庫	日本郵船 三菱倉庫		☆日本通運	川崎汽船 ☆渋澤倉庫
その他	＊三菱総合研究所		三菱総合研究所		大阪ガス	東京ドーム

(注)　社長会メンバー企業数は193社であるが、複数のグループに属する企業（☆印の企業）があるため、その実数は181社である。＊印は未上場会社。（ ）内の会社は社長会メンバーではないが、参考として掲載。三井系では電気化学工業、石川島播磨重工業が91年10月に加盟。日本製紙は94年1月に加盟。休会中だった北海道炭砿汽船は96年9月に退会、トヨタ自動車はオブザーバー参加だが、三菱総合研究所が加盟、一勧系では90年6月に三菱モンサント化成が脱会し、90年9月に三菱伸銅、三菱総合研究所が加盟、一勧系のイトーヨーカ堂が92年4月に加盟。三和系では98年4月に住友大阪セメントが退会、99年10月に大阪ガスが加盟、芙蓉系では98年10月に昭和海運が合併にともない退会。

出典　週刊東洋経済『企業系列総覧　2000』（1999.12.1）

よく，そのため取締役会制度はなく，また，監査役は置いても置かなくてもよかった）。その上，商法特例法（株式会社の監査等に関する商法の特例に関する法律）では，大会社（資本金5億円以上または負債総額が2百億円以上の会社）には，商法に言う監査役の他に会計監査人（公認会計士または監査法人しかなれない）を置くことを義務づけて監督の強化を図っている。

　取締役，監査役および会計監査人は株主総会で選任・解任される。代表取締役は取締役の中から取締役会が選任する。

　ところで，資本規模の小さい株式会社では，商法が定める上の各機関は機能していない。実質的に経営を行っているといったような会社では，会議を開く意味もなく勿論その気持もないからであり，商法違反にならないように会議を開いて決議したかのように書類を整えるだけである。他方，上場会社その他の会社ではどうか。既に述べてきたように，六大企業集団や40独立系企業グループに属し日本に君臨する会社の場合には，融資，株式所有，役員派遣，カルテル・トラスト・コンツェルン等の協定等によってがっちりと結束しているから，当該会社だけの意思では実質的には何事も決められない。また，株式会社では株主意思の分散化が制度化されている。即ち，株式会社では株式を一株という単位にして会社への出資者を募り，大規模会社を実現できる素地を商法が認めている（昭和56年以降に設立する会社は1株5万円以上での発行を，昭和25年以降に設立された会社では1株5百円以上で発行しなければならないことになっている。ただ，現在，日本に君臨している大会社のほとんどは1株の発行価額は50円である）。資本金3,000億円の会社の50円株を1,000株買って所有している株主が，東京で開かれる株主総会に出席するためだけにわざわざ地方から出掛けて行くということはあまり考えられない。年1割の利益配当をする会社だったと仮定して5,000円の配当金が得られるだけであるから，このような株主は株主総会への出席は元来考えていないというのが実態であって，株価の値上がりを期待して株を買っているというのが本音であろう（株主になるという意識はなかろう）。6月に開かれる大多数の会社の株主総会では，10万人程度の株主数の会社でもそれ以上の人数の株主のいる会社でも大体400人〜600人程度

の出席者であると新聞が報じていることからも納得がいくであろう。しかも，この出席者の大多数は会社の経営や支配に関係する者で占められていることも自明のこととなっている。"株主総会は観客の少ない喜劇である"とは言い得て妙である。

　株主総会は，株主総会の成立に関する定足数の定めがある場合には特に委任状を欠席する株主から集めて成立させる。そうすると，出席者は当該会社の役職者（代表取締役・取締役・監査役等々），被融資先の金融機関，役員を派遣している金融機関等，親会社の役職者，関連会社等の役職者等々といった当該会社と密接な関係を有する人々であることになる。たとえば，取締役の任期満了に伴う次期取締役の選任決議を行う場合を考えてみよう。候補者は現取締役会が提案する。提案に当たっては，当該会社の首根っこをつかんでいる上記金融機関や親会社等々の当該会社の大株主である会社の役職者が次期取締役を指定したり候補者リストを提出してこの中から選べというように指示したりするが，勿論これに従わざるを得ないから，結局，現取締役の息がかかった人物であり，イニシヤチブを握っている会社の意向を反映した人物が取締役として選ばれてくることになる。この候補者の中から株主総会で取締役に選任することになるが，株主総会は当該会社を支配している大株主でしかも取締役候補者をリストアップしたメンバーが出席している訳であるから確実に支配関係者の意向を体した取締役が選ばれることになる。株主総会が活性化しない限りは永久にこのような事態は解消することはできない訳である。株主総会の形骸化防止策としては，①株主の会社に対する権利の強化（提案権・質問権），②会社の株主に対する開示義務の強化（参考書類の送付・書面投票制度・投票用紙や委任状の備置・その他），③総会屋対策（議長権限の強化・利益供与の禁止・その他），④株主総会制度の合理化（株主総会決議の瑕疵を争う訴の合理化・特別利害関係人の議決権行使規定の削除・その他）が規定化はされたが，株主総会活性化の抜本策ではない。先に述べた日本的な企業集団を，そもそも是認するのかしないのかといった日本の政策自体を問うところから考えなければならない問題である。

(2) **商法の限界と独占禁止法**　商法は民法とともに各々の当事者の個と個のレベルでの利益調整を行うことを任務とする法である。権利能力平等の原則を根本的な前提と考える場合の，個人意思自治（私的自治・契約自由）の原則，個人財産権尊重の原則（私的所有権絶対の原則），過失責任の原則が商法の規制原理である。それ故，たとえば，企業の合併を上の原理にもとづいて規制はするが，合併が寡占や独占的状態をもたらし，独占体が消費者のニーズを左右し，管理価格による価額の高値安定を結果させ，物価の上昇やスタフグレーションをもたらし，国民の消費生活に支障を生じさせ，結局，国民経済の健全な発達を阻害することになるような事態が予想される合併であってもこれを規制する原理をもっていない。民・商法は，契約の当事者を「当事者の一方」と「相手方」というように抽象的な存在として考えており，当事者の経済力・社会的地位といった具体性を持った者として扱っていないからである。たとえば，民法555条や民法623条を読んでもらいたい。しかし，経済的強者と経済的弱者との取引では，経済的に同等な者同士が契約したのと同様の形式にはなるが，実は，実質的には平等・対等の立場では契約は結ばれていない。3日間も食事をしていない学生がアルバイトを探し当ててアルバイト契約を結ぶ場合，その立場は対等・平等ではなく，結局，経営者の意思どおりにアルバイト料等労働条件は決定されることになる。契約は両当事者の合意で成立した形にはなっているが。

さて，寡占・独占を自らの手で獲得して独占的状態をむさぼる事業者は創意工夫をやがては怠るのは世の常であり，これにより事業活動は衰退し，当該事業は勿論，国自体の国際競争力を減殺させる結果を生来させることになる訳であって，これに手をこまねいていることはできない。理想である自由・平等を実質的に確保するために，寡占・独占の状態を除去・解消して競争状態を回復・維持する手段が必要となるのは当然のことである。国民経済全体の立場・公共的利益の立場から企業行動に規制を加え，これにより，公正かつ自由な競争を促進し，事業者の創意を発揮させ，事業活動を盛んにし，雇傭および国民実所得の水準を高め，もって，一般消費者の利益を確保すると

ともに，国民経済の民主的で健全な発達を促進することを目的とする法律，即ち，独占禁止法（正式名は「私的独占の禁止及び公正取引の確保に関する法律」である）が自由経済社会では不可欠の法律として誕生することになる。独占禁止法は，①企業を含め，広く，国民の経済過程全般を規制対象とし，②規制理念も商法とは異なり，国民経済全体の利益・公共的利益擁護の立場から，市民的自由や民主主義的社会秩序を脅かす企業行動等に規制を加え，自由経済社会における競争利益を国民が共同享受できるようにする役割・機能を負わされている法律である。

2．国際間競争と独占禁止法・日本の企業

ところで，国は国際間競争をあらゆる場面で行っている。自国企業の盛衰は自国そのものの盛衰と直結する。自国の独占禁止法によって自国企業の諸行動に他国の規制よりも厳しい規制を設ければ，結局，他国企業が即ち他国が国際競争において有利な地位に立つことになるのは道理というものである。国際間に共通な土俵としての独占禁止法を設け，この土俵の上で国と国とが経済競争をするというのであれば話は違ってくる。しかし，国際間で競争のルールや土俵が存在しない現在，結局，自国企業の国際競争力の確保を独占禁止法に盛り込むとすれば，国家政策的見地から国内企業の国際競争力を十分に配慮しつつ，独占禁止法が制定・運用されなければならないことになる。勿論，政府の政策のいかんが日本企業の，そして，日本の盛衰に直接的にかかわっているが，これを反映した独占禁止法の運用のいかんも日本企業の，そして，日本の盛衰に深くかかわっているものと言えよう。

第10章

労働と職場

第1節　労働者の生活と権利

1．労働問題の解決と労働者の権利

　「人間はみんな幸福に生きなければならない」ということは，ひとつの普遍的な思想としてとらえることができる。それゆえ，近代社会における法の原則は，「人間は生れながらにして自由・平等である」ことを出発点にして，国家権力は原則として個人の生活には干渉せず，また人種・性別・信条・身分などによって差別することなく平等に取り扱うならば，個人の自由意思によって各人が人間らしい生活をすることができる，というものであった。ところが資本主義社会の発展は，「私有財産の保障」と「契約自由の原則」のもとに財産を所有する者はこれを基盤として富を蓄積することを可能にしたが，財産をもたない無産の階級にある人達は，彼等の努力にかかわりなく，「人たるに値する生活」が保障されず結局はすべての人間に等しく保障されるという自由権の建前は有産の階級にある人達にとってのみ価値があることが認識されたのである。もし人間が人間として「固有の価値」をもつものであれば，たんに個人の自由を保障することのみでは，貧しい者や病弱な者，年老いた者の生存を確保することは困難なことになる。病気になったり，災

害をうけるのはすべてその人の不注意によるものであろうか。老後の生活や一家の主人の死亡によって遺族の生活が困窮するのは、日頃の怠惰によるものであろうか。最初のうちは、貧困や病気になるのは本人の責任であり、個人の生活はもっぱらその個人が責任を負うべきである、と考えられていた。だがやがて、それは個人の責任というより、むしろ、「社会のあり方」自体から生ずる弊害であることが認識されるようになったのである。すなわち、国家は、これらの人達の人間にふさわしい生活を確保するために、個人の生活に積極的に干渉し、さまざまな配慮をすることが責務であるとされるようになったのである。逆にいえば、個人は国家に対して、社会保障などの措置をとるよう積極的に要求する権利が保障されるにいたった、ということができる。そして、このような理念に裏打ちされた国民の権利を「社会権」とよんでいる。

　日本国憲法は、もろもろの自由権に加えて社会権として、生存権 (25条)、教育を受ける権利 (26条)、勤労者の諸権利 (27条・28条) を保障している。この章では、社会権のうち、職場における「労働者の権利」と人間らしい生活保障のための「福祉」について説明する。

　(1)　**労働問題と市民法**　近代社会は、自由・平等・独立な法的人格者である市民を構成員とする市民社会である。このような社会の生活関係は、市民のそれぞれがみずからの好むところにしたがって、自由な意思の合致(契約)によって生活の維持をはかることを理想としている。この市民法の原理を労使関係にあてはめれば、使用者がある労働者を雇い入れるかどうか、また雇い入れるとすればどれだけの労働力をいくらで買うかは自由に決めうるし、また、労働者が使用者の指揮命令にしたがって労働するのは、労働者の自由な意思で労働契約を締結したからにほかならないということになる。そして、このような労使関係は、いうまでもなく、身分的、権力的支配関係が排除されることを理想とするはずのものである。

　それでは、市民法の自由・平等の可能性はどれだけ現実性をもったであろうか。明治中期の労働関係をあらわした横山源之助の「日本の下層社会」を

読むと次のようなことが述べられている。すなわち，当時の工女の労働時間というのは，「先づ朝未明より夜の10時までは通例なるが如し，家によりては或は11時まで夜業せしむる所あり，或は4時頃より起きて働かしむる所あれども。其の間休息することを得るは飲食時間のほかなし，夏7・8月頃に至れば，午後1時より2時頃まで休息せしむるのみ」と。このように抽象的な自由・平等という原理は，いかに現実性のとぼしいものであったか知らされるのである。なによりも大切なことは，労働者は仕事に就かなければ生活のできない弱者であることや，労働力は本質的に売り惜しみのきかないものであること，さらに，労働力が売り渡されると，使用者の指揮命令のままに働かざるをえない立場にたたされることが忘れられているということである。ここにおいて，われわれは自由・平等という市民法の原理を実際に享有できるのは使用者であること，また，このような法原理をもってしては労働問題を解決することはできないことを知るのである。

(2) **労働法の出現** 「自由な合意」という擬制のもとに人間らしい生活をふみにじられた労働者が，人たるに値する生活を守っていくには，労働市場における労働力を独占し，その団結の力によって使用者と交渉し，もし要求がいれられない場合には全員が働かない(ストライキ)，といった集団行動にでるしかみちはないことになる。このことは，労働者が人間らしい生存をはかることの正当性を集団的・自主的な運動をとおして使用者にせまることを意味する。そして，このような労働者の運動は，やがて市民法の原理をこえた新たな法原理を生みだすきっかけとなるのである。

他方，国家においても，このような労働問題を放置すれば，ますます労使間の対立を深め，社会不安を醸成させ，さらには資本主義社会にとって避けることのできない労働災害や失業者の発生という現象が社会問題になることを知らされるのである。このような社会の矛盾や欠陥を解決するため，国家のとる態度はおよそ次のようなものであった。それは，労働時間やその他の労働条件につき一定の基準を設け，この基準に違反する使用者に罰則を課すことによって労働力の減少を防止したり，公共的な職業紹介制度や失業保険

制度を創設して労働者の雇用の確保や生活の保護をはかるというものであった。

　しかし，このような労働保護立法は，その基本において国家の慈恵的・救貧的な色彩をおびたものであり，保護の範囲や程度も限られたものであった。その後，労働組合運動が勢力を拡大し，さらに国内の革新世論も高まりをみせてくると，労働者保護のための立法は，労働者の生存を確保するためであることが認識され，労働組合運動も合法的なものとして承認されたのである。ここにいたって，市民法の原理は修正せざるをえなくなり，ここに労働立法が新たに登場する。

　(3)　**労働権の意味**　労働者が平穏で幸福な人生をおくるためには，就職という労働の場を確保し，賃金収入を得ることが基本的条件である。ところが資本主義経済のもとで，すべての労働者が就職できるという保障があるわけではない。労働者には，たえず失業という問題がつきまとっているのが現実である。それゆえ，すべての労働者に労働の機会が保障されることが生存を確保するうえで重要なのである。そのためには，憲法や法律で労働者の生存を国家的に保障することであり，その基底にあるのが生存権の思想である。憲法27条が労働権を保障しているのは，まさに生存権から導きだされたものとして理解されるのである。

　それでは憲法27条1項でいう「労働権」とは，どのようなものであろうか。かつてアントン・メンガーが提唱したような，労働の意思と能力をもちながら就職できない者は，国家に対して労働の機会を要求できる権利であるととらえ，もし国家がこの要求を実現できなければ，就職したならば得るであろう賃金を要求できる具体的・積極的権利である，と考えるには無理がある。憲法の解釈としては，一般的に，国家は就労しえない国民（労働者）に対して就労の機会を与え，あるいは生活を確保するために賃金を給付することを国政上の責務として宣言したもの，と理解されている。そして，憲法が「労働権」を保障したのは，生存権の思想とかかわって，少なくとも労働者の就労に関する労働法規の解釈・適用にあたっては，この思想が基本的な法理念と

して機能させるところに今日的意義をみつけることができるのである。

2．労働組合は何のためにあるか

　組合活動の歴史は，組合活動に対する弾圧の歴史であるといわれている。このことは，わが国の組合活動がしばしば国家権力からの弾圧の対象とされてきたことを意味する。このような過去の歴史からすれば，日本国憲法28条が，「勤労者の団結する権利及び団体交渉その他の団体行動をする権利は，これを保障する」と定め，労働者の団結権を憲法上の基本的人権のひとつとして保障したことは，まさに画期的なこととして評価されなければならない。労働者の団結は一般の市民が結成する結社の自由とはその性格を異にし，団結をしなくともよい，というものではない。労働者が組合を結成し，これに加入しなければ自分達の自由や生存を維持することができないからこそ，団結するのである。このことは，特定の組合にのみ加入を強制されることを意味するものでない。あくまでも個々の労働者は，自分の意思によって労働組合を結成し，またそれへの加入を選択することができるのである。

　(1)　**労働組合の機能**　労働者が組合を結成する契機は，「労働条件があまりに低い」「労働基準法さえ守られていない」ということから，使用者に労働条件を改善し，せめて労働基準法を守ってくれるよう要求したいが，一人の力ではにらまれるのがおちだから組合を作ろうというものである。団結権の保障は，まさに組合を作って，使用者と対等の立場で交渉しようというところにその意義がある。

　労働組合法2条は，労働組合とは，「労働条件の維持改善その他経済的地位の向上を図ることを主たる目的として組織する団体又はその連合団体」をいうとしている。つまり，組合というものは，労働者の労働条件の改善を要求することで，みずからの経済的に恵まれた生活を維持し，かつ向上させることにより労働者の人間としての尊厳を回復することを目的としている。そのためには，まず何よりも労働条件を中心として労使が対等の立場で交渉しうる地位にたつことが重要なのである。

(2) **不当労働行為制度** ところで，団結権が完全に保障されるには，たんに国家が労働者の組合の結成や団体行動の自由に対して，不当な介入や干渉をすることを許さないというだけでなく，使用者もまた組合活動に干渉してはならないということでなければならない。労働組合法は，使用者の干渉行為を「不当労働行為」として，禁止しているのはそのためである。特にわが国の場合，大部分は企業別組合であるために組合活動は企業施設の中で雇用関係の制約のもとで展開せざるをえない実情にある。使用者は，労働者を雇っているのは「働かせるためで、組合活動をやらせるためではない」という意識が強く，組合活動の自由と衝突しやすい環境にある。たとえば，組合が会社の掲示板に組合の掲示をすると，「ここに掲示するなら事前に届出をしろ」とか，「組合が会社内でビラを配るのを禁止する」ということは起こるべくしておこるのである。極端な場合は，組合活動を嫌って活動家を解雇することもある。このケースのような場合は，裁判所は解雇無効の判決を下すであろうが，裁判所の判断は過去ないし現在の権利関係を確認するだけで，将来の労使関係を含めて判断するわけではない。それゆえ，労働組合法は憲法28条の精神を実現するために，司法上の救済よりも行政処分による方法を採用したのである。これが「不当労働行為制度」である。すなわち，不当労働行為制度とは，客観的に団結権の侵害があり，その結果，労働者が労働組合をつくり，使用者と対等の立場にたつことによって労働者の生活が守られるという法のルールがこわれた場合，これをみだした使用者の行為を否認し，法のルールにのせてやるための制度ということができよう。そして，このような目的を達成するためにあるのが「労働委員会」という行政機関である。

現行法上，不当労働行為は，①労働者が労働組合の組合員であること，または組合活動を行なったことを理由とする「不利益取扱い」②正当な理由なく労働組合と団体交渉を行なうことを拒否する「団交拒否」③組合の運営に不当な影響力を及ぼす「支配・介入」の三つに分けられている。

3．団体交渉と争議行為

　団体交渉は，労働組合が組合員の生活を守るために使用者と行なう交渉である。労働組合にとって本質的な機能は，まさに使用者との団体交渉によって労働者（組合員）の生活を守ることにあるといってよい。ところが団体交渉には相手方があることなので「組合員の生活を守る」という目的がいかに正当であっても交渉のやり方によっては，そこにはおのずから限界もある。

　(1)　**団体交渉の問題点**　わが国の労働運動は，その歴史が浅いことから団体交渉のルールを逸脱したケースもみられる。まず一つは，不当な人身拘束をともなった場合や，不当な時間に団体交渉の申し入れをする場合である。もしこれが正常な話し合いが期待できない態様のものであれば，団交を拒否しても団結権の侵害にならない。二つは，誰が実際の交渉にあたるか，という交渉担当者の問題である。特に使用者側は，交渉を部・課長にまかせて社長みずから交渉の席に出てこない場合がある。このように代理人にやらせる場合は，必ず交渉権限のある者を出席させなければならない。交渉権限のない者が行なった団体交渉は誠実さを欠く団交として団交拒否と評価される。三つは，団体交渉にあたっての人数や日時・期間・場所をめぐる問題である。たとえば，組合側の参加人数が非常に多く大衆団交的な態様の場合，団体交渉の日時を故意に遅らせたり，何回となく延期したり，あるいは団体交渉の場所をあえて雇用の場所から遠いところに設定する場合などは団体交渉義務違反となる。いずれにせよ，正常な団体交渉がなしうるようなルールを作り出すことが労使にとって何よりも大切なことである。

　(2)　**争議行為**　労働者が賃金や職場環境などに不満をもち，使用者にその改善を要求したがとり入れてもらえなかった場合にはどうしたらよいであろうか。このような場合，労働組合は自分達の要求をのんでもらうためにストライキなどの実力手段にうったえて業務の運営を阻害しようとする。そして，このような紛争状態を解決するための実力行使を一般に「争議行為」といっており，その中核になるのがストライキである。ストライキは仕事をしないという，いわば労務の不提供という不作為にすぎないから通常はその正当性

が問題とされることはない。つまり，憲法28条によって団体行動権(その最たるものが争議行為である)が保障されており，刑事責任（労働組合法1条2項）や民事責任（同法8条）が免除されている。したがって，ストライキが正当なものであれば，刑法上の威力業務妨害罪（刑法234条）や脅迫・強要罪（同法222条，223条）として処罰されることはなく，また民法上の不法行為（民法709条）や債務不履行（同法415条）として損害賠償を請求されることもない。しかし，このような刑事・民事上の責任がまぬがれることと，ストライキが成功するかどうかとは別の問題である。ストライキが成功するか否かは，使用者が代替労働者を雇って仕事を継続できるかどうか，組合はスト中賃金をもらえない組合員の生活をどこまで保障できるかどうか，にかかわる問題だからである。

　上記の争議行為は民間企業において，それが正当なものである限り完全に保障されているが，公務員や国営企業の職員などの争議行為は全面的に禁止され，それ以外にも労働関係調整法やスト規制法などによる制限規定がみられる。このことは，ストライキなどの争議行為は，多かれ少なかれ国民の日常生活になんらかの影響を与えるものだからである。かつての国鉄ストライキにみられるように，特に公的機関や公益事業のような公共性のある事業ではその影響も大きい。したがって，争議行為を行なうことが労働者の権利であるからといって，絶対無制限に保障されるというわけにはいかないのである。しかし，公務員や公益事業の争議行為が国民大衆に迷惑をかけるから禁止すべきであるという論理もまた，あまりに飛躍しすぎるものである。そこでつぎのように考えるべきであろう。すなわち，労働者の争議権行使の制限ないし禁止が認められるのは，争議行為と一般国民の基本的権利が衝突し，ある程度争議行為を制限することが必要である場合においてのみ，合理的範囲において容認されるものである，と。

　ようするに，このような理解のしかたが労使の実質的平等を実現し，労働者の生存を確保するために重要なのである。

第2節　労働契約と労働基準法

　労働関係は，使用者と労働者の自由な契約によって成立するものであり，その契約内容は契約当事者の力関係によって支配されている。実質的には経済的に弱い立場にある労働者は失業による脅威からのがれるため不利な労働条件であっても受けざるをえない地位にある。その結果，低賃金や長時間労働という悪い労働条件となってあらわれ，失業や労働災害といった労働問題が発生したのである。このような問題を解決するために，国家としても国全体の立場から労働力を保護していく必要性が生じ，年少者や女子労働者の保護にはじまる一連の労働保護法が誕生したのである。

　戦後，日本国憲法の制定により，労働者の生存権を保障すべく本格的な労働保護法が立法化され，とくに労働基準法（以下「労基法」という）がその中心的な法律である。

1．労働憲章と労基法

　労基法は，その冒頭で五つの原則をかかげている。以下，これらの原則について説明することにしよう。

　(1)　**労働条件の根本原則**　労基法1条は，「労働条件は，労働者が人たるに値する生活を営むための必要を充たすべきものでなければならない」と規定し，労基法の根本原則を明らかにしている。これは憲法25条の生存権の保障を労働者について具体的に宣言したものである。したがって労基法の定める基準は，「最低のもの」であるから使用者はその基準より高いからといって労働条件を下げたり，いつまでもその基準にすえおくことは許されず，労働条件の向上を図るべく努めなければならないのである。

　(2)　**労働条件対等決定の原則**　労基法は，労働条件を決定する際には使用者と労働者が対等の立場で取りきめることをうたっている（同法2条1項）。これは「自分たちが食べていけるのは会社のおかげである」というような労使

の「主従関係」を否定し、労働条件は実質的に労使が「対等」の立場で決定すべきことを要請したものである。

(3) **均等待遇の原則** 憲法14条は、法の下における平等原則を一般的に宣言している。労基法の3、4条は、この趣旨をうけ労働関係について具体化したものである。3条で使用者が労働者の国籍や信条、または社会的身分を理由に、賃金、労働時間その他の労働条件について差別的に取り扱うことを禁止し、4条では、労働者が女子であることを理由として、賃金について差別的に取り扱うことをしてはならないと定めている。したがって、たとえば、「あいつは共産主義を信奉している」とか、「国籍がちがう」との理由で労働条件について差別することは許されず、また女子のみに合理的理由なしに差別的な定年制を設けたり、女子労働者の入社の際に、「結婚したときは自発的に退職する」旨の念書を差し入れさせたりすることは許されないのである。

(4) **労働者の人格の尊重** 労基法はその5条において、不当に拘束的手段を用い、労働者の意思に反する強制労働を禁止している。これは憲法18条の奴隷的拘束と苦役からの自由の保障を労働関係において具体化したものである。かつての炭鉱や土建現場でみられた、いわゆる「監獄部屋」、「タコ部屋」のような人権を無視した悪い弊害を排除しようという趣旨である。さらに6条では、労働者の就職にあたり、そのあいだに介入して賃金や労働者の利益をピンハネする労務供給業者や募集人を排除している。なお、現行法では、職業安定法によって職業の紹介は国が行なうという原則が確立されている。

(5) **公民権行使の保障** 労基法7条は、使用者は労働時間中であっても労働者に対して「公民権の行使」と「公の職務の執行」の機会を保障すべき旨を定めている。このことは、たとえば、国会議員の選挙のための投票や裁判の証人のために労働者が必要な時間を請求したときには、使用者は拒んではならない、ということである。公民権の行使は民主主義社会における市民としての権利であると同時に義務でもあるからである。したがって、「立候補するには会社の承認を必要とする」などと就業規則に定めることは許されないし、無断で立候補した労働者を懲戒処分にすることは無効ということになる

（最高裁十和田観光電鉄事件を参照）。

　以上のように労基法は，生存権保障の理念のもとに近代的労使関係の達成のため必要な基本原則をあげ，さらにその実効性を確保するために監督機関を設けているのである。

2．労働条件と就業規則

　企業経営は，多数の労働者の「分業」と「協業」によって複雑かつ有機的に行なわれている。そのためには，労働者が就労する際，一定の秩序にしたがうことが能率的であり，労働者の安全や施設の保全のうえからも必要である。このように就業規則はもともと労働者が就業するにあたって守るべき事項（服務規律）を定めるものであった。ところが今日では，これらの条項にとどまらず，始業・終業の時刻や賃金その他の労働条件についても定められており，いわば労働契約の草案としての機能をはたしている。

　就業規則は，使用者が一方的に作成するものであり，これによって現実の労使関係が展開されている。したがって，就業規則は労働協約とともに経営内部に与える影響は大きく，労働保護法上，いくつかの問題を含むものである。

　(1) **就業規則の作成と内容**　労基法89条以下は，使用者に就業規則の作成を義務づけている。つまり，「常時10人以上の労働者を使用する使用者」は，一定の事項について必ず就業規則を作成し，労働基準監督署に届出なければならないことになっている（89条）。この場合，使用者は事業場ごとに就業規則を作成しなければならない義務があり，就業規則の作成にあたっては，事業場に労働者の過半数で組織する労働組合があればその労働組合，そのような労働組合がない場合には労働者の過半数を代表する者の意見を聴かなければならない（90条1項）。いったん作成した就業規則を変更する場合も同様である。なお，労基法は「意見を聴かなければならない」といっているが，必ずしも労働組合や労働者の同意を得ることまでも要求しているわけではない。

　ところで，労基法89条が使用者に対して，就業規則の作成を義務づけ，強

制しているのはどのような理由からであろうか。この点について見解が対立しているが、おそらく就業規則に定められた内容が労働基準監督署をとおしての行政監督により、労基法が規定する法定の基準を守り、労使関係が合理化されていくことを期待したものと思われる。

労基法は就業規則の内容について定めている（89条）。これには就業規則に必ず記載しておかなければならない事項（「必要的記載事項」という）と使用者が一定のさだめをする場合には就業規則に記載しなければならない事項（「相対的必要記載事項」という）があるが、これら以外の事項について定めることはもちろん自由である（「任意的記載事項」という）。とくに「必要的記載事項」は、労使関係において重要な事項である。それは、㋑始業および終業の時刻、休憩時間、休日・休暇ならびに交替制を採用する場合の定めに関する事項、㋺賃金の決定、計算および支払いの方法、賃金の締切りおよび支払いの時期ならびに昇給に関する事項、㋩解雇を含む退職に関する事項である。

(2) **就業規則の効力**　就業規則が法令に違反してはならないことはもちろんであるが、労働協約に反することも許されない（労基法92条1項）。もし就業規則が法令または労働協約に違反するときには、労働基準監督署長はその変更を命ずることができる（同法92条2項）。使用者が命令に従わないときは罰則が適用されることになる（同法120条3号）。

就業規則は、いったん作成されると使用者もその拘束をうけるため、労基法93条は就業規則で定める基準に達しない労働条件を定める労働契約の部分を無効とし、さらに無効となった部分は就業規則に定める基準によって補充されるという効力を認めている。具体的にいうと、就業規則で7時間労働と定めてある場合は、ある労働者との契約で8時間労働と定めていても無効であり、就業規則で定められた7時間労働が労働契約の内容となるのである。反対に、就業規則に定められた基準を上まわる労働契約は無効とはならない。

なお、このほかに就業規則を労働者に不利益に変更したような場合、はたして労働者はそれに拘束されるかどうかという、「就業規則の不利益変更」といわれる問題がある。この問題につき、最高裁秋北バス事件判決（最判昭43年

12月25日)は，労働者に不利益な労働条件の変更は原則として許されないが，その就業規則の条項が合理的なものであるかぎり，個々の労働者において，これに同意しないことを理由として，その適用を拒否することは許されないといっている。

3．労働者の採用と解雇

　企業が労働者を雇い入れる場合，どれくらいの労働者を採用するか，どのような方法によって募集するかは企業の全くの自由であろうか。労働者を雇い入れるには，直接，求職者を募集するか，あるいは第三者の紹介をうけることが必要である。しかし，これを野放しにしていては，詐欺的な募集や労働ブローカーによる中間搾取が行なわれる危険性がある。そこで求職者の保護をはかるために，労働基準法や職業安定法において，強制労働や中間搾取を禁止するとともに，国家機関（職業安定所）を通して公的に職業紹介をすることによって，不当な労働関係の成立を防止しているのである。このように，職業の斡旋は公共職業安定所が行なうことを原則とし，その他の第三者が行なう職業紹介や使用者自身が行なう直接募集に対して一定の法的規制を加えているのである。

　なお，職業安定法は，学生・生徒の職業紹介につき，学校に職業紹介の機能の一部を与えている。

(1)　**思想・信条を理由とする採用拒否**　使用者が行なう募集に対して労働者が応募し，応募者の中から選考して採用者が決定される。ところが，採用にあたって労働者の思想・信条にかかわる事項を質問したり，書かせたりすることが許されるか，という問題がある。この問題に関するケースとして，有名な「三菱樹脂事件最高裁判決」がある。この判決は，試用期間を設けて採用された男子社員が，採用試験の際に提出した身上書等に虚偽の申告をしたことを理由に本採用を拒否されたというものである。最高裁判決はつぎのようにいっている。すなわち，憲法の基本的人権の保障はもっぱら国または公共団体と個人の関係にかかわるもので私人相互の関係を直接規律するもの

ではない。また、企業には契約締結の自由にもとづく採用の自由があるゆえに、特定の思想・信条を有する労働者をそれゆえに雇い入れ拒否しても違法ではないし、さらに、労基法3条は雇い入れ後の労働条件を制限するものであって、雇い入れそのものを制約する規定ではない、と。しかし、はたしてそのようにいえるであろうか。一般の企業であっても、人がそこに雇われ働くことにより自分や家族の生活を維持し、社会での自己実現をはかっているのである。したがって、労基法3条の趣旨は採用についても効力がおよぶと考えるべきではなかろうか。

(2) **試用期間と本採用**　わが国企業の一般的慣行として、新学卒者が内定期間を終えて正式採用されても、さらに数ヵ月の試用期間を経なければ「本採用」にならないしくみになっている。このような試用制度は、終身雇用制を常態としているわが国企業にとって、労働者の採用にあたり慎重を期するためである。つまり、労働関係を確定的に成立させる前に実際に働いてもらい、ためしてみる必要があるということである。それでは、このような試用期間中の労働関係を法的にはどのようにみるべきであろうか。ほとんどの判例は、労働契約は試用期間が始まるときにすでに期間の定めのない契約として成立し、ただ試用期間中は従業員としての不適格性を理由とする解約権が使用者に留保されている、といっている。しかし、試用期間中に「不適格者」と判断した場合には、使用者は全く自由に解約できるというものでもない。つまり、客観的でかつ合理的な理由のない試用期間中の解雇は解約権の濫用であって無効ということになる。たとえば、試用期間中に遅刻したことや、レポートの誤字・脱字が多いとか、あるいは態度が悪いなどを理由に解雇しても無効、ということである。

(3) **解雇にともなう法律上の問題**　労働契約は、「雇う・雇われる」という使用者と労働者の自由な意思にもとづいて締結されることはすでに説明したところである。この労働契約の自由は、「締結の自由」とともに「解約の自由」をも含むものであり、両者は同じ意味において機能する。

すなわち、民法の規定によれば、期間の定めのない雇用契約にあっては、

当事者はいつでも解約の申し入れをすることができる（民627条1項）とし，期間の定めのある雇用契約においても，やむをえない事由があれば，当事者は直ちに契約を解除することができる（民628条）ことになっている。このことは，民法上は使用者による解雇も労働者の自由意思による退職もともに同列に扱われるということである。しかしこの考え方は，使用者にとっては解雇の自由として，きわめて有益であるが労働者の退職の自由は「失業の自由」を意味するにほかならない。それゆえ国家としても，労働者の生存権や労働権を確保するために解雇の自由に一定の制約を加え，雇用の安定をはかるようになったのである。

　法による解雇の規制にはつぎのものがある

　①労基法19条は，㋑労働者が業務上負傷し，または疾病にかかって療養のために休業する期間およびその後30日間，㋺産前・産後の女子が労基法65条の規定によって休業する期間およびその後30日間における解雇を禁止している。

　②労基法20条は，使用者が労働者を解雇するには，少なくとも30日前に予告するか，またはこれにかえて30日分以上の平均賃金（解雇予告手当）を支払わなければならない，と定めている。ただし，天災事変その他やむを得ない事由のために事業の継続が不可能となった場合，および労働者の責に帰すべき事由にもとづいて解雇する場合には，労働基準監督署長の認定を得たうえ即時解雇することができる。

　③労働者の国籍，信条または社会的身分を理由とする解雇は，労基法3条の趣旨に反し禁止される。

　④労働組合法7条は，労働者の組合活動等を理由とする解雇は不当労働行為にあたるとして禁止している。

　⑤労働協約に解雇協議約款が設けられている場合において，使用者が組合と協議を経ずに労働者を一方的に解雇することはできない。つまり，解雇は就業規則や労働協約によっても制約をうける。

　⑥以上のような制約のほかに，解雇の自由を原則として認めながら，労働

法の生存権原理にてらして解雇が権利の濫用にあたる場合には，権利の行使を否定し，そのかぎりにおいて解雇に対する制約を認めるという判例の考え方がある。すなわち，合理的な理由のない解雇は無効ということである。

4. 労働者の雇用の安定

　労働者は，自分の労働力を売る以外にあらゆる生産手段をもたない存在であり，その労働力によって家族の生活の維持をはかっている。ところが，労働者が解雇されたり退職したりしたときは，明日からの生活は不安定になってしまう。このような失業者を保護するために，戦後，失業保険法が制定されたのであるが，その間，経済社会の変動によって制度と実態のあいだにズレが生じることとなった。そのため，たんに失業補償をするだけでなく，労働者にとって望ましい雇用状態を確保する制度として雇用保険法が制定（昭和49年12月）されたのである。

　雇用保険法1条によると，「雇用保険は，労働者が失業した場合に必要な給付を行なうことにより，労働者の生活の安定を図るとともに，求職活動を容易にする等その就職を促進し，あわせて，労働者の職業の安定に資するため，失業の予防及び雇用機会の増大，雇用構造の改善，労働者の能力の開発及び向上その他労働者の福祉の増進を図ることを目的」としている。雇用保険は政府が管掌し，上記の目的を達成するため，各種の失業給付を行なうほか，以下の四つの事業を行なうことになっている。

(1) **失業給付の種類**　失業給付は，「求職者給付」と「就職促進給付」とに分れている（雇用保険法10条）。

　a．求職者給付

　この給付は，労働者が失業した場合にその者の生活の安定をはかるために支給されるものであり，また失業者の求職活動を容易にしようとするものである。この求職者給付には，㋑基本手当，㋺技能習得手当・寄宿手当，㋩傷病手当がある。

　b．就職促進給付

就職促進給付とは，失業者の再就職を援助・促進することを主たる目的として支給されるものである。そのねらいは，積極的に再就職活動を援助することにある。この給付には，㈤再就職手当，㈥常用就職支度金，㈦移転費・広域求職活動費がある。

なお，失業給付を受ける者の権利を保護するために，その権利の譲渡や担保の提供，差押えは禁止されており，また失業給付には公課は課せられないことになっている（雇用保険法11条・12条）。

(2) **附帯事業** 雇用保険法は，雇用政策の基本的な課題に対処するために，以下の事業を行なうことにしている。

ａ．雇用安定事業

これは，景気の変動や産業構造の変化などによって，事業活動の縮少または事業の転換をせざるをえないときに，労働者を休業させ，または教育訓練を受けさせる事業主に対して，必要な助成などを行なうものである。

ｂ．雇用改善事業

年齢や地域および産業別にみられる雇用の不均衡の是正や経済変動における雇用調整対策などのために事業主に対して，必要な助成を行なうものである。

ｃ．能力開発事業

職業生活のすべての期間をとおして，労働者の能力の開発・向上の促進をはかるとともに失業の予防や再就職の促進のために在職中に実施する各種の職業訓練などに対して助成が行なわれる。

ｄ．雇用福祉事業

職業生活上の環境の整備・改善，就職の援助その他これらの者の福祉の増進をはかるために実施するものである。

なお，今日の高齢化社会に対応して高年齢者層の雇用機会の確保をはかることが重要である。このことは，今後，若年労働力が絶対的にも相対的にも減少することが予想され，また経済社会の活力を維持して豊かな社会を実現していくためにも，高年齢者の技能や経験を活用することが不可欠である，

ということである。このような背景のもとで，高年齢者雇用安定法は，事業主は，60歳以上65歳未満の定年に達した者が当該事業主に再び雇用されることを希望するときは，原則としてその者が65歳に達するまでの間，その者を雇用するように努めなければならない，と定めている(同法4条の5を参照)。

第3節　男女差別と雇用機会均等法

1．均等法と男女平等の実現

　最近において，よくいわれることは，労働力人口の高齢化とともに女子の職場進出が着実に増加を続けているということである。総理府の「婦人に関する世論調査」(昭和59年)によると，「結婚や出産などで一時期家庭に入り育児が終ると再び職業を持つ方がよい」とする者が45％を超えており，「結婚や出産後も仕事を続ける方がよい」とする者を加えると，実に65％を超える女性が就労継続の意識をもっていることが指摘されている。このことは，伝統的な「男は仕事，女は家庭」というこれまでの男女の役割分担の意識は，もはや過去のものになりつつあることを示したもの，ともいえる。

　他方，労働の現場では，いぜんとして採用条件や役職者への昇進など雇用管理の面で男女ことなる取り扱いが多いことも指摘されている。このようなことから，雇用の分野における女子に対する差別的取り扱いを解消し，もっぱら女子労働者にとっての男子労働者との均等な機会および待遇の確保の促進をはかることを目的として，男女雇用機会均等法(以下「均等法」という)が制定されたのである。

　(1)　**均等法のあらまし**　均等法は，第1章「総則」，第2章「雇用の分野における男女の均等な機会及び待遇の確保」，第3章「女子労働者の就業に配慮すべき措置」，第4章「雑則」の四つの章からなっている。

　しかし，均等法の施行以来10年余を経過したため，平成9年の第140回通常国会で「雇用の分野における男女の均等な機会及び待遇の確保等のための労働省関係の法律の整備に関する法律案」が上程され，そのなかで男女雇用

機会均等法の改正が盛りこまれ成立するにいたった。

　この改正均等法は，雇用の分野における男女の均等な機会や待遇の確保を図ることを目的とし(同法1条)，女性労働者が性別によって差別されることなく，充実した生活が営まれることを理念として制定されたものである(同法2条)。改正法では，事業主は労働者の配置・昇進及び教育訓練について，労働者が女性であることを理由として男性と差別的取扱いをしてはならないと規定し(同法6条)，女性差別を禁止している。他方，その9条では「女性のみ」，「女性優遇」の措置を原則として禁止するとともに，セクシュアル・ハラスメントについての事業主の配慮義務についても定めている（同法21条1項)。

　(2)　「募集・採用」及び「配置・昇進」と均等法　これまでは労働者の募集・採用及び配置・昇進につき，女性に対して男性と均等な機会を与えるよう「努めなければならない」という努力義務規定であったが，改正法では，「均等な機会を与えなければならない」(同法5条)，「差別的取扱いをしてはならない」(同法6条)という禁止規定に改正された。これによって，公法上の効果として違反事業主に対し，より一層の厳しい行政指導や是正を求めることが可能になったのである。また，私法上の効果としては，たとえば，就業規則などで「女性は営業職に配属しない」と定めていれば，均等法6条違反として，このような規定は無効となり，女性労働者からの不法行為にもとづく損害賠償の請求も可能になる（民法709条)。

　それでは均等法違反となる若干のケースについて示しておくことにする。

　たとえば，女子を排除していると認められる場合として，㋑一定の職種について募集又は採用の対象を男子のみとする，㋺大学卒業等，一定の応募資格を定めて募集し，または採用する場合において，対象を男子のみとする，㋩将来の処遇についてあらかじめ区分を設けて労働者を募集し，または採用する場合において，その対象を男子のみとする，などが考えられよう。つぎに女子に不利な募集，採用条件と考えられるものは，㋑女子が応募することができる年齢を男子よりも低く設定する，㋺女子についてのみ，「未婚者であること」，「自宅から通勤すること」を条件とする場合である。

また，一定の職務への配置にあたって，女子であることを理由に，その対象から女子労働者を排除したり，女子労働者が「結婚したこと」，「一定の年齢に達したこと」などを理由として，不利益な配転をしたりすべきではない。なお，昇進にあたっても，女子であることを理由に，その対象から女子労働者を排除したり，昇進の条件を女子労働者にのみ不利なものとすることは許されない。

企業の中には，これまでの「大卒男子」と「短大卒女子」という採用方法をやめて，大卒の「総合職」と短大卒の「一般職」というように，性別でなく仕事の職種や職能で分ける制度を採用したところもある。これは均等法のひとつの成果といえようか。ただし，私達が検討しなければならない点もある。かつて，労働省が均等法の施行にあたって示したガイドラインの中で，男女別の募集や採用について「男子のみ」とすることは違法だが，「女子のみ」とすることは女子により多くの機会が与えられ，女子が有利に取り扱われるから適法だという部分である。私は，「女子のみ」というのは男性に対する差別であることはもちろん，女性をみずから差別することになりはしないか，と考えるが如何だろうか。

2．女子労働とセクシュアル・ハラスメント

最近，セクシュアル・ハラスメントということがマスコミなどでとりあげられている。だが，言葉のひろがりほどには，その意味は知られていないのが実情である。この言葉は，英米における性差別禁止法の領域で発展したセクシュアル・ハラスメント (Sexual Harassment) が語源であり，わが国では「性的いやがらせ」と訳されたのである。この「性的」という部分がマスコミ等をとおしてさきばしりしてしまったことが，不幸な出発点になったことはいなめない。また，「いやがらせ」という言葉じたいが幅の広いものであるため，たとえばデートに誘うことや，お茶汲みも「性的いやがらせ」と考える傾向にある。

(1) **セクシュアル・ハラスメントとは何か**　わが国では，まだセクシュア

ル・ハラスメントについて，その定義づけは確定したものにはなっていない。少なくとも「性的いやがらせ」が職場での労働条件と密接に関連するものでなければならない。そうだとすれば，セクシュアル・ハラスメント（以下「セク・ハラ」という）とは，「労働条件に関連して行なわれる性的に違法な行為」ということができる。

　しかし，セク・ハラという用語が誤解されないためには，まず行政機関がセク・ハラに関するガイドラインを作成し，その定義や企業内における処理のルールなどのモデルを定めておくことが効果的である。また，それは均等法の趣旨にそうことにもなる。

　(2)　**セクシュアル・ハラスメントの問題点**　セク・ハラの問題は，たんに男女間の社会的現実を示しているだけでなく，現実の労働の場における男女間のあり方にもかかわるものである。その被害実態をみると問題はきわめて深刻である。

　平成元年10月に，東京第二弁護士会が行なった電話相談に現われたのは，138例あったといわれている。その内容は，性的関係を含む交際の強要が31.2％，卑猥な言葉をかけられた18.1％，身体に何回も触れられた16.7％，不倫などの噂をたてられた15.2％，強姦および強姦未遂7.2％である（角田由起子「性の法律学」179頁による）。おそらく性的関係を強要するときに，昇給や昇進などの雇用条件を持ち出しているものと思われる。

　このようなセク・ハラの実態が法律問題となるには，使用者あるいは上司の性的要求を拒否したことを理由として何らかの不利益を受けたことが必要である。たとえば，使用者の性的要求を拒否したために解雇あるいは配転のような不利益を受けた場合である。この場合は，民法の一般条項である権利濫用の法理（同法1条3項）により，このような取扱は，解雇権の濫用であり，また配転命令権の濫用となって無効ということになる。さらに民法上の不法行為の要件を充足すれば，使用者ないし上司に対して損害賠償の請求もできよう。それでは性的要求を拒否したために賃金差別を受けたときは救済されるであろうか。これは労働者が女性であるゆえに性的要求をなし，そのため

に拒否されたといえるから，労基法4条が禁止する賃金差別にあたる。したがって，賃金差別の相当額を損害賠償として請求することができよう。

おわりに，性的いやがらせに対し勇気をもって法的手段に訴えたある女性の声をここにかかげておこう。

「性的中傷は女性にとって性的接触同様，苦痛以外の何ものでもありません。そして第三者に救済を求めにくい〝社会通念〟も存在しています。つまり〝女にもスキがあるから〟という『男の免罪符』です。そのため女性は閉鎖的な精神状態に追い込まれ，やがては職場を去ることになるのです。

私はそんな働く女性の現状に対して，声を出そう，石を投げようと決意し，1年余りの時間をかけて提訴へと踏み出しました。」

第4節　職場と労働災害

1．職場の事故と労働災害

労働の現場では，使用者の指揮命令のもとで働くことが労働者に義務づけられている。ところが労働災害によって受ける負傷，疾病，障害，死亡の結果に苦しむ労働者とその家族は，驚くほど多いのである。このような労働災害に対し，事業主の負担によって療養を行ない，あるいは労働者または遺族に対して一定金額を支給するのが労働者災害補償の法制度である。労災事故の発生につき，事業主に故意・過失があったかどうかは問題とされず（これを「無過失責任」という），補償内容は現実に発生した損害額ではなく法令によって定型化されている（これを「定率補償」という）。また，補償が確実に履行されるために，使用者を加入者とし国が管掌する保険制度になっている。

労災補償制度において，補償の対象となる業務上の負傷・疾病・障害および死亡（以下「傷病等」という）であるためには，いわゆる「業務起因性」がなければならない。これには，業務上災害による傷病等と，職業性傷病の二つの場合がある。

(1) **業務上・外の判断について**　職場で発生した災害が労災補償の対象と

なるには，それが業務上の傷病等でなければならない。ところが法律上は，いったい何が「業務上」の災害といえるかについての定めがない。そのため，業務上の災害といえるかどうかの判断は，行政解釈や裁判例にゆだねられている。

　行政当局によれば，ある災害が「業務上」とされるには，労働者が労働関係において活動しているとき（業務の遂行中）に生じた事故によって発生した傷病等であって，その事故の原因が，当該労働者の使用されている事業に通常ともなう危険から（業務に起因して）生じたと認められるものでなければならない，という。そして，労働者の傷病等が業務上の事由によるものというためには，「業務遂行性」と「業務起因性」の二つの要件をみたすものでなければならないとされている。裁判例もまた，同じような考え方を示している。したがって，その災害が業務遂行中に起こったものと認められれば，とくに反証のない限り，「業務起因性」があると推定されるのである。たとえば，作業中において，用便などの生理的必要による行為は業務の遂行に通常ともなう行為であるから，それにともなう事故は業務上の災害とみなされる。あるいは，得意先に集金にいく途中で交通事故にあった場合も同様である。

　(2)　**いわゆる「通勤災害」について**　業務上災害について，よく議論されたのが通勤途上の災害である。それは，通勤災害に労災補償制度を適用するとなると，まず何よりも，「通勤途上」とは具体的にどのような範囲までをいうのかが必ずしも明らかでないためである。労働者は常に同じ経路で出・退勤するとは限らないし，また退勤時にスーパーへ買物に出かけたり，託児所に立ち寄ったり，喫茶店に行ったりすることが珍しくないからである。しかし，他方では，外国における通勤災害の補償制度の創設からいって，わが国でも通勤災害による傷病等から労働者を救済する必要性は無視できなくなってきたのである。こうして，昭和48年に労災保険法の改正が行なわれ，新たに「通勤災害保護制度」が設けられたのである。

　それでは，「通勤災害」といえるためにはどのような範囲のものでなければならないか。まず一つは，就業に関して，住居と就業の場所の間を合理的な

経路および方法により往復すること，二つは，この往復（合理的な経路および方法による）の経路を逸脱し，またはその往復を中断した場合でも，その逸脱・中断が日用品の購入その他これに準ずる日常生活上，必要やむをえない事由により行なうための最小限度のものであること，が必要である。たとえば，通勤の途中において，自動車事故にあった場合や，駅の階段から転落した場合などは通勤災害といえる。また，共働きの労働者が帰宅の途中で食料品を購入する場合なども日常生活上，必要な行為といえるから，これによって生じた事故は通勤災害と判断される。

なお，職業性の疾病の場合は，長期間にわたる有害作用によって発病するものであり，業務との因果関係も明確でないので，労働基準法は，同法施行規則35条によってその範囲が示されている。

2．災害補償給付の内容

使用者が労基法上，行なわなければならない災害補償には次のものがある。

㈠療養補償　労働者が業務上で負傷しまたは疾病にかかった場合に，労働者を救済するために行なわれるものである。

㈡休業補償　労働者が業務上の負傷や疾病によって，療養中労働できないために賃金を受けられない場合，労働者の生活を保障するために行なわれるものである。補償の額は，1日について平均賃金の60％である。

㈢打切り補償　療養補償を受ける労働者が療養の開始後，3年を経過しても負傷や疾病がなおらない場合に行なわれる。

㈣障害補償　労働者が業務上負傷し，または疾病にかかりなおったときに身体に障害が存在する場合，労働者の生活をささえるために行なわれるものである。

㈤遺族補償　労働者が業務上の災害で死亡した場合，その遺族の生活を保障するために行なわれるものである。

㈥葬祭料　これは，業務上の災害で労働者が死亡した場合に，その遺族が葬祭を行なうための費用として支給されるものである。支給額は，平均賃金

の 60 日分である。

　㋭分割補償　障害補償や遺族補償については，一時金制度がとられているが，経済事情や使用者の負担能力を考慮し，また労働者の遺族の便宜をはかるため，6 年定期の分割払いを認めている。以上の災害補償については，その権利を他人に譲渡したり，差押えすることは禁止されている。

　なお，労基法が規定する労災補償について労災保険法による保険給付が行なわれた場合には，使用者はその補償の責任を免れることになっている。

3．労働災害と損害賠償

　すでに述べたように，労働災害によって労働者が負傷や疾病，あるいは死亡した場合には，労災補償が行なわれる。ところが，労災補償制度による給付を受けた労働者や遺族がさらに損害賠償を請求するケースが多くなっている。これは，労災保険法による給付が低いことが原因であるが，そればかりではない。労働災害によって，労働者とその家族の生命・身体・精神および生活に対する使用者の責任を明らかにしようという労働者側の強い意識がそこに働いているのである。

　(1)　**労働災害と民事責任**　労基法の災害補償給付のほかに，民法によって損害賠償を請求するためには，使用者に故意または過失がなければならない（民法 415 条・709 条を参照）。損害賠償の請求にあたって，被災労働者の側にも落度があるような場合には過失相殺の原則（民法 418 条・722 条 2 項）が適用されて賠償額が減らされることもある。労働者がこのような民事上の損害賠償を請求するのは，現行の労災補償制度では精神的損害に対する補償（慰謝料）が行なわれていないことや，労災事故による遺族補償の額が死亡労働者の賃金収入を基準に決められており，死亡労働者の将来の「得べかりし利益」は考慮されていないからである。つまり，民法上の損害賠償が高額になる場合も十分考えられる，ということである。

　また労基法 84 条 2 項は，使用者が労災補償を行なえば，その価格の限度で民法上の損害賠償責任を免れるとしており，このことは，労災補償制度でカ

バーされなかった損害について，労働者は民事裁判を起こして損害賠償を請求できるということである。

(2) **使用者の安全配慮義務**　ところで，労働災害による使用者の損害賠償請求について，これを不法行為責任とみるか，それとも労働契約上の債務不履行責任とみるかという問題がある。これまでは，どちらかというと，不法行為責任と考えられていたが，現在は債務不履行責任の立場にたつ判例が支配的になってきている。この考え方によった場合の実際上のメリットは加害者の故意・過失の有無を立証する責任が加害者の側（使用者）にあることや，損害賠償請求権の消滅時効の期間が 10 年である，というところにある。したがって，労働災害による損害賠償責任を使用者がまぬがれるには，みずからの側には，「責に帰すべき事由」（民法 415 条を参照）がないことを証明しなければならないことになる。たとえば，最高裁は，陸上自衛隊事件（最三小判昭 50 年 2 月 25 日）において，上記の考え方にたって次のような判断を示している。すなわち，「国は，公務員に対し，国が公務遂行のために設置すべき場所，施設もしくは，器具等の設置管理又は公務員が国もしくは上司の指示のもとに遂行する公務の管理にあたって，公務員の生命及び健康等を危険から保護するよう配慮すべき義務」（安全配慮義務）を負っている，と。このように最高裁が国（使用者）の公務員（労働者）に対する「安全配慮義務」を認める判断を示してからは，使用者の労災責任を契約責任として構成する判例が増えてきている，ということができよう。また，このような傾向は，被災労働者の保護という観点からひとつの進歩として評価されるべきものである。

第 5 節　労働と福祉

われわれは，すべての人々が幸福な状態にあり，少なくとも欠乏や不安におびえることなく生活できる社会であることを願っている。しかし現実の社会では，病気，けが，心身障害，失業，老後生活などの不安がたえずつきまとっている。このように，病気や災害あるいは失業したりすることはすべて

個人の責任によるものとして決めつけるべきであろうか。かつて，石川啄木がうたった「働けど働けど　わがくらし楽にならざり　じつと手を見る」という歌のおもむきは今日の社会においても，そのままあてはまるものである。つまり，国民大衆の貧困という現象は，たんに個人の「なまけ」や「不注意」による結果ではなく，社会的諸条件によってつくりだされたものということができる。そうだとすれば，人間の尊厳に値する生存を保障することは，ひとつの「権利」として確認されなければならないことになる。

1．「社会福祉」とは何か

われわれの日常生活の中で，「福祉」とか「社会福祉」という言葉は，誰しもが耳にし，口にするほど国民生活に浸透している。ところがその概念はそれほど明確にはなっていない。「社会福祉」という言葉の使われ方を吟味してみると，時と場合によってバラバラであることは，よく経験することである。たとえば，「住民の福祉のために道路や橋をつくらなければならない」とか，「障害者の福祉の充実をはかるために，養護学校の設置が必要である」というのがその例である。前者の場合は，社会的な公共性をもった施設という意味で「福祉」を用いており，後者の場合は，精神的・身体的にハンディキャップをもった児童や生徒に対して，教育の機会均等を保障するという意味で「福祉」という言葉が使われている。

このように，「社会福祉」という言葉の使い方はさまざまであるが，狭い意味で「社会福祉」といった場合には，一応，つぎのようにいうことができよう。すなわち，「老齢，疾病，精神的・身体的ハンディキャップなどの何らかの理由で一般施策を利用しえない人たちの個別のニーズにそくして，対人的にかかわり彼らを援助する制度」である，と。

以下，ここでは，「社会福祉」といわれるもののうち，老人の福祉と心身障害者の福祉に限定して説明したいと思う。その理由は，これらの人たちは，いずれも労働の現場から遠ざかざるをえない立場にあることから，彼らの健康と福祉のために充分な生活水準の保持と特別の保護・援助が必要だからで

ある。

2．老人のための福祉と介護保険

　今日のように高齢化が進んでくると，老人の人間らしい生活を保障するためには，たんなる経済的給付だけではみたされない。特に核家族化の傾向にともなって，「独り暮し」の老人が増えてくると高齢者のための福祉制度が最大の課題になってきている。

　平成11年の高齢化率（総人口に占める65歳以上の人口割合）は16.7％になっており，12年には17％を超え，20年後には高齢化率は実に27％にも達し，人口の4人に1人が65歳以上という「超高齢化社会」になることが指摘されている。それでは高齢者の健全で安らかな生活を保障するには，どのような福祉対策を講ずるべきであろうか。

　これまで高齢者のための福祉制度として，老人福祉法にもとづく老人福祉制度と，老人保健制度にもとづく老人医療分野の双方で高齢者の介護問題に対応してきた。しかし，これまでの老人福祉制度では，「措置制度」によるサービスであったため，市町村が法にもとづき必要なサービスを決定し提供するものであった。それゆえ利用者は自分の意思によってサービスの種類や提供機関を選択することができなかった。また，利用者は比較的低所得者が中心であったことから，利用にあたって心理的抵抗感があるとの問題点も指摘されてきた。他方，老人医療の分野では，老人福祉施設よりも医療機関の方が負担が低いことから一般病院への長期入院（いわゆる「社会的入院」という）を選択し，このことが医療費の非効率的使用の要因になるとの批判がなされてきた。

　そこでこれまでの制度のさまざまな問題を解消するため，新しい高齢者の介護システムの検討が本格的に開始されることになった。その結果，高齢者の「自立支援」を介護の基本理念としつつ，社会連帯を基礎とした相互扶助による「介護保険法」が平成12年4月1日より実施されたのである。

　(1)　**介護保険制度のねらい**　介護保険法の主たるねらいとして，以下の4

つをあげることができる。

①介護の社会化　深刻化する高齢化社会の介護問題について，社会全体で支える仕組みをつくることにより将来予想される介護に対する不安をとり除き，安心して生活できる社会を実現することである。このことが家族などの介護する者の負担を軽減することになる。

②利用者中心とサービスの総合化　要介護状態になったときに，利用者の自由意思によってさまざまな事業主体から必要な福祉サービスと保健医療サービスを選択し，これらを総合的に利用することができる。

③社会保険方式の導入　介護サービスに関する給付と負担の関係を明確にし，介護に要する費用を高齢者を含めた国民の共同連帯によって支えるものである。

④社会保障の構造改革的役割り　いわゆる「社会的入院」の解消を図り，医療費の非効率的な使用を改め，医療保険から介護の部分を切り離して医療保険制度を本来の治療目的にそうように見直すことがそのねらいである。また，さまざまな事業主体が参加することによって，(たとえば「民間業者, 農協, 非営利組織など」)民間活力の利用を図ることも同様である。

(2)　**介護保険制度のあらまし**　介護保険の仕組みは以下のようになっている。

①保険者　保険者は，市町村及び特別区(東京23区)である。保険者の事務や費用負担が軽減されるように，国や都道府県，医療保険者，年金保険者が重層的に支え合うようになっている。

②被保険者　被保険者は，65歳以上の者(これを「第1号被保険者」という)と40歳以上65歳未満の者(これを「第2号被保険者」という)に区別される。

③保険給付の要件　要介護状態にある者(これを「要介護者」という)または要介護状態になるおそれがある状態にある者(これを「要支援者」という)であり，保険者による認定を受けなければならない。

④保険給付の手続　給付の申請を行なった被保険者に対して，保険給付の対象となる状態に該当するかどうかの認定が行なわれたうえで介護サービ

ス計画にもとづいたサービス（保険給付）を利用する。

⑤保険給付の内容　訪問介護（ホームヘルパー）などの在宅サービス及び特別養護老人ホームや老人保健施設などの施設サービス，さらにこれまでの老人福祉制度にもとづく福祉サービスや老人保健制度による医療分野の介護サービスがその中心となる。

⑥利用者の負担　保険給付の対象となる費用の1割を負担しなければならない。なお，食事の標準負担額も利用者負担となる。

⑦サービスの提供機関　都道府県知事の指定又は許可を受けた機関が中心となる。在宅サービスの場合は「指定サービス事業者」，施設サービスの場合には，「介護保険施設」がこれにあたる。

⑧費用の負担　保険給付に必要な費用の5割は保険料（事業主負担と国庫負担を含む）であり，残りの5割は公費負担となる。その負担割合は，国が2分の1，都道府県4分の1，市町村4分の1となっている。

なお，介護保険制度は開始されたばかりであり，すでにさまざまな問題点が指摘されており，施行後5年を目途に検討を加え，必要な見直しを行なうことになっている。

3．障害者のための福祉

心身に障害をもった人が人間としての尊厳をとりもどし，人間らしく生きられるようにするためには，医療・訓練・環境整備・職業（教育）・年金の支給といったさまざまな施策を講ずる必要がある。心身障害者対策基本法は，その3条で，「すべて心身障害者は，個人の尊厳が重んぜられ，その尊厳にふさわしい処遇を保障される権利を有する」と定めており，国はこの理念の具体化をはかるための努力をおこたってはならないのである。

(1)　**心身障害者対策基本法のあらまし**　心身障害者対策基本法（以下「基本法」という）は，心身障害児福祉協議会などの団体を中心とする，「心神障害児対策総合基本法の制定について」という国会請願などの働きかけが契機となって昭和45年5月の特別国会で議員立法として成立したものである。

基本法は，四つの章から成りたっており，その内容は，第1章「総則」，第2章「発生予防に関する基本的施策」，第3章「福祉に関する基本的施策」，第4章「心身障害者対策協議会」にわかれている。第1条は，心神障害者対策に関して，国や地方公共団体の責務を明らかにするとともに，「心神障害の発生の予防に関する施策」と「心神障害の福祉に関する施策」を基本事項としてとりあげ，対策の総合的推進をはかることを目的とする，と定めている。基本法で注目すべきことは，心神障害者に対する処遇の保障は，「人間の尊厳」にもとづく「権利」であることを明記したことである（基本法3条）。さらに基本法4条では，心身障害の発生を予防し，心身障害者の福祉を増進することは国や地方公共団体の責務であること，またその福祉に関する施策は，年齢ならびに心身障害の種類および程度に応じて，総合的に策定され，かつ実施されなければならないこと（同法7条）と規定している。そして，この基本法の目的を達成するためには，何よりも政府が法制上・財政上の措置を講ずることが必要なのである（同法8条）。

(2) **身体障害者の福祉**　わが国において，「車いす」の人がバスや電車，地下鉄に乗って自由にでかけることができるであろうか。現実は，どこへでも自由に行け，自由に行動することは困難である。いまの社会で身体に障害をもった人が誰れの助けもかりないで生活を続けるとしたら，多くの弊害がともなわざるをえない。このような人たちのための福祉立法として，「身体障害者福祉法」がある。この法律の目的は，身体障害者の更生のために「援助」と「更生」を行なうことによって，その生活の安定に寄与することにある（身体障害者福祉法1条）。対象となる身体障害の種類は，㈠視覚障害㈡聴覚または平衡機能障害㈢音声または言語機能障害㈣肢体不自由㈤心臓・じん臓・呼吸器機能障害で日常生活にいちじるしい制限をうけるものである。このなかには，精神薄弱や精神障害がその対象から除外されている点に留意しなければならない。

これらの身体障害者に対する援護の措置として，㈠更生援護の措置㈡更生援護施設への入所等㈢社会的自立のための措置がある。㈠については，身体

障害者は，更生のために必要な医療の給付または更生医療に必要な費用の支給をうけることができ（同法19条），また補装具の交付・修理についても同様である（同法20条）。㈣については，身体障害者のうち，特別な医学的治療，生活訓練，職業訓練を必要とする人や居宅で自立困難な重度障害者などについて施設に収容してリハビリテーションを行なわなければならない。㈤は障害者の自立のために，公共的施設内での売店の設置を優先的にあつかうことなどがある。とくに，身体障害者の社会的自立のためには，何よりも雇用の場を提供することが重要である。身体障害者雇用促進法では雇用率を設定して，身体障害者に対する雇用の義務を課しているが，雇用率を達成していない職場が多いのが実情である。

なお，身体に障害のある人が身体障害者福祉法による援護をうける場合は，医師の診断書をそえて管轄の福祉事務所または町役場を通じて知事に申請し，身体障害者手帳の交付をうけなければならない。

(3) **精神薄弱者の福祉**　精神薄弱者の福祉をはかるために，「精神薄弱者福祉法」がある。この法律は，18歳以上の「精神薄弱者の更生を援助するとともに，その福祉を図る」ことを目的としている（18歳未満の精神薄弱児については，「児童福祉法」が適用される）。

同法に規定されている精神薄弱者援護施設として，「精神薄弱者更生施設」と「精神薄弱者授産施設」の二つがある（18条1項）。更生施設は，18歳以上の精神薄弱者を入所させて保護するとともに，更生に必要な指導および訓練を目的とするのに対し（18条2項），授産施設は，雇用されることが困難なものを入所させて，自活に必要な訓練を行ない，職業を与えて自活させることを目的としている（18条3項）。しかし，施設の絶対数の不足と収容者に対する職員の数がいちじるしく少ないために，障害の程度が比較的かるい者しか入所できず，十分な処遇をうけられないのが現状である。このために，重度障害者とその家族の人権がうばわれていることに眼をむけなければならない。

このほかに，精神薄弱者の援護措置として「職親制度」がある（16条1項を参照）。「職親」とは，精神薄弱者をあずかって，その更生に必要な指導訓練を

行なうことを希望する者で，援護の実施機関が適当と認めた者である。しかし，あまりに委託費が少額のため，その登録者数も委託者数も減少の傾向にある。ところが一方では，独立自活が困難な障害者のために，国立コロニー（「心身障害者福祉協議会法」にもとづく）が開設され，地方においても地方コロニーの建設が増えてきているのである。このような現象は，障害者にとって歓迎すべきことなのか，あるいは地域社会から障害者，とくに重度障害者が隔離されることになるのか，という困難な問題を含むものである。いずれにせよ，障害者の自活という観点からは，職親制度を充実させることが大切であるといえよう。

　なお，これまでは精神薄弱者に対する福祉は，身体障害者にくらべて立ちおくれていたが，これらの人たちに対する施策をたてるためには，実体の把握が必要である。そのため，昭和48年度から「療育手帳」の交付とその台帳の作成が行なわれるようになった。この手帳の交付によって，精神薄弱者は，㈠特別児童扶養手当㈡心身障害者扶養共済㈢国税・地方税の控除および減免税㈣公営住宅の優先入居㈤ＮＨＫ受信料の免除などの援護措置がはかられている。今後は，さらに援護措置の項目を増やしていく必要があろう。

　最後に一言いえば，障害をもった人たちにとって真の福祉とは，「自立」をめざすことであり，その意味は，みずからの「可能性」を求めて努力する方向性をさすものである。それがまた，障害者福祉の基本思想であることを私達は忘れてはならないのである。

執筆者紹介（執筆順）

鈴木　敬夫（第1章）札幌学院大学名誉教授
千葉　　卓（第2章）北海学園大学教授
城下　裕二（第3章）北海道大学教授
山口　康夫（第4章）国士舘大学教授
渡辺　利治（第5章）札幌学院大学教授
吉川日出男（第6章）札幌学院大学教授
落合　福司（第7章）新潟経営大学教授
久々湊晴夫（第8章）北海学園大学法科大学院教授
宇田　一明（第9章）札幌学院大学名誉教授
小川　賢一（第10章）専修大学北海道短期大学教授

やさしい法学　第三版　　定価（本体2700円＋税）

1993年 3 月20日　初　版第 1 刷発行
1997年 4 月10日　第二版第 1 刷発行
2001年 3 月20日　第三版第 1 刷発行
2012年 2 月10日　第三版第 9 刷発行

著　者　　鈴木敬夫　　千葉　卓
　　　　　城下裕二　　山口康夫
　　　　　渡辺利治　　吉川日出男
　　　　　落合福司　　久々湊晴夫
　　　　　宇田一明　　小川賢一

発行者　　阿　部　耕　一

〒162-0041　東京都新宿区早稲田鶴巻町514
発行所　　株式会社　成文堂
電話03（3203）9201代　FAX03（3203）9206
http://www.seibundoh.co.jp

製版・印刷　シナノ印刷　製本　愛千製本　　　検印省略
☆落丁・乱丁はおとりかえいたします☆
© 2001　鈴木・千葉・城下・山口・渡辺・吉川・落合・久々湊・宇田・小川

ISBN4-7923-0328-1 C3032